KB059285

BTS, 인문학 향연

BTS, 인문학 향연

2024년 3월 29일 초판 1쇄 펴냄

지은이 박경장
편집 이수미
펴낸이 신길순
펴낸곳 도서출판 **삼인**
전화 (02) 322-1845
팩스 (02) 322-1846
이메일 saminbooks@naver.com
등록 1996년 9월 16일 제25100-2012-000045호
주소 (03716) 서울시 서대문구 성산로 312 북산빌딩 1층

디자인 디자인 지폴리
인쇄 수이북스

ISBN 978-89-6436-265-5 93680
값 17,000원

BTS

Life goes on
Like an echo in the forest
Like an arrow in the blue sky
On my pillow, on my table
Life goes on like this again

BTS,
인문학 향연

박경장 지음

삼인

일러두기
모든 각주는 필자가 단 것이다.
앨범은《 》, 책명은『 』, 단편은「 」,
영화 제목, 음반 트랙 곡명은〈 〉으로 표기한다.

한국 젊은 세대를 이해하고 싶다면, 세계 젊은이들과 소통하고 싶다면, 세계 속 한국은 어떤 모습인지, 한국의 미래는 어떤 모습일지 궁금하다면, K-pop과 방탄 음악 세계(Bangtan Universe)를 한번쯤 들여다보아야 한다. 그래야 왜 세계 젊은이들이 케이팝과 BTS에 그 난리들인지 알 수 있다.

오천 년 역사에서 오늘날처럼 우리가 세계인의 관심과 호감의 중심이 된 적은 일찍이 없었다. 불과 70년 전만 해도 전쟁으로 전 국토가 폐허가 되어 해외 원조에 의지해 겨우 살 수 있었던 나라가 아니었나. 그런 나라가 K-pop, K-drama, K-beauty, K-food 등으로 대변되는 문화 한류로 인해, 이젠 세계에서 가장 '매력적'인 나라(사람) 중의 하나가 됐다. 이는 일찍이 인류 문명사에 예가 없었던, 한마디로 개벽이다.

그 개벽의 문을 선두에서 온 세계를 향해 제일 먼저 열어젖힌 것이 K-pop이다. 누가 뭐래도 세계 대중음악 시장은 영미 팝의 독무대다. 영어 가사가 아니면 잘 불리지도 들리지도 팔리지도 않는다. 혹여 영미 팝 이외의 다른 국가 언어로 된 대중음악 몇 곡이 인기를 끌 수는 있다. 하지만 결코 오래 지속되지 않는다. 그런 세계 대중음악 시장에 난리가 났다. 해외 수만 석 스타디움 규모의 대운동장에서 열리는 한국 아이돌 가수들의 공연이 예외 없이 전석 예매 매진되고, 공연장 수만 관객들은 한글 가사를 모두 외워 떼창을 한다. 세계 광장 곳곳에선 젊은이들이 모여 케이팝 춤을 추고, 케이팝 춤을 배우려고 강습소에 등록한다. 케이팝 가사를 이해하려고 한글 공부를 하며, 심지어 케이팝 가수의 꿈을 안고 한국에 오는 젊은이도 있다. 말 꺼내기조차 부끄러운 새만금 세계 스카우트 잼버리 대회를 그나마 일거에 만회한 프로그램이 케이팝 라이브 공연이다. 이젠 전 세계 젊은이들에게 케이팝은 '멋있고' '신나고' '매력적'인 것의 상징이 됐다. 어느 나라, 어느 민족의 음악도 흔들지 못했던 세계 대중음악 시장의 개벽이다.

그런데 정작 한국 기성세대에겐 케이팝은 남의 나라 음악이다. 듣지도 보지도 부르지도 않는다. 10대 20대들이나 부르고 따라 할 수 있는 춤이라 단정 짓고 이해하려 하지도 않고 관심도 없다. 단적인 예가 케이팝 문화 한류의 첨병 역할을 한 BTS다. 'BTS 현상'이란 말이 나올 정도로 방탄소년단은 데뷔 3년 만에 기네스 월드 레코드 공식 기록에 오를 정도로 전 세계 음악 차트, 음반 판매, 음원 스트리밍, 유튜브 뮤비 조회 수에서 모두 석권했다. 미국의 한 유명 티브이 Night Show에서는 BTS 특집을 편성해 Beatles가 환생한 것처럼 라이브 무대를 꾸미기까지 했다.

전 세계 방탄소년단 팬덤을 아미ARMY라 한다. 그런데 전 세계 아미 부모들이 말하기를, 자신의 아들, 딸이 BTS 아미가 된 이후로 변했단다. 깊은 우울증에 빠진 아이가 밝아졌으며, 무기력에 빠졌던 아이가 헤르만 헤세 『데미안』과 에리히 프롬 『사랑의 기술』을 읽고, 세상 밖 문제에 관심을 가지기 시작했으며, 그 문제에 자신의 목소리를 내고, 행동으로 실천에 옮기며, 무엇보다 자신을 사랑하게 됐다고 말한다. 이렇게 변한 자식의 모습을 지켜보며 기성세대가 방탄 팬덤 ARMY에게 붙인 수식어가 '선한' ARMY이다. 팬덤이 선하다니!

물론 케이팝이나 방탄의 음악이 기성세대의 감성에 맞지 않을 수 있다. 귀에 들어오지 않으니 억지로 들으라고 강요할 수도 없는 노릇이다. 하지만 케이팝은 우리 10대 20대 젊은이들이 한때 즐기는 음악 장르쯤으로 가볍게 넘기기엔 그 의미와 영향력이 너무 크다. 문화 한류를 선두에서 이끌고 있는 케이팝은 동아시아 땅끝 조그만 반도에서 오천 년 동안 웅크리고 있던 용이 바야흐로 오대양 육대주로 날아가기 위해 얻은 여의주다.

대륙을 품으며 도는 해류처럼 문명도 돈다. 문화 한류는 우리 역사에서 단연코 처음 찾아온 황금 기회이다. 잘 살리지 못한다면 웅크리고 있는 또 다른 어떤 '류'에 기회는 넘어갈 것이다. 그러니 케이팝을 우리뿐만 아니라 세계의 역사·문화(명)의 관점에서 바라보는 시각이 필요하다. 이런 이유로 케이팝, 문화 한류 용 머리인 BTS의 음악 세계를 인문학 관점에서 분석하는 책을 쓰게 됐다.

2024년 3월
용인 광교산 자락에서
박 경 장

목차

BTS

Life goes on
Like an echo in the forest
Like an arrow in the blue sky
On my pillows on my table
Life goes on like this again

1장

왜 BTS인가

입덕*

2020년 7월 나는 '코로나19'라는 공통 주제로 서울역 노숙인들과 일반인을 상대로 하는 강좌에 8명의 강사 중 한 명으로 참여했다. '어떻게 접근할까' 한참을 고민하다 'K-방역, 한류韓流의 원류를 찾아서'란 제목을 정하고선 강의를 준비하기 시작했다. '코로나19, K-방역'은 내게 '두 번의 놀람'을 떠올리게 했다. 첫 번째 놀람은 코로나19 방역 과정에서 정부와 질본 그리고 시민들이 보여준 모습을 보고 세계가 놀란 것이고, 두 번째 놀람은 우리를 보고 놀란 세계의 모습에 우리가 놀란 것이다. 세계 초권력 일등 국가 미국도, 신사의 나라이자 민주주의 발상지 영국도, 예술과 문화의 나라 프랑스도, 이성과 합리적 시스템의 나라 독일도, 복지국가의 상징인 북유럽도, 동아시아 대국이라는 중국, 일본도, 소위 선진국·강대국이라는 나라들 모두가 코로나라는 국가적, 국제적 재난에 제대로 된 시스템이 작동하지 않았다. 시스템뿐만 아니라 선진시민의식이란 것도 도무지 찾아볼 수가 없었다. 대신 세계 주요 언론과 학자들은 K-방역을 주목하기 시작했고 연구하기 시작했다. 한

---

*　　입덕은 방탄의 덕후가 된다는 뜻이다.

유명 미국 학자가 한국의 방역을 보고는 "당신들이 죽자 살자 따라왔던 미국을 이제는 더 이상 바라보지 마시오. 그냥 앞만 보고 당신들이 하던 대로 가시오. 당신들 앞에는 따라가야 할 어떤 나라나 대상도 없습니다. 이제 당신들이 가는 길이 미래입니다"라고 마치 연구보고서 결론을 짓듯 일갈하기까지 했다.

'당신들이 선진국입니다'라는 말을 들었을 때 내 기분은 이랬다. 마라톤 경주에서 꼴찌로 출발해 땀 뻘뻘 흘리며 앞선 주자들을 한 명씩 따라잡으며 앞만 보고 달리다, 마침내 결승선이 눈앞에 들어왔다. 그런데 앞에는 아무도 보이지 않았다. '아! 벌써 많은 주자들이 들어와 버렸구나' 하고 결승 테이프를 끊었는데, "축하합니다. 당신이 일 등입니다"라는 말이 들려왔다. '진담인지 농담인지, 평소보다 그렇게 잘 뛴 것 같지도 않은데, 어마어마한 기록을 가진 선수들은 대체 다 어디로 갔단 말인가, 뛸 때는 분명 못 봤는데…' 순간 멍한 기분 같은.

우리나라 오천 년 역사에서 이렇게 전 세계로부터 관심과 찬사를 동시에 받아본 사례가 있었나 싶다. 어느 특정 부문, 사례에 국한해서는 있었을 수도 있겠다. 하지만 세계적 질병에 대한 방역이라는 국가적 총역량이 동원되는 사례에 대한 관심과 찬사는 없었다. 연일 각 언론매체로부터 쏟아지는 세계로부터 과분한 관심과 찬사에 놀란 가슴을 쓸며 나는 차분하게 "어쩌다 우리가"라는 물음을 던지게 됐다. 서구 선진국들이 K-방역을 너도나도 벤치마킹하는 모습을 보며 나는 자연스레 '어쩌다 우리가'의 수원인 '한류(Korean Wave)'를 거슬러 오르기 시작했다. K-pop, K-drama, K-beauty, K-food….

한류의 수원이자 도도한 K-pop 물줄기를 이루며 흐르는 강의 둑에 서니 BTS라는 강이 보였다. 먼발치서 바라보는 강물은 여느 강과 다를 바 없이 마냥 푸르고 평화로웠다. 하지만 강둑을 내려가 강물에 한 발을 담근 순간, 나는 발목이 아니라 목까지 미끈 빠져드는 듯한 어떤 전율, 충격, '놀람'에 빠졌다. 나중에야 알게 됐는데 이 놀람은 바로 BTS에 '입덕'하는 순간 아미'들이 공통적으로 느끼는 감정이었다.

---

*   ARMY는 BTS를 지키는 군대, 즉 팬을 말한다.

BTS, 인문학 향연

2

BTS 현상

나 같은 기성세대가 뒤늦게 BTS에 입덕하는 순간 너나없이 마주하게 되는 첫 번째 '놀람'은 'BTS 현상'이다. 수많은 그것도 압도적인 수치로 맞닥뜨린 BTS 현상을 보며 '이게 뭐지? 이 지경, 아니 이 경지인데도 왜 난 모르고 있었지, 왜 내 눈엔 들어오지 않았던 걸까'. 방탄에 입덕한 사람들이 흔히 그렇듯 방탄의 과거와 현재를 파 들어가는 '덕후 과정'을 밟게 된다. 나도 예외가 아니어서 처음 몇 주 동안은 하루에 10여 시간, 한 달 뒤에는 3, 4시간 유튜브를 뒤지고 다녔다. 이제 숨을 고르며 그 현상과 이유 그리고 의미를 하나씩 헤아려 보려 한다.

1964 BTS vs 2019 BTS

2019년 5월 15일, 미국의 3대 토크 쇼 중 하나인 스티븐 콜베르트의 〈The Late Show〉는 매우 특이하고 이색적인 쇼를 방영한다. 송출하는 화면은 충격적이게도 흑백이다. "비틀스가 에드 설리반 쇼에 데뷔를 했습니다." 내레이터의 목소리와 더불어 자막이 뜬다. 'February 9th, 1964. Television History. 50 Years Later, Plus 5 Years, 3 Months,

6 Days, A New Batch of Mop-Topped Heartthrobs Has Landed (텔레비전 역사가 된 1964년 2월 9일. 그 후로 정확하게 50년 하고도 5년 3개월 6일 뒤, 새로운 더벅머리 여심 강탈자들이 상륙했다).' 이어 내레이터와 자막이 사라지고 쇼 호스트 콜베르트가 등장한다. 누가 봐도 1960년대 전설적인 토크 쇼 호스트 에드 설리반의 목소리, 말투, 의상을 콜베르트가 모사하고 있음을 단박에 알 수 있다. 그는 2019년 'BTS 현상'에 대해 1964년 Beatles 현상을 상징적으로 표현했던 두 어구를 인용해 소개한다. 'BTS Mania' 'Fab 7'.* 에드 설리반 쇼에서 비틀스가 입었던 검은 슈트 차림으로 BTS 멤버들이 RM을 선두로 한 명씩 등장해 방청석을 향해 인사를 건넨다. 잠깐잠깐 비치는 방청객의 의상, 표정, 반응까지 1964년 당시 방청석의 모습을 그대로 재현하고 있다. 2019 BTS가 1964 BeaTleS로 빙의, 환생한 것 같은 이 'BTS 평행 이론'을 어떻게 받아들여야 하나.

　세계 대중문화 산업의 두 축인 Screen & Music의 생산과 소비에서 절대 부분을 차지하고 있는 미국 대중문화 산업. 그 어떤 뮤지션에게도 제2의 비틀스라고 명명하거나 감히 비교나 비유를 입에 오르내리는 것조차 금기시했던 미국 대중문화계. 그만큼 비틀스는 전 세계 대중음악계의 전설이자 누구도 감히 넘볼 수 없는 영미 대중음악의 자존심이다. 그런데 미국의 한 주보다 작은 극동아시아의 반도 국가 출신의 아이

---

*　Fab Four는 Fabulous Four(전설의 4인)로 비틀스를 일컫는 말로, 비틀스에게만 붙여 고유명사화됐다.

BTS, 인문학 향연

돌 밴드를 New Beatles의 출현이라고 미국 시청자들에게 공개 선언 하는 이 'BTS 현상' 앞에서 "이게 뭐지?" 놀란 내 두 눈은 휘둥그레진다.

BTS의 Beatles 현상의 놀람을 가라앉히고 난 차분히 그 현상의 실체와 의미를 하나씩 되짚어 본다. 어떻게 미국 주류 방송매체에서 BTS를 제2의 Beatles로 인정하게 됐을까? 가장 먼저 눈에 띄는 것은 BTS가 이미 이룬 수많은 수치 기록 중, BTS가 빌보드 메인 앨범 차트에 1위 앨범을 1년 안에 3개나 올린 기록이다. 이 기록은 비틀스 이후로 50년 만에 처음 있는 그야말로 사건이다. 이 기록이 얼마나 대단한가 하면, 매년 매출액 기준으로 세계 500대 기업 순위를 발표하는 미국 경제 전문지 〈포춘〉에 3년 연속 1위를 한 것에 비견할 수 있다고 말하는 이가 있을 정도다. 〈포춘〉지에 오른 우리나라 최고 기록은 2019년 삼성전자가 기록한 15위다. 이 상징적인 수치 기록을 필두로 BTS가 세운 기록들은 어마어마하다. 음반 판매 실적, 음원 차트 순위, 각종 음악상 수상 실적, 미국, 유럽, 남미 투어 티켓 판매 실적, 그리고 BTS Mania를 만든 아미 팬덤 등등. 짧은 경력에도 불구하고 BTS가 세운 기록은 Beatles가 세운 전설적인 기록에 조금도 뒤지지 않는다. 더군다나 Beatles는 과거완료형이지만 BTS는 현재진행형이다. 그들이 앞으로 또 어떤 새로운 기록을 세울지 가늠하기조차 힘들다.

그러나 이러한 상업적 수치로 반영된 대중의 인기만으로 BTS를 New Beatles로 평가한 것은 결코 아닐 것이다. 무엇보다도 Beatles의 음악성과 그들이 당 시대와 세대에 미친 영향력과 견주어 BTS를 가히 새로운 비틀스의 출현으로 선언한 것이라고 나는 생각한다. BTS의 음악성에 대해서는 차차 자세하게 다루겠지만 일단 단적인 비교 대상 하나를 들어보겠다. 1965년 12월에 발매된 《Rubber Soul》은 Beatles 음악의 성숙함과 복잡성이 진일보 되고 음악철학의 깊이가 더해져 비평가의 극찬을 받았던 앨범이다. 나는 세계 대중음악사에 Beatles의 이 기념비적 앨범 옆에 2020. 2. BTS의 《MAP OF THE SOUL : PERSONA》를 나란히 놓는다. 두 앨범 모두 제목 'Soul'이 암시하듯 '음악의 영혼'에 가닿았다고 나는 감히 말한다. 이런 BTS의 음악성을 미국 대중음악계는 인정한 것이다. 그리고 아직 성장 단계인 BTS에게서 학문 연구 대상으로까지 평가받는 Beatles 《Sgt. Pepper》 같은 앨범이 언젠간 나올 것이라는 기대, 희망, 확신에서 BTS를 New Beatles로 공개 선언한 것이라고 나는 미국 대중음악계의 속을 헤아렸다.

Academy Awards와 Grammy Awards는 매우 보수적이고 높은 예술적 기준으로 유명한 미국 대중문화의 양대 자존심이다. 2020년 2월 우리나라 전 국민은 시시각각 아카데미 어워즈 시상 발표에 촉각을 곤두세웠다. 이미 아카데미를 제외한 세계 각국의 영화상을 휩쓸고 마지막 남은 하나, 아카데미를 향해 할리우드에 상륙한 봉준호 감독의 〈PARASITE〉. 92년 아카데미 역사에서 단 한 번도 외국영화 그것도 영어가 자막으로 뜬 영화에 상을 수여한 적이 없었던 미국 영화의 자존심 아카데미. "에이~ 할리우드가 어떤 곳인데, 안방을 내주겠어." '설마, 혹시' 하며 숨죽이다, 터진 우리의 외마디 탄성! 〈PARASITE〉가 아카데미 주요 부문 4관왕을 차지하는 순간 "대~한민국 짜짝~자 짜짜~" 2002년 붉은악마의 함성이 연상된 건 나뿐이 아닐 것이다. 수상 발표를 보고 정작 놀란 건 미국인보다 우리 한국인이었으니, '아니, 어쩌다 우리가'.

2020년 1월, 제62회 Grammy Awards에 BTS는 후보 부문에 오르지 못했다. 하지만 그에 대한 많은 비판적 여론을 의식했는지 그래미는 BTS를 시상식에 초청했고 그들의 짧은 공연도 마련했다. 상 하나 받지 못했지만 BTS를 맞이하는 객석의 반응뿐만 아니라 할리우드 스타들의 숨기지 못하는 관심과 애정으로 그날의 스포트라이트는 단연 BTS에 향해 있었다. 아니나 다를까 다음 날 Grammy Awards 공식 홈페이지 일 면에 BTS에 관한 기사가 났다. 미국을 광란으로 몰고 간 'BTS 현상'에 대해 다섯 가지 이유로 분석하고 있는 기사였다. BTS 현상에 대해 우리뿐만 아니라 미국 주류 대중문화계에서도 화들짝 놀라 내놓은 분석이 흥미로워 요점만 간추려 소개한다. 기사 작성자는 Ana Monroy Yglesias이다.

① BTS는 예상을 뛰어넘는다

그들을 반짝 떴다 사라지는 또 다른 음악 열풍쯤으로 생각하면 안 된다. 꾸준히 출시되는 그들의 앨범들은 엄청난 판매량을 기록하고 전 세계 뉴스 토픽거리가 됐다. 스타디움 월드 투어 공연은 전석 매진이라는 엄청난 관객 기록을 세웠다.

하지만 이런 수치보다 더욱 주목해야 할 것은 BTS는 다양한 장르를 가로지르며 K-pop과 보이 밴드 미학을 공공연히 실험한다는 점이다. 그들은 음악과 의상 그리고 무대에서 오가는 멤버 상호 간의 행위들로 기존의 팝 스타 남성성의 기준, 젠더 규범에 도전한다.

② 우아하게 장르를 가로지른다

BTS 음악은 십 대 이전과 십 대들을 위해 자동 조립 공정에 의해 만들어졌을 법한 경쾌하고 가벼운 풍선껌 팝(Bubblegum Pop)과는 다르다. 이 점에 대해서는 뉴욕 팝 음악 평론가 존 카라마니카의 말을 인용한다. "《LOVE YOURSELF 轉 'TEAR'》와 《LOVE YOURSELF 結 'ANSWER'》는 BTS가 다채롭고 복잡한 사운드를 어떻게 지속적으로 행해왔는지를 보여준다: Chainsmokers-esque EDM-pop,* 1990s R&B, 뉴욕과 남부 hip-hop 그리고 그 외 장르들을."

③ 일곱 명 멤버 모두가 그룹에 독특한 재능을 부여한다

네 명의 싱어(지민, 진, 정국, 뷔)와 세 명의 래퍼(제이홉, RM, 슈가)가 곡에

---

* The Chainsmokers는 알렉스 폴과 드류 카가트로 구성된 미국 전자음악 DJ이자 제작자다. 이들은 인디 음악가들의 노래를 리믹스하는 것으로 시작해서 2014년 "#Selfie"란 싱글앨범이 여러 나라 음악 차트 20위 안에 오르면서 The EDM-pop duo로 신기원을 이뤄냈다. 그래미상을 비롯해 두 번의 American Music Awards와 일곱 번의 Billboard Music Awards를 수상했다.
EDM(electronic dance music)은 나이트클럽, 광란의 파티, 축제에서 사용될 목적으로 만든 다양한 충격전자음악(percussive electronic music) 장르를 말한다. 일반적으로 DJ들이 '믹스'라고 불리는 음반 트랙들을 끊어지지 않게 연결해 재생한 음악으로 흔히 댄스 뮤직, 클럽 뮤직으로 알려져 있다.

따라 하모니로, 인트로와 아우트로를 나눠서, 때로는 솔로로 노래를 한다. 팬들은 멤버 각자의 매력이 도드라지게 표현되는 노래 구성에 흠뻑 빠진다. 멤버 중 RM이 유일하게 영어가 능숙하기에 종종 대변인 역할을 맡을 뿐 실질적인 그룹의 리더는 없다.

④ 그들의 음악은 팬들에게 진정성을 느끼게 한다

BTS는 어떻게 보여야 하는지 어떻게 들려야 하는지를 분명하게 마스터한 그룹이다. 하지만 그들은 단지 중독적인 선율과 눈을 사로잡는 의상과 헤어스타일로 사람들을 매료시키는 것 이상이다. 그들은 정신적인 건강과 자신을 사랑하는(Self-love) 것과 같은 중요한 문제에 천착한다. 그들은 전 세계 젊은이들에게 하나의 롤 모델이 되고 있다는 것에 대한 중요성을 진지하게 받아들인다. 그 점에 관해선 정국의 말을 인용한다.

> "그 점이 우리의 의무에 대해 한 번 더 생각하게 합니다. 어떻게 행동해야 할지, 어떻게 우리 음악을 만들어야 할지. 그래서 우리가 하는 행동, 그에 대한 책임감, 우리가 만드는 음악에 대해 보다 깊이 생각하게 됩니다."

소속 기획사 BIGHIT Entertainment 대표인 방시혁과 함께 음악을 만들어 가면서 어떻게 그들의 음악 창조 과정을 밟았는지에 관해서는 RM의 말을 인용해 들려준다.

> "우리가 미스터 방을 처음 만나 대화를 나눌 때, 그는 우리 자신
> 의 경험과 생각과 감정을 노래하라고 항상 강조했습니다. 그것이
> 우리가 만드는 음악의 중심이 됐지요. 가능한 한 많이 적극적으
> 로 밴드 멤버들이 모두 함께 음악 창작 과정에 참여하는 것을 밴
> 드 멤버십의 원칙으로 하고 있습니다. 이런 우리의 참여가 음악
> 과 노래를 보다 진지하게 만들고, 우리 음악에 접근하는 태도를
> 변화하게 만듭니다."

⑤ BTS는 그들의 ARMY를 가족으로 여긴다

충성스런 그들의 ARMY를 주목하지 않으면 각종 기록을 깨는 BTS의
상승을 설명할 수 없다. BTS가 팬들과 소통하는 공식 트위터 계정이
둘 있다. 그중 하나에는 현재 천팔백오십만 팔로워가 있다. BTS 공식
유튜브 페이지에는 현재 천오백육십만여 명의 구독자가 있다. BTS와
ARMY들은 SNS를 통해 서로를 격려한다. 매일 업데이트 되는 BTS에
관한 엄청난 수와 양의 콘텐츠로 BTS는 ARMY라는 거대한 조력자 가
족을 창조한다. ARMY는 BTS의 등에 날개를 달아주었다. 2019년 BTS
의 투어 일정을 따라가며 ARMY들은 '자신들의 부모들이 비틀스가 투
어할 때 느꼈던 기분이 지금 자신들이 느끼는 감정과 비슷하지 않을까'
하는 자신들의 흥분을 트위터로 나눈다.

이런 'BTS 현상' 분석을 토대로 그래미는 미국 주류 팝 뮤직을 선도할 대표 주자는 BTS라고 결론을 내린다. 그래미의 BTS 현상 분석은 여타 다른 미국 대중음악평론가와 문화평론가들의 분석에서도 대동소이하다. 하지만 BTS의 음악 예술 세계를 진지하고 심도 있게 분석한 영미 대중문화평론가의 기사나 글, 책을 나는 아직 보지 못했다. 그런 이유에선지 모르나 엄연히 존재하는 BTS 현상에도 불구하고 미국 대중문화 산업계에서는 아직도 BTS를 진지한 뮤지션으로 받아들이기를 주저하는 경향이 있다.

3

목까지 빠지다

앞에서 나는 '한류'를 살펴보려다 BTS 현상을 맞닥뜨리게 됐고 그 속을 헤아리려다 BTS 강물에 발을 들여놓았다고 했다. 그 강물에 발목을 담근 순간 나는 그만 미끈 목까지 빠져버렸다고 했다. 순간 나는 놀람과 환희로 숨이 멎는('take my breath away') 듯했다. 강물 가운데로 들어갈수록 그들의 노래는 나(내 숨을)를 부드럽게 위로해 주었다('killing me softly'). 어떤 노래 제목에서는 불현듯 드는 기시감('Déjà Vu')에 소름이 돋기도 했다. 인문학자로 살아온 30여 년의 세월이 BTS라는 한 점으로 소환(recall)되는 것 같은 이 기이한 느낌을 뭐라 해야 할까. 정말이지 내 생에 처음 느껴본 감정이다. 헝클어진 채 오랫동안 방치된 실타래를 마침내 푼 것 같은 느낌이랄까.

왜 이런 기이한 느낌이 들었는지, 그리고 이 책의 목적이기도 한 BTS의 음악(예술) 세계를 헤아리기 위해선 아무래도 내 지나온 삶을 간략하게라도 설명해야 할 것 같다. 나는 대학에서 영문학을 전공하고 대학원에서 영문학 석사와 박사과정을 마쳤다. 대학에서 20년간 영문학과 영미 문화를 가르쳤고 현재는 문학평론가로 그리고 성공회대 유지재단인 노숙인을 위한 인문학 과정인 '성프란시스대학'에서 16년 동안 글쓰기를 가르치고 있다. 어언 30여 년 동안 인문학자로 가르치고 연구하며 글을 써온 셈인데, 이는 여느 인문학자와 그리 다를 게 없는 삶이다.

하지만 BTS와 관련지으면 얘기가 좀 달라진다. 내 석사논문 제목은 *Problem of Art in Henry James's Artist Tales*(헨리 제임스 예술가 단편들에서 예술의 문제)이다. '소설은 헨리 제임스(1843-1916) 이후 완전히 새로워졌다'(존 밴빌)고 할 만큼 헨리 제임스는 현대 영미 소설의 형식과 내용의 원형을 제시한 작가로 평가받는다. 나는 헨리 제임스의 단편들 중에서 삶과 예술 사이의 갈등을 다루는 소위 '예술가 단편'들을 분석했다. 이 단편들이 공통으로 제시하는 물음은 예술가에게 무엇이 진짜인가, 'What is the real thing?'이었다. 오! 이런! 이 물음이 화살처럼 날아가《화양연화》과녁의 중앙에 꽂힐 줄이야!

Art for Liberation from Spiritual Colonization: Joyce's Critique of British Imperialism(영혼의 식민화로부터 해방을 위한 예술: 영국 제국주의에 대한 조이스 비판). 내 박사학위논문 제목이다. 헨리 제임스 문학이 모더니즘 '소설의 원형'이라면 제임스 조이스(1882-1941) 문학은 모더니즘 '소설의 완성'이라 할 수 있다. 조이스는 전 세계적으로 연구논문과 학위논문이 셰익스피어 다음으로 가장 많이 나오는 아일랜드 작가이다. 그는 생전에 "나로 인하여 조이스 산업(Joyce Industry)이 생겨날 것이라" 호기 있게 말했는데, 그의 예언대로 사후 80년 동안 전 세계 강단 학자들에 의해 끊임없이 새로운 제임스 조이스가 재생산되어 오고 있다. 현대소설은 조이스 이전과 이후로 나뉜다고 말할 정도

로 그는 문학의 형식(언어, 상징주의, 내적독백, 의식의 흐름, 서술 기법 등)과 내용(정치, 역사, 종교, 과학, 언론, 철학, 신학, 신화, 예술, 미학…) 모두를 재구성함으로써 문학의 범주와 경계를 근본적으로 바꿔놓았다. 나는 논문에서 식민지 조국에서 영혼의 자유를 향한 예술이란 어떤 것인가(것이어야 하는가)를 탐구했다. 오! 기시감이라니('Déjà Vu')! BTS의 〈에피퍼니Epiphany(顯現)〉는 조이스 소설미학의 핵심 이론이고, BTS의 〈시차(parallax)〉는 소설의 끝이라고 평가되는 조이스의 대작 『율리시스』의 주요 유도동기(leitmotive) 중 하나다. BTS 뮤비들을 짜나가는 서사와 구조에서 조이스의 '내적독백'과 '의식의 흐름' 서술 기법을 수없이 마주쳤다. 방탄의 강물에 발을 들여놓았다가 BTS의 음악에서 내 석박사 논문이 소환(recall)되니 어찌 목까지 빠지지 않을 수 있겠는가.

하지만 놀라움은 이제 시작일 뿐이다. 카를 구스타프 융(1875-1961)의 심리학 이론을 바탕으로 자신들의 정체성을 찾아가는 여정을 표현한 앨범 《MAP OF THE SOUL : PERSONA》와 《MAP OF THE SOUL : 7》에서 BTS는 융의 심리학 이론을 음악과 뮤비라는 예술로 승화시켰다. 내가 공부하고 연구해 강단에서 학생들에게 가르쳤던 윌리엄 버틀러 예이츠William Butler Yeats(1865-1939)는 융의 심리학을 시 예술로 승화시킨 아일랜드 국민 시인이다. 융의 심리학이라는 창으로 이 앨범을 분석하는 것에서 나는 한발 더 나아가 예이츠 '시창詩窓'으로 BTS 예술을 엿보았다. 카메라 렌즈 같은 '상징시창'으로 밀고 당겨 바라본 BTS 예술의 광대함과 섬세함은 이루 말할 수 없었다.

1922년은 영문학사에서 아주 획기적인 해이다. 모더니즘 소설의 바이블이라 일컫는 제임스 조이스 『율리시스*Ulysses*』가 파리에서 출간되었고, 동시에 영문학 전통에서 20세기에 쓰인 가장 중요한 시로 평가되는 T. S. 엘리엇(1888-1965)의 『황무지(*The Waste Land*)』 또한 1922년에 출간되었기 때문이다. 1922년은 이 두 작품의 출간과 더불어 영문학이 내용과 형식 면에서 이전의 문학 전통과 확실히 결별하고 새로운 현대문학 시대로 진입한 해이다. 『황무지』에서 20세기 인류 문명에 대해 진단할 때 엘리엇이 사용한 주요 기법이 영화에서 차용한 '몽타주' 기법이었다. 몽타주는 내가 BTS 대부분 뮤비들에서 발견한 핵심 기법이다.

엘리엇의 유명한 시 "The Love Song of J. Alfred Prufrock(J. 알프레드 프루프록 연가)"은 현실과 이상 사이에서 고뇌하는 중년 신사 프루프록Prufrock의 '서로 상반된 두 자아의 극적독백'으로 구성되어 있다. 이것은 《MAP OF THE SOUL》 두 시리즈 앨범에서 자신의 정체성을 찾아 고뇌하며 방탄 멤버들이 풀어가던 바로 그 방식이다. BTS가 창작의 영감과 동기가 됐다고 몇몇 작품 머리에 인용한 제사題詞(epigraphy) 역시 엘리엇이 『황무지』와 "J. 알프레드 프루프록 연가"에서 용의주도하게 사용한 방식이었다. 〈Black Swan〉에서 마사 그레이엄Martha Graham의 말을 인용한 제사와, 『황무지』 중 『사티리콘*Satyricon*』에서 인용한 제사 모두 '죽음'에 관한 것이다. 더 이상 춤을 출 수 없는 댄서에게, 아폴론 신으로부터 영생을 얻었으나 젊음을 얻지 못해 손가락만 하게 쪼그라든 수백 살 나이 든 무녀에게, 삶은 죽음보다 더 고통스러운 것이라는 전언에 얼마나 소름 돋았던지. 지금도 머리가 쭈뼛 선다.

1960년대 유럽에서는 '수용미학'이 탄생하면서 문학작품의 생산자와 소비자의 개념에 일대 혁신이 일어났다. 수용미학의 관점에서 문학작품은 독자가 그 가치를 내면화할 때 비로소 진정한 작품이 탄생한다고 본다. 문학작품은 작가·작품·독자 간의 소통 과정의 매개에 불과한 것으로, 고정된 의미를 전달하는 진리의 양식(work)이 아니라, 수용자의 해석에 의해 저마다 의미가 달라질 수 있는 텍스트text란 것이다. 작품 해석의 기준을 창작자에서 수용자의 심미적 경험에 두는 '수용미학'은 1980년 미국에서 '독자반응비평'으로 더욱 발전된다. 나는 이런 (소설)문학의 변천사를 졸저 『이야기 고물상』(2015. 자음과 모음)에서 다뤘다. 하지만 비평 이론으로 강단 학자들 사이에서만 활발할 뿐 수용미학의 관점에서 작품의 의미를 결정하는 독자들의 중요한 참여는 현실에선 미미할 뿐이다.

그런데 진정한 수용미학과 독자반응·비평의 진수를 나는 BTS 음악세계에서 보았다. ARMY! BTS 팬이자, 시청자·애청자이자, 독자이며 비평가인 아미. BTS 음악은 전 세계 아미들의 적극적인 해석에 의해 끊임없이 새로 태어나고 자란다. 심지어 창작 과정에서부터 아미들의 존재는 방탄의 의식 무의식에 영향을 미치고 있다. 아미를 방탄 음악의 공동 창작자라고 말한다면 지나친 과장일까. 의도한 것은 아니지만 아미가 BTS 무대 공연 기획과 연출의 반을 차지한 장면을 보고 정신이 번뜩 들었던 기억이 있다. 그렇다! BTS와 ARMY를 기점으로 대중예술의 생산자와 소비자(수용자) 사이의 일대 패러다임의 전환이 오고 있는 것이다. 한 세기 전 발터 베냐민(1892-1940)이 『기술 복제 시대의 예술 작품』이라는 그의 기념비적 저서를 통해서 새롭게 나타난 복제 기술이 어떻게 전통적인 예술 개념을 전복하고, 복제 기술의 발달에 의해 새로운 장르인 영화예술이 어떻게 예술의 가치를 새롭게 정의 내리게 됐는지를 논파한 것처럼 말이다.

BTS와 ARMY 사이에는 여타 아이돌 밴드와 팬 사이의 관계, 그 이상의 무엇이 있다는 게 확연히 느껴진다. 1960년대 비틀스가 10-20대 젊은 팬들에게 끼친 반전사상, 반(무)정부 사상 같은 어떤 방향과 운동성을 띠지는 않지만 영향 면에서 비틀스 못지않은 그 무엇. 국가, 민족, 인종, 종교, 이념이라는 구별과 차이로 억압을 낳아왔던 집단규범을 무너뜨리고 초월하는 그 무엇. 이탈리아 사상가 안토니오 네그리가 '다중'이라 명명하고, 21세기 서두에 대한민국 광장에 모인 촛불들을 '집단지성'이라 명명했던 그 무엇, 미래 세계시민 같은 그 무엇. 조심스럽지만 나는 BTS 예술 세계를 분석하는 본장에서 이 문제에 대해 자세히 다뤄볼 생각이다.

내가 가까운 후배에게 BTS에 입덕한 계기에 대해 열변을 토하자, 다 듣고 나서 그가 하는 말이 "형, BTS의 음악 세계가 그렇게 깊고 심오한지 형 얘기 듣고 나서 나도 새삼 놀랐어. 그런데 형이 말하는 영미 문학 대가들의 작품을 BTS가 정말 다 읽고 자신들의 창작에 영감을 받았을까?" 나는 BTS나 창작에 공동으로 참여하는 뮤지션들이 이 대가들의 작품에서 영향을 받았는가 아닌가는 그리 중요하지 않다고 생각한다. "해 아래 새것은 없다"는 게 모더니즘modernism과 포스트모더니즘post-modernism 예술의 모토이다. 모든 예술 장르는 서로 영향을 주고받고 때로는 장르를 가로지르며 텍스트text에서 상호텍스트성(intertextuality)으로 진화·발전돼 왔다. 물론 BTS 음악 공동 창작자들이 영감을 받았다는 다른 분야의 학문, 예술, 미디어의 작가와 작품들도 내가 예로 든 대가들의 영향을 받았을지도 모른다. 해 아래 새것은 없으니. 특히 BTS 뮤비에는 소설, 시, 미술, 무용, 철학, 신화, 역사, 종교 등 다양한 학문, 예술 분야와 인접 매체인 영화가 상호텍스트성으로 복잡하게 얼기설기 짜여 있다. 심지어 BTS의 음악은 자신들의 이전 곡들과도 상호텍스트성으로 이중 삼중으로 얽혀 있다. 이런 구성의 복잡함과 치밀함은 이전의 그 어떤 뮤지션의 뮤비에서도 좀처럼 찾아보기 힘든 BTS 음악만의 특징이다. 나의 30년 인문학이 소환될 BTS 독법은 그러므로 참여적, 생산적 수용자로서 또 다른 하나의 해석일 뿐이다. 그렇지만 세상에서 하나밖에 없는 나만의 BTS 리메이크곡으로 BTS의 예술 세계는 더욱 깊어지고 넓어질 것이다.

한류의 정점에서 BTS 현상을 목도하고 BTS 예술 세계 한가운데로 들어간 후 나는 다시 나와 강둑에서 한류의 도도한 강물을 바라볼 것이다. 그리고 이런 물음을 던질 것이다. '왜 쿨 재팬Cool Japan이 아니고' '왜 화류華流(Chinese Wave)가 아니고' '왜 한류韓流(Korean Wave)인가?' 그 물음에 답을 궁구하기 위해 나는 함석헌(1901-1989)의 『뜻으로 본 한국역사』와 김지하의 『흰 그늘의 미학을 찾아서』와 그의 '생명사상'을 소환할 것이다. 그리고 동학사상까지 거슬러 오를 것이다. 그런 연후에야 비로소 나는 한류와 BTS 음악의 'DNA'가 해독될 것이라 생각한다.

  마지막 장에서는 10년 20년 후 BTS 음악 예술의 미래에 대해 예측해 보려 한다. 멤버들 모두 20대 초중반이고, 데뷔한 지 10년밖에 안 되며, 이제 한창 꽃피우려 하는데 무슨 10년 20년 후의 BTS 음악을 말하는가 하고 섣부른 판단이라며 눈살을 찌푸릴지도 모른다. 하지만 이전에는 볼 수 없었던 BTS와 ARMY 사이의 특별한 그 무엇과 BTS 음악의 본질이 합쳐져 우리가 전혀 예상치 못했던 미래가 열릴지 모른다는 기대와 희망에 내가 달떠 있기 때문이다. 그 흥분을 쏟아놓지 않고서는 도무지 견딜 수 없기 때문이다.

4

BTS라는 장르

음악이란 무엇인가? "박자, 가락, 음성, 화성 따위를 갖가지 형식으로 조화하고 결합하여, 목소리나 악기를 통하여 사상 또는 감정을 나타내는 예술"이라는 것이 사전에 기록된 정의이다. 이런 음악 예술이 대중을 대상으로 하면 '대중음악'의 사전적 정의가 될 것이다. 하지만 이런 사전적 정의로는 21세기 대중음악을 온전히 담아낼 수 없다. 목소리나 악기 외에, 춤(몸)으로 사상 또는 감정을 표현하는 안무가 대중음악의 주요 부분이 된 지 오래인 까닭이다. 특히 K-pop 아이돌 음악일 경우는 더더욱 그렇다. 여기에다 1990년도부터 뮤직비디오가 나오면서 음악에 드라마와 영화의 서사(이야기)가 첨가됐다. 음악에 서사를 입힌 단편 음악 영화(short music film)가 탄생한 것이다. 지난 30여 년 동안 뮤직비디오는 폭넓고 다양하게 발전해 가히 대중음악 예술의 꽃으로 성장했다. 3-5분 길이의 노래 한 곡을 들으며 한 편의 드라마나 영화 예고편(trailer)을 보는 것 같은, 리듬과 가사를 환기하는 수많은 숏 컷 '이미지 갤러리'를 둘러보는 것 같은, 이 대중음악을 무어라 정의 내려야 할까.

대중음악의 정의에 대한 물음을 BTS에게로 돌리면 더더욱 복잡해진다. 특히《화양연화》시리즈 앨범을 시작으로 그 이후 제작된 뮤직비디오들은 기존의 대중음악에 대한 정의를 뿌리부터 뒤흔든다. BTS는《화양연화》시리즈 앨범 제작과 더불어 방탄 7 멤버를 주인공으로 하는 『화양연화 THE NOTES』 소설과 이 소설의 연작 형식으로 웹툰 『SAVE ME』를 제작·발매한다. 『화양연화 THE NOTES』와 웹툰에는 방탄 7명의 가정사와 그들 상호 간에 복잡하게 얽힌 사건과 사고들이 소설, 일기(notes), 만화 형식으로 들어 있다. 이 이야기들은 화양연화 시리즈 뮤직비디오와 그 이후 앨범 뮤직비디오 서사의 기본 골격을 이룬다. 곡과 가사에 입힌 안무(choreography)와 연기(acting) 그리고 수많은 컷들의 편집으로 짜인 구조(structure)와 플롯plot의 기본 구성 원리 또는 서사의 뼈대가 바로 『화양연화 THE NOTES』 소설과 웹툰 『SAVE ME』인 것이다. 인생에서 가장 아름다운 시절이라는 '화양연화'를 음악과 뮤직비디오 그리고 소설과 만화라는 각기 다른 매체로 표현한 것인데, 더욱 놀라운 건 씨줄과 날줄처럼 네 개의 다른 매체(음악, 뮤직비디오, 소설, 웹툰)가 서로 가로지르고 소통하며 'BTS Universe'라는 거대한 피륙을 짜나간다는 사실이다. 노래와 춤엔 감정이, 파편같이 갈라지고 이어진 숏 컷들(뮤직비디오)의 구성(plot) 속엔 이야기와 메시지가 흩뿌려져 있다. 해서 BTS 뮤직비디오를 충실하고 온전하게 감상하려면 이 흩어진 파편들을 다시 이어야만 한다. 그러려면 『화양연화 THE NOTES』 소설과 웹툰 『SAVE ME』 서사의 세계로 들어가야 한다. 그것으로도 잇지 못하면 BTS의 다른 뮤직비디오들을 꼼꼼히 뒤져

봐야 한다. 이유는 같은 이야기라도 새로 제작되는 뮤직비디오마다 표현하는 방식이 달라지기 때문이고, 달라진 표현은 또 다른 뮤직비디오에 등장하면서 소설과 웹툰에는 없는 새로운 메타포와 상징이 탄생하기 때문이다. 이렇게 BTS Universe는 새로운 음악과 뮤직비디오가 제작될 때마다 스스로 증식해 복잡하고 거대하게 팽창한다. 퍼즐 맞추기 같은 이 지난한 찾기 과정에서 BTS 팬들은 허구(fiction)일 뿐인 소설, 웹툰, 뮤직비디오에서 어떤 실체(reality)라는 BTS 보물을 발견하는 환희를 맛보게 된다. 마치 자신만 아는 BTS 음악의 비밀을 발견한 것처럼.

BTS Universe는 《WINGS》(2016)를 거쳐 《LOVE YOURSELF》 승, 전, 결(2018-2019), 《MAP OF THE SOUL : PERSONA》(2019)에 이르면서 그 폭과 깊이에 있어서 차원이 다른 비약을 한다. 뮤직비디오에 다양한 학문과 매체-미술, 무용, 소설, 영화, 시, 신화, 심리학, 철학-들이 상징이나 메타포로 더욱 은밀하고 교묘하게 서사와 뒤섞인다. 한편으로는 이전의 BTS 뮤직비디오들과 상호 소통하고 또 한편으로는 다른 학문과 매체 속 내용을 상징과 메타포로 차용해 소위 상호텍스트로 섞이고 대화하면서 BTS Universe는 점차 'humanity'라는 인류 보편성을 획득해 간다. 이 BTS Universe의 행성 시민이 바로 BTS 팬덤 아미ARMY이다. 그런데 이들에게서 독특한 공통점 하나가 발견되었다. 이들의 공통된 특징을 보고선 형용하는 어구 하나가 덧붙여졌는데 그게 바로 '선한'이다.

'선한 아미'라니! 대중음악사에서 '선한'이라고 붙여진 팬덤이 있었나. 아니 '선한'은 차치하고라도 특정 팬덤의 이름 앞에 어떤 특징을 지칭하는 형용어구를 붙인 예가 있기라도 했었나. 아무리 찾아봐도 그런 예는 없다. 팬덤fandom은 '팬fan(fanatic, 광신자의 줄임말)'과 '덤(-dom, 영지)'의 합성어로 특정한 인물이나 분야를 열성적으로 좋아하는 사람들 또는 그러한 문화현상을 가리킨다. 이렇게 어원에서 암시하듯 팬덤은 태생적으로 광적이며 폐쇄적인 특성을 지니고 있다. 특히 대중음악 아이돌 팬덤인 경우 자연스럽게 다른 팬덤과 경쟁 관계를 띠게 돼 더욱 '자신들만의 아이돌' '자신들만의 팬층'으로 자기 폐쇄적이기 쉽다. 그런데 '선한' 아미라니!

BTS ARMY가 된 이후로 자신의 아들, 딸들이 변했단다. 깊은 우울증에 빠진 아이가 밝아졌으며, 무기력에 빠졌던 아이가 고전문학을 읽고, 세상 밖 문제에 관심을 가지기 시작했으며, 그것에 자신의 목소리를 내고, 행동으로 실천에 옮기며, 무엇보다 하나같이 자신을 사랑하게 됐다는 것이다. 이렇게 변한 자식의 모습을 지켜보며 기성세대가 이들 ARMY에게 붙인 것이 '선한'이다.

도대체 BTS의 무엇이 이들을 선하게 만들었을까. '문화는 부드러운 혁명'이라 했는데, 무력과 폭력이라는 강압적인 방식을 쓰지 않고 사람과 세상을 변화시킬 수 있는 그 혁명의 가능성을 BTS 음악은 보여주고 있는 것이다. 음악과 그 영향력에서 그 어떤 대중음악 뮤지션에게서 찾아보기 힘든 전대미문의 팬덤 현상을 일으킨 BTS 음악을 그리하여 나는 'BTS 장르'라 부르려 한다. 이제 본격적으로 BTS 장르의 탄생부터 성장 그리고 감히 미래까지 긴 탐사 여정을 떠나보련다. 이 여정의 짐을 꾸리려 30여 년 내 인문학 창고에서 잠자고 있던 고물들의 먼

지를 떨었다. 어쩌면 BTS 탐사 여행은 이 인문학 고물들 속으로 들어
가는 타임 리프Time Leap일지도 모른다.

5

도원결의

375km 한반도의 동서를 가로지르며 육백 년 도읍지 수도 서울을 어머니처럼 품고 흐르는 한강. 그 강을 잉태한 수태水胎는 태백시 금대산의 검룡소儉龍沼라는 작은 샘이다. 중국 대륙 동쪽 끝 반도의 한 연못(沼)에 오천 년 동안 웅크리고 있던 작은 용 검룡儉龍. 마침내 긴 잠에서 깨어 물결을 타고 바람을 일으키니 오대양 육대주로 한류韓流를 뻗었다. 검룡이 도도한 한류를 타고 올라 칠조룡七爪龍이 되었는데, 입에 여의주를 물고 일곱 발톱을 세우니 날개에 힘줄이 돋는다.

유비가 촉나라를 세워 위나라 조조와 오나라 손권과 함께 천하를 삼분하는 삼국 시대를 열게 한 그 첫걸음은 복숭아 과원에서 관우와 장비와 함께 맺은 결의에서 시작된다. 이른바 '도원결의'에서 그들은 서원誓願을 한다. "한마음으로 협력하여 곤경에 빠진 자를 구하고 위기에 처한 이를 도우며, 위로는 나라에 보답하고 아래로는 백성들을 편안하게 하고자 한다. 같은 해 같은 달 같은 날에 나기를 구하지 않았지만, 오직 같은 해 같은 달 같은 날에 죽기를 바랄 뿐이다."

한강이 작은 샘물에서 발원하듯, 유비의 태평천하의 꿈이 도원결의에서 시작되듯, 방탄의 시작 또한 두 사람의 만남에서 시작됐다. 방시혁은 8년간의 JYP 엔터테인먼트 수석 작곡가 겸 음악 피디 역할을 접고 2005년 자신의 음악 기획사인 '빅히트 엔터테인먼트'를 창업한다. 그는 2000년 후반 즈음 힙합 그룹 결성을 목표로 멤버를 물색하기 시작했다. 마침내 2010년 어느 날, 언더그라운드에서 활동하고 있는 한 고등학교 남학생의 래핑을 본 힙합 뮤지션 슬리피는 빅히트 엔터테인먼트 소속 프로듀서 피독에게 그의 연락처를 넘겨준다. 피독은 그 남학생의 곡을 방시혁에게 들려준다. 방시혁은 그 곡을 들었을 때 첫 느낌을 한 강연에서 이렇게 회상한다. "주제를 다루는 사고의 깊이, 언어 사용의 유려함, 랩을 한국말로 풀어가는 창조적 방식 등은 17세 나이가 무색할 만큼 뛰어났다." 방시혁은 피독에게 당장 그 친구와 미팅을 잡으라고 일렀다. 그 앳된 남학생이 김남준 RM이다.

김남준은 방탄에 데뷔하기 전에 'Runch Randa'라는 이름으로 언더 힙합 신에서도 실력을 인정받는 고등학생 래퍼였다. 그에 이어서 RM보다 두 살 위인 또 다른 언더 힙합 신 래퍼 정헌철이 빅히트 연습생으로 합류한다. 둘은 모두 랩 메이킹에 탁월한 십 대 래퍼였지만 태생과 기질 면에서는 완전히 달랐다. 김남준은 전형적인 범생 타입이다. 아이큐 148의 높은 지능지수에, 중고등학교 시절에는 전교 1, 2등을 다퉜으며, 수능 모의고사 성적은 상위 1.6%, 독학으로 토익 880점을 받은, 한마디로 수재형 '뇌섹남'이다. 음악에 대한 열정으로 그는 대학은 나중으로 미루고 지금 여기의 자신에게 몰입하기로 했다. 그건 '힙합'이었다.

정헌철은 전북 익산에서 태어났다. 하고 싶은 미술 공부를 못 한 게 한이 맺힐 정도로 집안 형편이 어려웠다. 일찍부터 부모님으로부터 독립한 그는 광주 일대에서 힙합 래퍼로 거리 밥을 먹으며 거칠고 강하게 컸다. 그의 힙합 음악 특징을 가장 잘 표현한 곡 〈독기〉의 가사 – "삶의 늪에서 나는 더 큰 세상을 보네, 난 돈이 없어서 힙합을 알고, 난 돈이 없어서 결국 강해졌네" – 처럼 그는 삶의 늪에서 미친 듯이 발버둥 치며 세상을 향해 '독기'를 품었다. 힙합은 독기를 밖으로 배출하는 그의 유일한 통로였다.

서로 다른 두 힙합 원석을 발견한 방시혁은 그가 염두에 둔 힙합 그룹을 완성하기 위해 'Hit It'이라는 공개오디션을 열어 힙합 크루를 선발한다. 김남준과 정헌철의 자작 랩에 도전하는 당시로서는 파격적인 방식이었다. 그렇게 방탄소년단은 힙합 크루로 2011년 탄생을 앞두고 있었다.

그런데 방탄소년단 힙합 크루 선발 과정 중 운명적인 선회가 일어난다. 기획자 방시혁이 방탄을 힙합 크루에서 '힙합 아이돌'로 그 성격을 바꾼 것이다. 바뀌게 된 동기나 이유에 대해 방시혁이 공식적으로 언급한 기록은 어디에서도 찾을 수 없다. 다만 김남준은 남았고 정헌철은 떠났다는 기록만 남아 있을 뿐이다. 오늘의 방탄은 이들의 만남과 이별 그리고 방시혁의 극적 방향 선회가 있어 가능했다. 삶은 선택의 연속이다. 하지만 그 선택이 옳았는지 잘못됐는지 돌아와 비교할 제2의 인생이란 애초부터 인간에게 주어지지 않는다. 다만 그 선택의 결과로 이어진 외길 인생이 있을 뿐이다. '정헌철이 김남준과 더불어 계속 남아 있었다면, 정헌철이 남고 김남준이 떠났다면, 방시혁이 방탄을 원래 계획

대로 힙합 크루로 탄생시켰더라면'이라는 가정은 그러므로 무의미하다. 방시혁과 김남준은 "풀이 더 우거지고 발자취도 적어, 누군가 더 걸어가야 할 길처럼 보인"* '힙합 아이돌' 길을 선택했다. 한 번뿐이기에 한 번으로 완전한 그 선택만이 중요하고 의미 있다.**

---

* 미국 시인 로버트 프로스트Robert Frost(1874-1963)의 '가지 않은 길(The Road Not Taken)'에 나오는 시구이다. 원문 And having perhaps the better claim/ Because it was grassy and wanted wear.

** 정헌철은 방시혁과 이별을 한 후 언더 힙합 신에서 '아이언'으로 활동하다가 2014년 M.net 힙합 서바이벌 프로그램 '쇼미더머니 3'에서 준우승한다. 2015년 3월 31일 디지털 싱글앨범 《blu》로 정식 데뷔했으며 2016년 9월 9일 정규앨범 《ROCK BOTTOM》을 발매했다. 이후 대마 흡연, 여자 친구와 후배 룸메이트 폭행 사건, 명예훼손 등으로 고소 고발이 끊이지 않는 순탄치 않은 삶을 살다가, 2021년 1월 25일 서울시 중구의 한 아파트에서 투신자살해 28세 짧은 삶을 마감했다.

힙합 아이돌

그렇다면 무엇이 정헌철을 떠나게 하고 김남준을 남게 했을까. 그 갈림
길에 '힙합'이란 이정표가 있다. 힙합만큼 '자기 고백'을 장르 고유의 특
성이자 멋으로 간직한 음악은 세상 어디에도 없다. 힙합은 1970년대
후반 뉴욕 브롱스 남쪽 빈민가에 거주하는 미국 흑인 청년들에 의해 탄
생한 새로운 문화현상 또는 운동이다. 가난과 범죄, 마약 밀거래가 일
상인 게토에서 자신이 직접 경험하고 몸으로 겪은 이야기를 노래(랩
rap)로 춤(브레이크 댄스break dance)으로 거리 낙서(그라피티graffiti)로 표현
한 것이 통칭 힙합문화이다. 흔히 힙합 래퍼들의 진정성을 판단하는 하
나의 기준인 스트리트 크레드street cred.라는 것도 힙합의 자기 고백적
특성을 강조한 것이고,* 힙합 특유의 스웨그Swag도 자기 멋의 극단적

---

*   힙합 래퍼들의 스트리트 크레드street cred.를 판단하는 기준으로는 '가난한 집안 출
생, 한 부모 가정, 총에 맞아 본 경험, 실제 갱단의 멤버였던 경력, 문신 등'이 있다. 자신
이 겪었던 것만을 이야기해야 한다는 것에 래퍼들의 진정성, 힙합의 정통성을 부여하
다 보니 합법과 도덕, 보편과 상식에서 멀어질수록 오히려 높아진다는 힙합 윤리의 아
이러니가 발생했다. 하지만 힙합 태동기의 이런 현상은 많은 비판의 대상이 되었다. 이
후 힙합이 게토 밖으로 폭넓게 퍼져나가고 다양한 힙합 래퍼 뮤지션들이 탄생하면서
자신의 진솔하고 창의적인 이야기라면 소재에 상관없이 진정성을 인정하는 쪽으로 변
화해 갔다.

도취에서 나온 것이다.* 이런 자기도취의 멋에서 나온 힙합은 흑인들에게 게토에서 탈출할 수 있는 기회를 제공했다. 상업적으로 성공한 래퍼들은 스스로의 힘으로 자신의 운명을 바꿨다는 '자부심'이 넘쳤고, 그 자부심은 고스란히 가사에 반영됐다.

이같이 태생적으로 자기색이 강할 수밖에 없는 힙합 크루는 당시 대형 기획사 아이돌 시스템하에서는 탄생하기도 공존하기도 거의 불가능했다. 당시 가요계의 3대 대형 기획사인 SM, YG, JYP 엔터테인먼트에서는 아이돌 연습생 시스템이 안착돼 있었다. 연습생으로 발탁되면 회사의 전폭적인 지원 아래 노래, 춤 연습은 기본이고 연기와 예능 등에 대한 교육이 이뤄진다. 심지어 외국어 교습과 검정고시까지 지원한다. 그 과정에서 어떤 음악을 할지, 어떤 멤버와 그룹을 결성하고, 어떤 캐릭터를 형성할지는 모두 기획사가 결정한다. 물론 가수 데뷔, 홍보, 음반, 방송 출연, 공연에 드는 비용은 모두 기획사가 댄다. 이는 투자 개념으로 데뷔 이후 수익 분배는 자연히 소속사가 유리한 쪽으로 계약을 맺는다. 이것이 소위 대형 엔터테인먼트 기획사의 '인큐베이팅 시스템'이다. 이 시스템에서 배출된 아이돌은 스스로 성장하기보다는 기획사에 의해 길러진다고 봐야 한다. 그러니 자기색이 강하고 자기중심적(Egoistic)인 힙합 래퍼 정헌철에게 아이돌 콘셉트나 시스템은 도저

---

* 스왜그Swag는 '허세, 자유로움, 가벼움'을 뜻하는 단어로 잘난 척을 하거나 으스대는 기분을 표현하는 힙합 용어이다. 허세가 넘치는 무대 매너나 명품 패션, 주렁주렁 걸친 금목걸이 등도 스왜그에 해당한다. 하지만 스왜그는 '자타 공인' 절차를 거쳐야 한다. 나만 뽐내는 허세는 겉멋으로 놀림감으로 전락해 버리지만, 남에게 인정받으면 진정한 허세 스왜그로 힙합의 매력이 된다.

히 받아들이기 힘들었을 것이다. 그런 이유로 정헌철은 떠났다.

그렇다면 김남준은 왜 남았나. 힙합 뮤지션에서 아이돌로 인디 뮤지션에서 대중 스타로 꿈의 방향을 바꾼 것일까. 그건 아닐 것이다. 힙합 신에서 '괴물 래퍼(Rap Monster)'가 되려고 일류 대학도 포기한 그였다. 방탄에서도 그는 여전히 RM이다. 나는 방시혁이 선회한 '힙합 아이돌'을 받아들인 김남준의 선택을 타협이 아닌 '실험, 탐험'으로 받아들인다. 이유는 방탄 힙합 아이돌 그룹의 탄생 과정과 그들이 만들어가는 음악의 내용과 성격, 그리고 뮤지션으로서 성장 과정에서 잘 드러나는데, 이는 이전 어느 아이돌 그룹이 '가보지 않았던 길(The Road not Taken)'이기 때문이다.

힙합 아이돌 그룹으로 방향을 바꾸고 RM 뒤를 이어 오디션을 통해 방탄에 합류한 초창기 멤버가 슈가 민윤기와 제이홉j-hope 정호석이다. 민윤기는 대구에서 크루 디타운D-Town의 비트 메이커이자 프로듀서로 활동하고 있었고, 정호석은 광주에서 스트리트 댄서로 이름이 나 있던 춤꾼이었다. 이 둘은 빅히트 공식 오디션을 통해 방탄에 합류한다. 이 세 명의 초창기 방탄 멤버들은 당시 대형 연예기획사 연습생들과는 모집 과정과 수준부터 달랐다. RM, 슈가, 제이홉은 이미 자신만의 음악 색깔과 세계를 갖춘 뮤지션이었다. 물론 그들도 빅히트 엔터테인

---

* 초기 방탄에 참여한 멤버로는 RM과 아이언 정헌철과 함께 <대남조선힙합협동조합> 크루였던 래퍼 Supreme Boi 신동혁이 있었다. 그는 힙합 아이돌로 성격이 바뀐 방탄에 정식 멤버로 합류하지는 않았지만 방탄을 떠난 정헌철과는 달리 《2 COOL 4 SKOOL》 앨범, <상남자> <등골브레이커> <Jump> <호르몬 전쟁> 등에서 작곡, 작사에 공동으로 참여해 방탄과 연을 이어갔다.

먼트 힙합 아이돌 기획에 따라 피나는 연습생 과정을 거친다. 그렇지만 다른 기획사 연습생들과는 다르게 이들은 스스로 음악을 만들고, 음반 기획과 공연에 참여하며, 소위 '방탄 Universe'를 만들어 가는 전 과정에 주체적·자율적·주도적으로 참여한다. 그러니까 기획사에 의해서 길러지는 것이 아니라 기획사(자)와 '더불어 함께' 성장한 것이다. 이 길은 이전에 누구도 가보지 않았던 '탐험, 실험'의 길이다. 그 길의 출발점에서 공개오디션과 길거리 캐스팅을 통해 완전체를 이룬 일곱 명 방탄 멤버들과 방시혁은 서원과 도원결의를 한다.

> "10대와 20대 청(소)년들이 겪고 있는 세상의 편견과 억압을 막아내는" 방탄이 되자는 서원과 "방탄 음악은 방탄 내면에 있는 자신들의 이야기가 되어야 한다"는 결의.

방탄 결성 시 일곱 멤버와 방시혁이 한 서원과 결의에는 뮤지션으로서의 주체성과 정체성에 대한 힙합 정신(Hip-hop Soul)이 고스란히 담겨 있다. 이 서원과 결의에 대한 고뇌와 번민, 노력과 성장의 궤적이 바로 방탄 음악이다. 이제 한 발 한 발 그 궤적을 되짚어 보기로 한다.

BTS

Life goes on
Like an echo in the forest
Like an arrow in the blue sky
On my pillow on my table
Life goes on like this again

———— 2장 ————

학교 삼부작(School Trilogy)

2 Cool 4 Skool

2013년 6월 12일, 《2 COOL 4 SKOOL》 싱글앨범*을 세상에 내놓으며 방탄소년단은 데뷔한다. 이 앨범은 17평 사무실을 개조해 만든 숙소 겸 연습실에서 멤버 전원이 3년 동안 동고동락을 하며 쏟은 피, 땀, 눈물의 첫 결과물이다. Intro와 Interlude를 제외하면 실질적으로 5곡밖에 안 실린 싱글앨범이지만, 자신들이 앞으로 어떤 음악을 할지 당당하게 던진 '출사표' 같은 앨범이다. 앨범에는 일곱 색깔 무지개처럼 7트랙에 일곱 멤버의 음악 색깔과 방탄 음악의 DNA가 박혀 있다.

---

*   싱글앨범(Sp. Single Play)은 1-5곡, Ep.앨범(Extended Play)은 4-8곡 수록해 12-30분 러닝타임, 정규앨범(Lp. Long Play)은 그 이상의 곡들을 수록한 걸 말한다.

1. 방탄 DNA, Hook과 Punch line

인트로에서 RM은 한 줄짜리 출사표 - "십 대 이십 대 대신해 우리 얘기 해" - 를 던진다. 십 대 이십 대가 겪고 있는 세상의 편견과 억압에 대해 그들을 대신해 얘기하는 게 방탄의 음악이 될 거란 '출사표'다. 이어 트랙 2 〈We are bulletproof PT. 2〉에서는 그 목표를 위해 자신들이 얼마나 노력하고 있는가를 그리고 '아이돌이 무슨 힙합'이냐며 무시하는 헤이터hater들에게 "잘 봐"두라며 자신감을 노래한다. 이 두 메시지를 실어 나르는 가락과 가사에는 장차 무한히 뻗어갈 방탄 음악의 DNA가 내장돼 있다. "나만치 해봤다면 돌을 던져" 훅hook과 "똑똑히 봐 이걸 impossible에 마침표를 찍어 I'm possible" 펀치 라인punch line.* 이 매력적인 훅과 재치 만점인 펀치 라인 속엔 BTS Universe의 싹이 움트고 있다. 뮤비는 일곱 명의 Bulletproof Boy Scouts들이 '행진 비트'에 맞춰 "우리는 당당하게 전진해 We go hard" "We are Bulletproof"를 외치며 페이드아웃 된다.

2. No More Dream

1번 트랙 〈Intro〉에서 '방탄 출사표'를 던지고 2번 트랙 〈We are

---

* 음악에서 'hook'이란 중독성 있는 짧은 후렴구를 말하고, 'Punch line'이란 동음이의어를 활용한 중의적 표현이나 촌철살인 같은 의미를 내포하는 언어유희로, 랩의 창의성을 상징하는 랩의 꽃이다.

bulletproof PT. 2〉에서 방탄 음악의 색깔과 각오를 보여주었다면, 4번 트랙 〈No More Dream〉은 이 앨범의 타이틀곡으로 '방탄 메시지'를 담고 있다. 이 곡은 중독성 강한 훅 중심으로 이뤄진 '훅송hook song'이라 할 수 있다. "얌마 니 꿈은 뭐니" "너의 길을 가라고 단 하루를 살아도 뭐라도 하라고 나약함은 담아둬" "거짓말이야 You such a liar See me see me ya 넌 위선자야" "왜 자꾸 딴 길을 가래 야 너나 잘해 제발 강요하진 말아 줘." 이 반복되는 훅들이 주요 멜로디와 리듬을 이루고 거기에 메시지가 얹힌다. 그러니까 중간 랩 가사들이 들리지 않는다 해도 이 훅들만 따라 부른다면 누구나 쉽게 이 곡의 가사에 마음이 훅(hook) 사로잡히게 된다. 거기에다 "꿈을 꿈을 꿈을 꿔봐 다 너 꾸물대지 마 우물쭈물 대지 마" 랩 라인에서 '꿈을' '꾸물' '우물쭈물' 동음이의어로 라임을 이루는 언어유희(pun)는 그야말로 한 방 먹이는 '펀치 라인'이다.

대학 갈 때까지만 조금 참으라고 어른들은 말하지만, 학교에 갇혀 있기엔[For(4) School] 여기 청(소)년들의 발바닥은 너무 뜨겁고, 지금 감수성은 너무 섬세하며, 심장 비트는 너무 강하고 빠르다. 한마디로 그들은 너무 멋지다[Too(2) Cool]. 그래서 이 앨범 《2 COOL 4 SKOOL》은 꿈을 잃어버린, 꿈꾸는 법조차 모르는 〈No More Dream〉 '꿈포 세대'에게 '꿈을 꾸물대지 마 우물쭈물 대지 말자'라는 '방탄 헌장'이자 '당신은 학교에 갇혀 있기엔 너무 멋지다[2(Too) Cool 4(For) Skool(School)]'는 '방탄 헌사'인 것이다.

3. 좋아요

6번 트랙 〈좋아요〉는 앞의 곡들과 색깔이 조금 다르다. 앞의 곡들이 힙합 색이 짙은 랩 중심의 곡이라면 〈좋아요〉는 보컬이 중심이 되어 리듬과 가사를 이끈다. 이전 랩 중심의 두 곡에서는 랩으로 훅이 이뤄졌다면, 〈좋아요〉는 보컬 멜로디가 훅을 담당한다. "Don't wanna be fool, wanna be cool, wanna be loved 너와의 same love" "넌 남이 되고 오히려 더 좋아 보여 pretty woman." 보컬 라인(정국, 진, 뷔, 지민)의 부드럽고 감미로운 목소리로 감기듯이 부르는 '쿨한 이별'. 힙합으로는 도저히 표현할 수 없는, 십 대 이십 대 청춘이 느끼는 감정선의 한 축을 쿨하고 달달하게 표현한 Z세대를 위한 K-pop 댄스 발라드가 〈좋아요〉이다. 이 노래로 방탄은 힙합 베이스에다 K-pop 아이돌이라는 방탄 음악 지평의 서막을 연다.

4. 힙부심, No!

마지막 7번 트랙 〈Outro : Circle room cypher〉*는 방탄이 생각하는 힙합을 단적으로 엿볼 수 있게 하는 곡이다. 방 안에 모여 슈가가 써 온 비트에 일곱 멤버가 돌아가며 즉흥 자유 랩 사이퍼를 한다. 장난기 가득한 밝고 명랑한 톤으로, 데뷔 초 랩 실력에 대한 자신과 서로의 평가

* 힙합문화의 일종으로 여러 명이 돌아가면서 하는 주로 프리스타일(즉흥) 랩을 말한다.

가 랩 가사의 주된 내용이다. 다소 서툴기는 하지만 보컬 라인은 자신의 랩 실력을 드러내는 데 전혀 스스럼없다. 애당초 방탄에게선 '힙부심'*이란 찾아볼 수 없다.

힙합은 다른 음악 장르에 비해 유독 정체성 논란이 심하다. 그냥 장르 이름일 뿐인데 "아이돌이 무슨 힙합을" "힙합이라 하지 말고 그냥 랩한다고 해" "그건 힙합이 아니지"라며 힙합이 무슨 자신들의 전유물인양 으스댄다. 흔히 언더 힙합 신에서 찐 힙합이란 불행한 가정사를 기본 배경으로 하여, 삶의 밑바닥에서 지독한 가난을 겪고, 온갖 거친 삶(폭력, 범죄, 마약, 섹스)을 몸으로 직접 경험한 것을 토대로 세상에 대한 분노를 토하고 사회에 대한 부조리를 고발하는 매우 거칠고 남성적이며 마초적인 음악이라 간주되는 경향이 있다. 그러니까 힙합을 단순히 음악 장르로만 보는 것이 아니라 음악을 대하는 태도(attitude)로까지 확대 해석 하려 한다. 어쩌다 언더 힙합 래퍼들이 오버그라운드로 올라가 상업성을 획득하고 대중화될 경우, 음악성과는 상관없이 힙합의 영혼을 자본에 팔아버렸다고 비난하는 경우가 드물지 않다.**

타 음악 장르에 비해 유독 왜 힙합은 정체성을 문제 삼고 정통성에 대한 자부심인 '힙부심'이 넘쳐날까. 그건 정도 차이는 있을망정 록

<hr>

* 'We are bulletproof PT. 2'에서 RM의 랩 파트 "힙부심뿐인 형들은 불가능하다 했지"에서 가져왔다.

** 2013년 11월 21일 '힙합 초대석 1주년 공개방송'에 RM과 슈가는 손님으로 초대된다. 언더 래퍼인 비프리는 인터뷰하는 내내 방탄 음반도 들어보지 않았다면서도 '아이돌이 무슨 힙합이냐'며 '그건 그냥 랩 하는 것'이라 비아냥댔다. 후에 아미들에게 엄청난 공격을 받았고, 5년 뒤 2019년 7월 비프리는 트위터를 통해 사과했다.

Rock 음악의 경우도 비슷하다. 두 음악 모두 감상자들은 마니아 성격을 띠며, 생산자는 자기 음악 장르에 대한 애착이 강하여 다른 음악 장르와 섞이는 것에 대한 순혈주의적 적대감을 갖고 있다. 록이 60년대 서구 유럽 젊은이들에게 기성 사회의 엄숙주의와 가부장주의로 인한 막힌 숨을 토해내는 분출구였다면, 힙합은 80-90년대 미국 할렘 게토 지역 흑인들에게 범죄와 가난으로부터 벗어날 수 있는 탈출구였다. 록이 전자기타의 강한 금속성(metal) 사운드를 바탕으로 저항의 메시지를 뿜어내는(shouting) 것을 특징으로 한다면, 힙합은 드럼 비트에 리듬을 실어 자신의 어려웠던 삶의 경험과 극복 의지를 내뱉듯(rapping) 이야기하는 것을 특징으로 한다. 이런 특징으로 그 어떤 음악 장르보다 두 음악 모두 스스로 작사 작곡 연주를 담당하는 독립성이 강한 아티스트 뮤지션이라는 자부심이 강하다. 기성 사회와 불온의 관계에서 탄생한 음악이기에 대중화되거나 상업화되는 것은 필연적으로 자신의 정체성을 어느 정도 포기한 것으로 간주되곤 한다.

그렇다면 방탄에겐 왜 '힙부심'이 안 보일까. 정통 힙합 그룹이 아니라서 그럴까. 아니다. 그들이 포기한 건 힙합이 아니다. '힙합만이'라는 음악성에 대한 배타적인 오만 '힙부심'이다. '방탄 음악은 방탄 내면에 있는 자신들의 이야기여야 한다'고 결의했듯, 방탄에게 힙합은 자신들의 이야기를 노래하기 위한 '방편'일 뿐이다. 그들이 선택한 힙합은 '힙합을 위한 힙합'이 아니다. 방탄 내면의 이야기와 자기 세대가 겪고 있는 세상의 편견과 억압을 대신 이야기하는 데 더없이 적절한 음악의 한 장르로서 선택한 것일 뿐이다. 방탄 데뷔앨범은 자신과 자기 세대들의 이야기와 감성을 표현할 수 있는 음악이라면 어떤 장르라도 차용할 자세가 되어 있다는 것을 선언하는 것처럼 보인다. 그것이 크로스오버 crossover든 퓨전fusion이든, 트랜스미디어transmedia든, 융합·통섭, 그 무엇으로 불리든 말이다.

O! Rul 8, 2?

데뷔앨범《2 COOL 4 SKOOL》이 나온 지 6개월 만인 2013년 9월 13일, 방탄은 Ep. 음반《O!RUL8,2?》를 내놓는다. 다시 5개월 뒤 Ep. 음반《SKOOL LUV AFFAIR》를 출시하며 방탄은 데뷔한 지 2년도 안 돼 3개의 앨범을 내놓았다. 놀라운 생산력이다. 한데 더욱 놀라운 것은 이 세 개의 앨범이 '학교 삼부작(School Trilogy)'이란 콘셉트하에 제작 됐다는 점이다. 방탄은 시작부터 '다 계획이 있었구나' 싶다. 음악 형식 (곡)은 힙합을 베이스로 하여 다양한 음악 장르를 넘나들며 차용하지 만, 내용(가사)은 자신들과 자기 세대의 이야기를 담을 것. 이런 '방탄 결의' 첫 실천의 결과물이 '학교 삼부작'이다. 이제 갓 고등학교를 졸업 했거나 여전히 고등학교 재학 중인 방탄 멤버들의 몸과 마음이 저당 잡혀 있는 곳은 '학교'다. 그러니 어떤 이유로건 학교 이야기를 피한다면 그건 자신을 속이는 일이 될 것이다. 그만큼 한국 10대 청소년들에게 학교(생활)는 일상의 희로애락과 앞날의 길흉화복을 결정짓는 가장 중요한 시공이다.

하지만 이제 막 데뷔한 신인 아이돌 그룹에게 '학교'를 주제로 전면에 내세운 앨범을 제작한다는 건 어쩌면 무모하고도 위험한 '도전'일 수 있다. 10대 청소년들에게 학교 문제는 음악이 아니어도 신물 나게 들어 더 이상 새로울 게 없는 '뻔한' 주제다. 그리고 무엇보다 음악에서라면 90년대 문화 대통령이라 불리던 '서태지와 아이들'이 〈교실 이데아〉한 곡으로 매듭을 지어버렸다. "됐어(됐어) 이제 됐어(됐어)/ 이제 그런 가르침은 됐어/ 그걸로 족해(족해) 족해(족해)…/ 왜 바꾸지 않고 마음을 조이며/ 젊은 날을 헤맬까/ 바꾸지 않고 남이 바꾸길 바라고만 있을까/ 됐어(됐어) 이제 됐어(됐어)/ 이제 그런 가르침은 됐어."

어느 신인 가수가 서태지의 〈교실 이데아〉로는 아직 '안 족해' '안 됐어'를 외칠 수 있겠는가. 신인 아이돌 그룹이 출발선상에서 수많은 타 아이돌 그룹과 경쟁에서 살아남으려면 무엇보다 관객의 눈과 귀를 사로잡을 강력한 신무기를 들고 나와야 한다. 그런데 그 뻔한 학교 이야기라니. 그것도 한 장도 아니고 세 장씩이나 연이어 같은 콘셉트로 앨범을 제작하다니! 이 얼마나 무모한 짓인가!

---

*　　2016년 12월 29일, 방탄은 '가요대축제'에 출연해 서태지의 '교실 이데아'를 공연했다.

1. I am real

그런데 바로 이 지점에서 나는 방탄 음악의 고갱이를 보았다. '정직 (honesty).' 《O!RUL8,2?》 앨범의 3번 트랙 〈We On〉에서 RM은 매력 적인 랩 훅을 뱉는다. "I am real for my music, here for my music." 어떤 장르의 음악을 하든 그 내용은 '여기 here'에 대한 이야기이고, 그건 내가, 우리 세대가 겪고 있는 '실상 real'에 대한 것이며, 그럴 때 나(방탄)는 비로소 'real 나'가 된다는 '정직'. 그렇다, 다시 방탄의 서원 과 결의를 상기하면 처음부터 방탄 음악의 계획과 방책은 'Honesty is the best policy(정직은 최고의 방책이다)'이었던 것이다. 한국에서 청소 년기를 보낸다면 감옥 같은 '학교(생활)'라는 시공은 누구나 다 겪는 것 이라고 당연하게 받아들인다고 해서 내 고민과 갈등이 줄어들거나 해 결되는 것은 아니다. 무시되어서는 더더욱 안 된다. '지금 여기'에서 앓 고 있는 나는 너무 힘들고 아파 '지금 여기'에서의 감성이 아니면 결코 현실감 있게(real) 표현할 수 없다. 자칫 무모해 보일 수도 있지만 방탄 은 피하지 않았다. 그리고 결국 그것으로 성공했다. Honesty!

힙합은 방탄의 정직이란 방책을 표현하는 데 현존하는 가장 적합한 음악 장르이다. 학교 삼부작에서 방탄은 앨범 구조의 뼈대를 구축한다. 처음과 끝에 Intro와 Outro를 중간에는 Interlude 성격의 Skit,* 그리

---

* skit이란 원래 짧은 촌극을 말하나, 힙합에선 뮤지션 자신의 이야기나 대화를 여과 없이 싣는 것을 말한다. 때론 앨범 콘셉트의 한 부분이 되기도 한다.

고 후반부의 BTS Cypher 시리즈. 이는 나의 '이야기 노래'라는 힙합의 전형적인 구성 방식이다.

2. N.O

인트로에 이어 이 앨범의 타이틀곡인 〈N.O〉에서는 첫 앨범 〈No More Dream〉에서 던진 방탄 메시지를 이어간다. 다만 〈No More Dream〉에서 방점이 명사 '꿈'에 찍혔다면 〈N.O〉에서는 부사 '지금'으로 이동한다. 영원히 지속되는 것은 없어, 사춘기도 청춘도 한 번 가버리면 그만. 그러니 꿈꾸어도 '지금' 꿈꿔야 진정한 '행복'을 느낄 수 있다는 것이다. 이는 고대 로마 철학자 호라티우스가 성찰한 진리이다. 'Carpe diem, 오늘을 잡아라(Seize the day).' '딸 수 있을 때 장미 봉오리를 모아라(Gather roses while you may)'라는 금언. 그런데 2천 년이 지난 지금도 여전히 대한민국의 학교는 어른들의 꿈을 위해 내 꿈을 묶어 두거나, 잊게 하는 곳. 우리가 사는 매 순간은 영원히 오늘일 뿐인데도, 형체도 없는 내일을 위해 구체적인 오늘을 희생하라고 가르치는 곳. 인생에서 신체적 활동이 가장 왕성하고 정신적 감수성이 가장 예민한 사춘기에 종일 좁디좁은 교실에 갇혀 '내가 누군가'를 묻기보다 '내가 누구여야 하는가'를 주입하는 곳. 그래서 학교는 우리 청소년들에게는 차라리 감옥이다.

"Everybody say No"라 외치라고 외쳐대는 이 곡은 학교 삼부작 방탄 메시지의 핵심이다. 이 곡의 뮤비는 장차 방탄 뮤비의 전형으로 자리매김될 음악에 서사를 입힌 단편 음악 영화(short music film)의 효시라 할 수 있는 방탄 뮤비의 DNA가 들어 있다. 사방 흰색 벽으로 둘러친 공간에 흰색 옷을 입고 교단에 서 있는 남자와, 마찬가지로 흰색 옷을 입고 진압봉을 든 네 명 남자의 감시하에, 방탄 학생은 제복 같은 검은 옷을 입고 책상에 앉아 있다. 칠판과 책상 위에 온통 수학 공식으로 뒤덮여 있는 걸 보면 분명 학교 교실에서 수학 수업을 받고 있는 것 같은데, 분위기는 감옥에서 간수장이 죄수를 교도하고 있는 것만 같다. 표정을 잃어버린 방탄 학생에게 수학 선생님으로 보이는 사람이 붉은색 캡슐 알약을 나눠준다. 노래는 이 알약을 삼키며 시작된다.

무슨 약일까. 정황상 주입식 교육을 받아들이는 데 방해되는 감정을 평정 상태로 유지토록 하는 약일 것이라는 합리적 추측이 가능하다. 이 장면은 2002년 크리스천 베일 주연 영화 〈이퀄리브리엄Equilibrium〉에서 인간에게 매일 투약하는 약 '프로지움'을 연상케 한다. 영화는 3차 세계대전이 발발한 직후 '리브리아'라는 독재국가의 출현으로 시작된다. 인류 역사를 전쟁과 파괴로 점철된 실패의 역사로 규정한 이 독재국가에선 그 원인을 '인간의 감정'에 있다고 진단한다. 해서 인간의 감정을 완전히 평정 상태(equilibrium)로 유지하기 위해 '프로지움'이란 약을 전 국민에게 매일 복용케 한다. 조지 오웰의 『1984』를 연상케 하는 감시와 독재사회 리브리아. 감정을 평정 상태로 유지케 하고 생각을 획일화하는 디스토피아dystopia는 바로 우리 청소년을 교정, 교화하려는 〈N.O〉 뮤비 속 교실 국가의 모습과 다를 바 없다.

영화 〈이퀄리브리엄〉에서는 약 프로지움 복용을 거부하는 '감정 유발자'가 발생하며 사건이 진행된다. 하지만 뮤비 〈N.O〉에서 방탄 학생은 약을 먹은 후 오히려 감정이 유발된다. 약으로 감정을 다스리기엔 사춘기 피는 너무 뜨겁다. 뮤비엔 흑백논리를 상징하듯 검은 제복의 방탄 학생과 네 명의 감시원들과 선생이 입은 흰색 제복 사이에서 '색깔 전쟁'이 벌어지는 것처럼 보인다. 방탄은 어른들의 꿈을 위해 지어진 교실 틀을 깬다는 의미로 검은 제복을 찢고 더는 남의 꿈에 갇혀 살지 않으려 선생과 감시원들을 밀쳐내고 교실 밖으로 탈출한다. 그 과정에서 방탄 학생의 복장은 검은 제복에서 흰 티셔츠와 민소매 티로, 다시 흰색 상의와 검은색 반바지로, 운동화도 흰색과 검은색으로 수시로 바뀐다. 이렇게 변하는 색깔은 "학생은 꿈과 현실 사이의 이중간첩"이라는 갈등을 암시하는 듯하다. "힘든 건 지금뿐이라고 조금 더 참으라고 나중에 하라고" 어른들이 충고하는 '현실'과 "더는 나중이란 말로 안 돼 Everybody say NO"를 외치며 그런 현실에서 달아나고 싶은 '꿈' 사이에서의 갈등.

꿈과 현실 사이의 갈등과 괴리는 교실 밖까지 따라온 흰색 제복 감시원들과의 싸움 장면에서도 드러난다. 한바탕 싸움에서 방탄은 서로 협력해 결국 흰색 제복 감시원들을 물리친다. 하지만 여전히 그들은 땅 위로 솟은 커다란 손들에 의해 사방으로 둘러싸여 있다. 마치 아무리 달아나 봐야 부처님 손바닥 안이란 듯, 교실 밖은 또 다른 거대한 기성 사회의 벽으로 둘러싸여 있다는 걸 암시하는 듯하다. 노랫말은 "Everybody say N.O"를 계속 외쳐대는데.

이렇게 노래를 한 편의 단편영화 같은 이야기 속 문맥에 놓음으로

써 가사 의미의 폭과 깊이는 확대된다. 영화 같은 다른 미디어(trans-media)가 끼어들고(환기되고), 치밀하게 배치된 은유와 상징 장치는 감상자의 적극적이고 생산적인 참여를 요구한다. 이는 장차 더욱 창조적으로 발전·진화되는 방탄 뮤비의 DNA다.

3. We on

앨범 제목 'O! Rul 8, 2?'는 Oh! Are You L8,te Too2?에서 굵게 표시된 부분만 따온 것이다. '오! 너도 늦었니?'라는 물음은 나(방탄)도 늦었는데, 너(청, 소년)도 늦었냐는 물음일 것인데, 때로 너(You)는 방탄 자신을 객관화할 때도 있다. "지금 하고 싶은 것을 절대로 미루지 말라고" 말하면서, 진정 '나 자신(방탄)은 뭐 하고 있지?'라고 자신에게 묻는 'O! Rul 8, 2?'. 〈We On〉, 〈Skit〉, 〈If I Ruled the World〉, 〈진격의 방탄〉은 그 물음에 대한 일종의 답인 셈이다. 한마디로 방탄은 '지금 여기'에서 음악을 통해 자신의 꿈을 실현하려 최선을 다하고 있다는 것이다. "We are real for music, here for music." "내가 만약 세상을 지배한다면(If I ruled the world) 인종차별이 없어질 것이"라거나, "지구의 모든 사람들이 자신들의 노래를 따라 부르게 하겠다"는 "정말 말도 안 되는 꿈이지만 노래라도 불러보겠다"는 K-pop 신인 아이돌의 당돌한 꿈. 어떤가? 소름 돋지 않는가. 그 꿈의 실현을 위해 진격하고 있고 〈진격의 방탄〉, 궤도에 진입 〈We On〉했으며, 그 길을 걷고 있는 지금 우리는 행복하단다〈Skit〉.

3

사이퍼Cypher

자신과 자기 세대가 당면한 학교 문제만큼이나 방탄에게 절실한 문제는 음악인으로서의 정체성이다. 언더 힙합 신과 헤이터들로부터 '아이돌이 무슨 힙합'이냐며 무수히 받은 비아냥과 디스는 방탄에겐 우선 털고 가야 할 그 무엇이었다. 목에 가시 같기도 하고, 체증 같기도 한 이 디스를 정면으로 돌파하자. 이는 자신들의 내면을 솔직하게 이야기한다는 방탄 음악 본질에 충실하겠다는 뜻으로 그 몫은 프리 랩 '사이퍼'였다. 사이퍼는 방탄 음악의 정체성 – '힙합'을 베이스로 하는 K-pop 아이돌 – 에 대한 선포이기도 했다. 힙합 대 힙합, 디스 대 디스로 당당히 상대하겠다는 것이다.

방탄은 '학교 삼부작'에 사이퍼 pt. 1과 pt. 2를, 이어 2014년《DARK & WILD》에 사이퍼 pt. 3과 2016년도《WINGS》에 사이퍼 pt. 4를 신는다. 그만큼 힙합 정체성에 대한 헤이터들의 디스는 각다귀처럼 쉬 떨어지지 않았다는 걸 반증한다. 하지만 그런 디스를 방탄은 오히려 자신들의 유용한 음악 재료로 삼았다. 디스에 관한 거라면 힙합 랩의 독보적 영역이라 할 수 있지만, 방탄의 랩 라인(RM, 슈가, 제이홉)은 사이퍼 시리즈에서 단순히 디스를 위한 디스를 하지는 않는다. 디스를 방편 삼아 힙합 음악의 멋을 한껏 뽐내는, 뮤지션의 자존을 걸고 헤이터들과 한판 멋진 '랩 배틀'을 기획한 것이다.

오늘날 전 세계인으로부터 사랑을 받는 방탄 음악은 주로 화려한 군무나 매력적이고 중독적인 멜로디 위주의 곡들이 대부분이다. 하지만 《화양연화》 시리즈 이전까지만 해도 방탄 앨범은 랩 위주의 힙합 스타일이 앨범의 주를 이룬다. 그건 아마도 랩 라인에 비해 보컬 라인의 음악 숙련도가 상대적으로 떨어져 시간이 더 필요한 이유일 수도 있다. 사이퍼 시리즈는 데뷔 이후 몇 년간 아이돌로서 보는 음악만이 아닌 힙합 뮤지션으로서 자존감을 걸고 '듣는 음악'으로 내세운 간판이다. '자, 우리들을 디스한 헤이터들, 어디 한번 덤벼봐!'

팔씨름 고수들은 상대방의 손만 잡아도 자신보다 센지 아닌지를 단박에 알 수 있다고 한다. 랩 배틀 신에서도 굳이 판정단의 점수가 없어도 고수라면 스스로 승패를 직감할 수 있다. 래퍼가 만든 비트에 자신이 쓴 가사를 얹고, 강약과 장단의 반복과 변주를 통해 자신만의 리듬을 타며, 짧고 긴 다양한 라임으로 운율을 만들어, 그 안에 강력한 전언의 한 방을 던진다. 이 전 과정이 마치 흐르는 물 같고, 래퍼는 그 위에서 서핑을 하듯 비트의 흐름을 자유자재로 탄다면, 디스는 하나의 예술로 승화되어 상대방으로부터 리스펙트respect의 탄사를 저절로 자아내게 할 것이다.

하지만 이런 랩 음악의 옥석을 가릴 감식안을 갖추려면 "천 개의 곡조를 다룬 후에야 음악을 알게 되고 천 개의 칼을 본 후에야 명검을 알게 된다"는 중국 육조 시대 문예비평가 유협의 말처럼 수많은 랩을 들어봐야 할 것이다. 당연히 방탄 힙합 랩의 음악성도 수많은 다른 곡들과 비교를 통하여야만 올바로 평가할 수 있을 터이다. 하지만 방탄 음악 세계의 전반을 탐구하려는 게 이 책의 목적인바, 그렇게 세세하고 정밀하게 방탄 사이퍼 시리즈를 비교·분석할 수는 없겠다. 해서 힙합 랩의 기본 특성과 음악적 본질에 대한 물음과 고찰을 통해 방탄 사이퍼의 일반적 음악적 특성을 알아보기로 한다.

1. 랩이란

랩이 일반 노래와 다른 가장 두드러진 차이점이라면 음의 높낮이가 없다는 점이다.* 해서 랩에는 기본 멜로디가 존재하지 않는다. 멜로디가 없기에 랩은 절대적으로 리듬에 의존할 수밖에 없다. 리듬은 박자의 반복과 변주를 통해, 박자를 늘이고 쪼개는 자유로운 분할인 '비트'에 의해 생성된다. 흔히 힙합 장르라 하는 '붐뱁, 트랩, 래칫, 지펑크, 크렁크…'들도 결국 힙합 비트의 변별적 특징을 말한다. 그리하여 '비트 메이킹'은 랩 메이킹의 시작이다.

하지만 비트를 만들었다고 랩의 리듬이 완성되는 것은 아니다. 랩 리듬은 비트의 리듬에 어떻게 가사를 얹느냐에 따라 완성되는데 이를 플로우flow라고 한다. 노래는 부르고 리듬은 탄다고 말하듯, 플로우는

---

* 2010년대 중후반부터 싱잉 랩singing rap, 멜로디 랩melody rap이라 하여 랩 가사에 멜로디를 얹어 흥얼흥얼 노래하듯 랩을 하는 힙합 랩 스타일이 등장했다. 하지만 이는 전반적인 랩 스타일에서 아주 일부분일 뿐이다.

얼마나 자연스럽게 가사로 비트 리듬을 타느냐를 명명하는 것이다. 이는 래퍼의 개성과 스타일, 나아가 창조성을 평가하는 중요한 척도다.

리듬이란 기본적으로 박자의 반복과 변주에 의해서 생겨나는 것이지만 거기에 가사를 얹은 플로우에서는 또 하나의 중요한 리듬이 발생하는데 바로 '라임rhyme'이다. 랩에서 매우 중요한 위치를 차지하는 라임은 일종의 '말소리 리듬'으로, 인접한 가사 말소리의 반복을 말한다. 흔히 시에서 운율이라고 하는 라임은 일반적으로 모든 장르의 노래에서 보편적으로 사용돼 왔다. 시에서든 노래에서든 운율과 리듬은 기본적으로 박자와 소리의 '반복'에 의해서 생성되기 때문이다. 힙합 랩의 역사는 비트의 발전과 더불어 라임의 발전사라고 해도 과언이 아니다.

미국 본토 힙합 역사에서 랩 메이킹 방법론에 혁신적인 변혁을 가져온 전설적인 래퍼가 라킴(God Mc Rakim)이다. 80년대 초창기 힙합은 주로 라임을 한 프레이즈 끝에만 배치하여 다소 규칙적인 율동감만을 생성하는 데 반해, 라킴은 라임을 끝부분만이 아니라 중간에도 넣고 그 빈도도 훨씬 많게 했다. 라임의 음절도 단음절과 다음절을 적절히 섞어 다양한 '소리 리듬'을 창조했다. 그의 플로우는 비트를 자유자재로 가지고 놀았고 비트에 자연스럽게 얹힌 길고 짧은 라임에서는 강한 타격감이 뿜어져 나왔다. 해서 영어를 잘 모르는 리스너들도 '이건 라임이다'라고 쉽게 식별할 수 있을 정도다. 그의 이런 랩 메이킹으로 90년대 미국은 힙합 황금기를 맞았고, 이후 미국 힙합계의 수많은 거장 래퍼들에게 영향을 끼쳤다.

라킴이 라임의 혁신적인 변혁으로 90년대 미국 힙합의 새로운 장을 열었다면, 우리나라에선 버벌진트가 다음절 라임으로 한국말 라임의 기본 체계를 정립해 2000년 후반 한국 힙합의 새로운 장을 열었다고 할 수 있다. 그만큼 힙합 랩에서 라임이 차지하는 비중은 절대적이다. 그러니까 힙합 랩은 노랫말과 가사를 전달하는 비트 리듬 그리고 소리 리듬인 라임, 이 삼박자가 얼마나 자연스럽고 다양하게 그리고 창조적으로 결합하느냐에 랩(배틀)의 승패가 달려 있다고 할 수 있다.

2. 라임 몬스터 RM

그럼 RM의 랩을 보자. Rap Monster답게 그의 랩은 영화 속 람보가 한 손으로 쏘아대는 M60 기관총처럼 속사포로 메탈음을 쏘아댄다. 거기에다 그의 라임은 화려하다. 특히 영어와 한글을 연결 지어 만들어 내는 라임은 그의 특기이며, 동음이의어(pun)로 위트 있는 언어유희(wordplay)는 덤이다. 〈Cypher Pt. 2〉에서 RM은 "온 세상을 내 혀 위에 올려놓"았다며 자신은 왕으로 '킹king'이고 헤이터인 너는 '덤dom'으로 얼간이란 뜻의 슬랭 덤dum을 연상시킨다. '목소리'로 왕국의 '헤게모니(주도권)'를 쥐고 피터 팬이 되어 영원한 어린이의 나라 'Neverland'로 내려간다. 그곳에서 자신의 목소리 독재는 끝나지 않을 것(never end)이란다. "힙부심만 있는 형님 래퍼들, 자, 비트를 줄 테니 어디 한번 덤벼보시지"라며 속사포 같은 /-ing/ 라임을 날린다.

I ain't spittin low sh/ On the CD, 아님 TV, you can see me, envy me, it's a pity, gee gee (/i 이/ 모음 라임)/ Beat I'mma monster I rap with a prospect/ yeah I rap with a mindset I'm a suspect (/ect 엑트/ 모음+자음 단음절 라임)/ Sucka where yo rhymes at where you lines at?/ I'm da king, I'm the god so where ma emperors at?/ I parachute on my **Neverland**, I'mma peter pan, so this will **never end** (Neverland와 never end 동음이의어 pun)/ You know when I ride on my G5/ you sit first class and satisfy and I keep giggling/ Keep gigglin, keep jigglin, bring yo booking (/ing 잉/ 모음+자음 단음절 라임)/ mic beat 한판 붙어**볼래**?/ 자부심과 이상한 신념뿐인 신병 걸린 형들은 8마디면 헤**벌레**/ 늙은 애**벌레** (/벌(볼)레/ 다음절 라임)

RM은 소리 리듬의 라임과 더불어 꼬리를 물고 연상되는 의미로 '의미 라임'을 만들기도 한다.

넌 그냥 **천 해**, 왜냐하면 넌 **실 없어**/ 난 널 밀쳐내 니가 너무 싫어서/ 나는 **바느질** 좀 잘해, **실 천해**/ 나 지금 으르렁대, 너 좀 위험해/ 넌 그냥 **연** 해 말했잖아 **실 없어**/ 하늘로 올라가 올라가 **찢어져**

'천 해 → 실 없어 → 바느질 → 실 천해 → 연 → 실 없어 → 찢어져'로 의미 연상 작용으로 흘러가는 라인은 소리뿐만 아니라 의미로도 라임을 이룬다. 게다가 동음이의어의 위트 있는 언어유희(wordplay) - 천 해(천하다, 천이 되다), 실 없어(실없다, 실이 없다), 연 해(연하다, 연이 되다) - 는 랩 배틀이라면 상대방을 한마디로 '찢어'버리기에 충분한 펀치라인이다.

비트를 쪼개어 다양한 리듬을 만드는 것은 랩 메이킹의 기본이다. 이 기본에다 다양한 라임으로 소리 리듬을 만드는 건 어느 정도 수준을 요구할 것이다. 그러나 라임을 다시 쪼개 의미 리듬을 창조하고 더불어 동음이의어로 이중의 의미까지 라임에 입히는 건 톱top 수준에서야 가능하다. 그럼 이런 힙합 랩 top 위에 또 top의 경지란 게 있을까?

이건 세대교체/ I'm sayin yeah im **the top of the top of the top**/ poppin'em, rockin'em, stoppin'em, blockin'em, like the Cassius' lance

〈Cypher PT. 1〉에서 RM이 헤이터들에게 날리는 랩 펀치이다. 이젠 세대교체라며 3세대 리더로서 꼭대기의 꼭대기의 꼭대기에서 너희 헤이터들을 "터트리고, 흔들고, 멈추게 하고, 막을 거란다, **카시우스의 창**처럼." 아! 카시우스의 창이라니!

카시우스의 창은 애니메이션 〈에반게리온〉에서 등장하는 초강력 무기이다. 하지만 이 창의 기원은 성서로 거슬러 올라간다. 예수의 죽음을 확인하기 위하여 옆구리에 찔러 넣은 로마 병사, '카시우스 롱기누스'의 창이 '카시우스의 창'이다. 성서 복음서에서 예수의 죽음을 목격하고 "이 사람이야말로 하느님의 아들이었구나!" 또는 "이 사람이야말로 무죄한 사람이었구나!"라고 탄식했던 로마 병사가 카시우스 롱기누스라고 전해진다. 그는 후에 개심해 사도 바울로부터 세례를 받고 그리스도 공동체로 귀의하여 순교해 가톨릭 성인의 반열에 올랐다고 한다. 이 창은 예수의 피를 담은 성배(The Holy Grail)와 더불어 예수그리스도의 신성성을 상징하는 '거룩한 창(The Holy Spear)'이 되어, 이 창을 만지면 병이 치유되고, 이 창을 지니면 부와 명예와 권력을 얻게 된다는 전설의 창으로 전해 내려왔다.

그렇다면 RM은 어떤 비유로 '카시우스의 창'을 사용했을까. 〈에반게리온〉에서처럼 '강력한 무기'의 비유로 사용했을까. 아니면 성서 인유에서 암시하듯, 무고한 사람을 찌른 창에서 병든 자를 치유하는 거룩한 창으로 변모한 '신비로운 무기'의 비유로 사용했을까. 문맥상으로만 보면 강력한 무기의 비유로 사용했을 거라고 쉽게 결론 내릴 수 있다. 하지만 RM 사이퍼 시리즈 전체를 수없이 듣고 또 들으면서 나는 후자에 가깝다는 결론을 내리곤, 이렇게 – '너희 헤이터들이 죄 없는 나를 찔러(디스) 죽음을 확인하려 했지만, 나는 부활해 네가 찌른 창(디스)을 세상을 치유하는 음악(사이퍼)으로 승화시켰다' – 이해했다. 이쯤 돼야 "the top of the top of the top"이라 할 수 있지 않겠는가.

3. 작두 탄 래퍼 슈가

슈가로 넘어가 보자. RM이 거친 메탈음의 기관포를 쏘아댄다면 슈가는 작두 위에서 비트를 써는 것 같다. 그의 음색은 칼날같이 칼칼하고 예리하며 그의 플로우는 신들린 무당처럼 통통 뛴다.

Back back to the basic/ microphone check/ Call me 뱁새 혹은 쎈캐/ 그래 rap game에 난 대인배/ 되게 해이해졌던/ rap man들을 갱생하는 게/ 내 첫 번째의 계획 hashtag/ Sucka betta run 그리고/ 인스타 속 gang gang/ 그건 걔 인생이고/ 내 인생은 뭐 매일매일/ Payday, paycheck 손목 위엔 ROLEX/ Click clack to the bang bang/ Click clack (/ㅐ,ㅔ/ 라임) to the pow/ I'm so high 어딜 넘봐/ 니가 도움닫기를 해도 손 닿기엔 높아/ 꽤나 먼 차이 절대 못 봐/ 너의 똥차들의 콩깍지를/ 몽땅 벗겨놓은 다음/ 죄다 농락한 뒤 송장이 된/ 면상 위를 so fly (/ㅏ/ 라임)

Cypher pt. 4 중에서

/ㅐ, ㅔ/와 /ㅏ/ 양날의 '라임 작두' 위에서 비트 위의 게으른 랩 맨들을 썰어버리는 신들린 '무당 플로우'.

내가 어디까지 가나 봐라 썩은 뿌릴 싹 다 갈아/ 엎어 모두 한판 예상하지 못한 파란/ 노력 없이 한탄만 해대며 막상/ 꼴에 음악한 답시고 놀 때 알바 자리나/ 더 알아봐라 너의 짧고 가느다란/ 커리어로는 하나 마나겠지만 꼭 살아남아/ 꾸준히 쭉 썩어 아마 니들 꼬리표는 아마/ 추어 같은 인생 너희 랩은 아나바다/ 아껴 쓰

고 나눠 쓴 flow를 **받아**쓰고 또 그걸 **다시** (/ㅏ/ 라임) 쓰는 **너**/ hey
beat 쪽팔린 줄 알어 너 24마디에 **너**는 자리 펴고 앓아누**워**/ 니
덩치에 비해 랩은 가날**퍼** 니 부모**처럼** 널 볼 때마다 맘 아**퍼**/
난 니 음악의 **커**리어 동맥에 마침표를 그**어** (/ㅓ/ 라임)

Cypher pt. 2 중에서

/ㅏ/와 /ㅓ/ 양날의 '라임 검'으로 노력 없이 한탄만 해대는 아마추어 래퍼들의 썩은 혀뿌리를 싹둑 자르는 것 같은 '검객 플로우'. "니 음악의 커리어 동맥에 마침표를 그어" 끝으로 혀를 차는 그의 웃음은 확인 사살 같아 소름 돋는다. 모음 라임 플로우 위의 슈가는 작두 타는 무당이요, 신들린 검객이다.

4. 춤추는 래퍼 j-hope

마지막으로 제이홉 사이퍼를 보자. 그는 거리 댄서로서 방탄에 합류해 메인 댄서가 됐다. 춤만 췄던 그가 방탄 연습생으로 들어온 후 "칼을 갈아" 당당히 방탄의 서브 래퍼가 됐다. 분명 "힙부심 판치는 게임 위 j-hope은 반칙"이다.

내일을 위해 get back in the days/ 나이도 나이고, 라임도 몰랐던 아이고/ 그저 아이돌 바라본 광주의 흔한 아이였던 나/ 그래 이젠 보여줄게 이 트랙 위 Cypher에서/ 내 포부를 밝혀 i'm above the minors

Cypher pt. 1 중에서

그의 예명 j-hope에 대한 선입견 때문일까? 플로우에서 그의 음색은 RM처럼 거칠지 않고, 슈가처럼 날카롭지도 않다. 디스를 하는데도 오히려 밝은 느낌이다. 플로우엔 장난기가 넘친다. 거리 댄서라는 선입견 때문일까? 그의 래핑에는 리스너의 엉덩이를 들썩(hip-hop)이게 하는 춤의 리듬이 배어 있다. 해서 디스당하는 헤이터들이라도 그의 랩을 들으면 분명 엉덩이를 들썩이지 않고는 못 배길 것이다.

이 네 번째 앨범 정규의 **관점** cypher/ 이 트랙이 **나**오면 hater들 **완전 암전**/ 불법인 이 씬에 이 곡은 **합법 함정**/ 다 **빠**지겠지 매일 **다**들 (/ㅏ/모음 라임)/ 어딜 가든 **직진**/ 또 어딜 가든 **있지**/ 모든 **힙 찌질이 힙찔**/ 비례적인 위치 날 욕하기엔 busy/ But 난 **입질 왔담 삐끼**/ 모든 언**니**s call me **삐삐** (/ㅣ/모음 라임)/ 누가 날 보고 **욕하고 그래**/ 니 상황이나 보고서 **오라고 그래**/ 난 남부러울 게 없어 다 **보라고 그래** (/~라(하)고 그래/ 어휘 반복)/ Oh 난 **비트 비트 위**/ Wiggle wiggling jingle jingling/ 뒹굴 뒹굴지 비글 비글 짓/ 또 **이글이글 힘** 지금 지금 **링 위를**/ 위를 지배를 하는 **신** 이름 오를 **킹** (/ㅣ/모음 라임)

Cypher pt. 3 중에서

〈Cypher PT. 3〉에서 제이홉은 모음 / ㅏ / 라임에서 모음 / ㅣ / 라임으로 그리고 /~하(라)고 그래/ 어휘 반복을 거쳐 다시 모음 / ㅣ / 라임으로 플로우를 연결한다. 그런데 묘하게도 제이홉의 플로우에서는 RM이나 슈가에게선 느끼지 못한 미묘한 힙합 춤이 연상된다. 첫 번째 / ㅏ / 모음 라임 플로우의 마지막 라임 어휘 부분에서는 카메라 화면을 향해 팔을 뻗어 손을 던지거나 찌르는 춤 동작이, 두 번째 / ㅣ / 모음 라임에서는 셔플 춤의 스텝 동작이. 세 번째 /~라(하)고 그래/ 어휘 반복 라임에서는 본격적인 힙합 춤을 위한 브리지 예비 동작이, 마지막 / ㅣ / 모음 라임에서는 팔과 다리 그리고 온몸으로 "위글, 징글, 뒹굴, 비글, 이글이글" 비트 위 플로우를 뜨겁게 달구는 춤 동작이 연상된다.

Skool Luv Affair

교실 이데올로기의 두터운 벽을 두드리고, 방탄 음악 정체성에 대한 끈질긴 헤이터들의 디스를 사이퍼 시리즈를 통해 정면 돌파 한 방탄. 이성理性 문제는 어느 정도 푼 것 같은데, 이성異性 문제는 아직도 모호하기만 하다. 그래서 학교 삼부작 중 마지막《SKOOL LUV AFFAIR》에서는 10대 청소년들이 이성에 대해 느끼는 그리움, 연민, 고민을 노래한다.

이미 이전 앨범《O!RUL8,2?》마지막 10번 트랙〈OUTRO : LUV IN SKOOL〉에서 다음 앨범의 테마가 무엇이 될 것인지 암시된 바 있다. 25소절로 이루어진 짧은 노래에서 "I just wanna love ya"가 10번 (Oh baby love you girl 2번 포함해서) "아직도 꿈인 것 같아"가 4번(모든 게 꿈인 것 같아 1번 포함해서) 반복된다. 너를 사랑하고픈 나는 기다리기만 하고 너의 모습은 보이지 않아, 너에 대한 사랑은 꿈만 같다. 10대 청소년의 이성에 대한 첫 눈뜸은 이렇게 꿈같이 모호하고 신비스럽고 안타깝기만 하다.

1. 하루만

이런 안타까운 마음은 《SKOOL LUV AFFAIR》 5번 트랙 〈하루만〉으로 이어진다. "너의 그 길고 긴 생머리" "올려 묶을 때의 아찔한 목선과 흘러내린 잔머리" "내 이름을 불러줄 때의 니 목소리." "미지의 숲" 같은 너를 탐험하고 싶은데, "예술 작품"처럼 먼발치에서 난 너를 감상만 하고 있다. "너와 내가 함께할 수 있다면, 하루만" "이렇게 매일 난 밤새도록 상상을 해, 어차피 내게는 무의미한 꿈이니까." 반복되는 후렴구 "너와 내가 함께할 수 있다면" "너와 하루만 있기를 바래 바래"를 보컬 한 명이 부르면 나머지 멤버가 합창 – "Do It Do It Do It" – 을 하는데, 마치 '용기 내 네가 가서 말을 건네 보라고' 부추기는 내면의 목소리처럼 들린다. 하지만 난 그러지 못한다. 단 하루도 현실의 연인이 될 수 없는 그녀는 그저 상상 속 연인으로만 남아 있을 뿐이다. 이런 내 마음을 알기나 할까. 어떻게 해야 할지 몰라 더욱 안타깝고 그래서 더욱 간절한 10대 '외사랑'의 노래는 달콤쌉싸래하기만 하다.

2. 상남자

10대 사춘기에 처음 다가온 이성이란 존재는 눈에 보여 다가가면 사라지는 신기루 같고 어디로 가야 할지 몰라 헤매는 안개 속 같다. 〈하루만〉은 나만 아파하는 것 같은 이런 말 못 할 속앓이를 노래한다. 그러다 문득 '왜 나만 아파해야 하지. 왜 너는 이런 내 마음을 헤아리지 못하는 건데. 내 마음을 이렇게 흔들어 놓고선' 하는 생각이 들면 은근히 부아가 치민다. 〈상남자〉는 때론 부아가 나고 투정 부리고 싶은 사춘기 사랑을 무겁지 않은 유쾌한 멜로디와 랩으로 노래한다. "너의 사랑이 난 너무 고파" "너의 오빠"가 되고파서 나는 "안달 났"는데, 이런 내 마음을 몰라주는 "네가 뭔데 너만 잘났어?"라는 투정에 이어 매력적인 훅 – "왜 내 맘을 흔드는 건데" "꽉 잡아 날 덮치기 전에/ 내 맘이 널 놓치기 전에" – 이 반복된다.

이런 투정기 어린 가사와 멜로디에 한층 재밌고 유쾌한 애교 섞인 라임이 덧붙여진다. "**뭔지**, 네 앞에서 난 **먼지**(뭔자와 먼지의 동음이의어 라임)." "내비게이션이나 살까 봐/ **빠름 빠름 빠름** 어필하려고 계속 난 **아둥바둥 바둥** 진심? I got 'em 뒷심? I got 'em/ 내가 유일하게 갖지 못한 건 너의 **아름 아름다움**(비슷한 소리를 가진 세 단어 반복 라임)."

하지만 상남자 스타일로 "꽉 잡아 날 놓치기 전에"를 외쳐보고 애교 섞인 투정과 밀당에도 불구하고 난 "네가 진짜로 원하는 게" 뭔지를 모른다고 노래를 끝맺는다. 이렇듯 10대 사춘기 사랑은 풋살구같이 떫고 시기만 하다. 그래서 10대 사랑의 욕망은 발광하기 직전이다. 앨범의 타이틀곡이기도 한 〈상남자〉로 방탄은 데뷔 2년 만에 처음으로 음악 인기 차트 1위 후보에 든다. 아직은 미숙하지만 아이돌로 대중성을 확보해 가는 방탄 '상남자'들의 뽐냄과 발광 콘셉트가 〈상남자〉 LA 뮤비 버전이다.

3. 등골 브레이커

이 앨범에서 참신한 느낌을 받은 또 다른 곡은 〈등골브레이커〉이다. 제목만 봐서는 부모님 등골을 휘어지게 하는 철없는 10대 청소년들의 세태를 비판하는 것같이 보인다. 하지만 귀 기울여 보면 소설에서나 볼 수 있는 '다중 관점'을 채택하고 있음에 놀라게 된다. 한때 겨울 길거리에선 10대 청소년들이면 누구라 할 것 없이 검정색 또는 하얀색 패딩을 입은 모습을 볼 수 있었다. 그 한결같은 모습에 외국인이 보았다면 교복이라 착각했을지도 모른다. 한 벌에 수십만 원, 심지어 백만 원이 훌쩍 넘는 패딩 점퍼. 있는 집 아이도 없는 집 아이도 모두 모두 같은 색 같은 스타일 패딩 점퍼 입고 "rockin, rollin/ Swaggin, swagger, wrong!"

이 곡은 세 명 래퍼들이 마치 버스verse처럼 각각 1절씩 3절을 부르고, 후렴은 보컬이 합창한다. 첫 번째 슈가 랩은 '비판적 관점'에서 10대 등골 브레이커를 바라본다. "21세기 계급은 반으로 딱 나눠져/ 있는 자와 없는 자/ 신은 자와 없는 자/ 입은 자와 벗는 자/ 또 기를 써서 얻는 자/ 이게 뭔 일이니 유행에서 넌 밀리니?/ 떼를 쓰고 애를 써서 얻어냈지, 찔리지?" … "그깟 패딩 안 입는다고/ 얼어 죽진 않어/ 패딩 안에 거위 털을 채우기 전에/ 니 머릿속 개념을 채우길, 늦기 전에"라며 10대 등골 브레이커들의 세태를 비판적 관점에서 바라본다.

두 번째 RM의 랩 파트는 '등골 브레이커의 관점'에서 자신들을 향한 비판에 저항한다. "내가 받은 돈 내가 쓰겠다는데/ 5천만의 취향을/ 다 니들처럼 맞춰야/ 만족할 사람들이지 제발 너나 잘 사셔/ 니 인생 말이여… 나보다 못사는 친구들도 다 가졌는데/ 은따 되기 싫음 살 수밖에/ 이 나이 때쯤이면 원래 다들 좀 그러잖니"라며 패딩 한 벌 부모님께 사 달라 졸랐다고 부모님 등골 안 부러진다고 항변한다. 오히려 자기 일은 자신이 잘 알아서 한다며, 진짜 브레이커는 "나이 먹고 아직도 방구석인 너"가 아니냐며 오히려 기성세대를 향해 손가락을 돌린다.

마지막은 제이홉의 랩 파트로 '중도적 관점'에서 바라본다. "너도 dirty clothes 나도 dirty clothes/ 누구나 겪어봤겠지 입고 거리로." 자신도 직접 입어보니까 어깨 힘 빡 들어가고, 소인국에 온 걸리버 같은 느낌이 들더라는 것이다. 하지만 동시에 자신이 그랬던 것처럼 부모 맘은 생각 않고 으스대다가 후회하게 될 거라고 말한다. 그러면서도 결정은 네가 하는 거라며 비판적 관점에서 한발 물러선다. 자신들의 세태를 바라봄에도 어느 한쪽 시선으로 쏠리지 않으려는 자세를 음악 구성 형식으로 표현하려는 시도가 신선하고 놀랍다.

BTS

Life goes on
Like an echo in the forest
Like an arrow in the blue sky
On my pillow on my table
Life goes on like this again

3장

Dark & Wild

1

Warning

방탄소년단은 데뷔 1년 2개월 만인 2014년 8월 20일 첫 정규앨범 《DARK & WILD》를 발매한다. '학교 삼부작' 이후 이제 갓 교복을 벗은 열여덟 사춘기 반항적 감성을 'Dark와 Wild'란 표제를 내세워 14 곡 노래로 표현했는데, 앨범 표지에는 다음과 같은 도발적인 경고 (Warning!) 문구가 적혀 있다.

Love hurts, it causes anger, jealousy, obsession, why don't u love me back?
사랑은 아프고, 분노와 질투, 집착을 유발해. 넌 왜 내 사랑을 돌려주지 않는 거야?

경고 문구가 암시하듯 이 앨범엔 되돌아오지 않는 사랑에 대한 분노, 질투, 집착이 한편으론 어둡게(dark), 또 한편으론 거칠게(wild) 표현돼 있다. 어둡거나 거칠다고 했지만 실은 그 중간 어디쯤이거나 둘 사이를 서성인다는 표현이 더 정확하다. 도무지 속마음을 알 길 없는 'dark' girl로 인해 내 마음은 어두워지고 그래서 나도 모르게 거칠어진 다는 'dark & wild'가 이 앨범의 주제 콘셉트이다.

주제 콘셉트는 'dark & wild'하지만 음악 장르는 Hiphop, R&B, dance-pop, K-pop 등 매우 다양하다. 곡 대부분이 한 곡 안에 다양한 장르들이 자연스럽게 섞인 '하이브리드'다. 해서 매우 현대적이고 트렌디한 느낌이 든다. 한 예를 들면, 〈Rain〉은 기본 힙합 붐뱁 비트에 멜랑꼴리한 재즈풍 피아노 연주가 곁들여지면서 랩과 발라드가 멋들어지게 어우러지는 하이브리드 곡이다. 타이틀곡인 〈Danger〉는 완성도 높은 칼군무와 곡과 가사에서 풍기는 신선함과 재기 발랄함이 '이제야 방탄이 진짜 K-pop 아이돌이 됐구나' 하는 느낌이 들게 한다. 그만큼 이 앨범은 대중의 눈과 귀를 끌기에 충분히 매력적인 요소로 가득하다.

2

Intro

RM의 솔로 랩 〈Intro : What am I to you〉는 이 앨범 콘셉트를 상징적으로 담고 있는 인트로다. "내 맘 너에게 다 주고 너도 내게 맘 줬잖아. 그런데 넌 왜 뜨뜻미지근한 건데. 나만 왜 이렇게 안달이 나야 하는 건데"라며 돌아오지 않는 사랑에 대한 질투, 분노, 집착을 토로한다. 하지만 곡 전체가 어둡고 거친 것만은 아니다. 전반부 1/3 지점까지는 나의 모든 부정적인 것들(negative)이 너로 인해 긍정적으로(positive) 바뀌었다고 행복해한다. 해서 반주도 오케스트레이션으로 화사하다. 힙합에 오케스트레이션 반주라니! 그런 행복한 감정이 "근데 왜 근데 왜/ 죄인처럼 혼자 네게 연락할 핑계를 찾지"부터 갑자기 분위기가 긍정에서 부정적으로 바뀐다. 오케스트레이션 반주도 사라지고 랩 비트는 빨라지며 음색은 점점 더 거칠어지면서, 가사, 음악, 반주의 모든 톤이 'dark & wild'해진다. 이렇듯 뜨겁고 급하고 변화무쌍한 사춘기의 불완전한 사랑을 반주와 보컬 톤의 변화를 주어 표현한 〈Intro〉는 《DARK & WILD》가 어떻게 전개될지를 암시하는 신호탄이다.

3

Danger

이 앨범의 타이틀곡 〈Danger〉는 RM의 솔로 인트로 〈Intro : 나는 네게 뭔데(What am I to you)〉의 일곱 명 멤버 버전이다. 멤버 수만큼이나 더욱 거칠어진(Wild) 가사 내용은 타이틀 그대로 위험(Danger)할 지경이다. 'love loser'로 설정된 래퍼들이 돌아오지 않는 사랑에 대한 질투와 분노에 대한 래핑이 끝날 때마다 일곱 명 멤버는 합창으로 dark girl에게 여과 없이 '위험(danger) 경고'를 날린다. "장난해 너 도대체 내가 뭐야/ 만만해 Uh 날 갖고 노는 거야/ 너 지금 위험해/ 왜 나를 시험해/ 왜 나를 시험해/ 헷갈리게 하지 마." 이 반복된 위험 경고가 최고조에 이를 때 펑크 록 기타 사운드가 작렬하며 곡은 끝난다. 공식 뮤비 트레일러 속 검은(dark) 옷에 거친(wild) 몸짓의 칼군무를 보노라면 '비로소 방탄이 K-pop 아이돌이 됐구나' 하는 느낌이 절로 들게 된다.

4

War of Hormone

3번 트랙 〈War of Hormone〉은 이 앨범에서 가장 거칠게 튀는 '문제' 곡이다. 힙합 '쿵짝 쿵짝' 붐뱁 비트에 "Hello hello (what!)/ Hello hello (what!)/ Tell me what you want right now/ Hello hello (what!)/ Hello hello (what!)/ Imma give it to you girl right now… 여자는 최고의/ 선물이야 선물이야… 앞태도 최고 뒤태도 최고/ 머리부터 발끝까지 최고 최고" 반복되는 혹은 증가하는 남성 호르몬 테스토스테론으로 거칠게 뛰는 심장박동 같다. 신나도 너무 신이 나 어느새 자신도 모르게 엉덩이 들썩(hip-hop)이며 따라 부르게 하고, 노랫말 그대로 "미친 미친 것같"이 중독성 강하게 빨려 들어간다.

타이틀곡 〈Danger〉의 인기가 예상했던 것보다 저조했는데 〈War of Hormone〉으로 많이 만회했다고 한다. 해서 방탄은 이 곡을 중심으로 활동하려 마음먹었다. 한데 '사건'이 발생한다. 열여덟 사춘기 남성 성정의 발광을 솔직하게 표현한다는 것이, '여성을 외모 위주의 성적 대상으로 바라보게 한다'는 가사에 대한 비판이 제기된 것이다. 이에 대해 방탄은 공식 팬카페를 통해 정식으로 사과한다.

이번 자체 검토와 논의를 통해 음악 창작 활동은 개인의 성장 과정과 경험, 그리고 사회에서 보고 배운 것의 영향을 받을 수 있는 것이기 때문에 어떠한 사회의 편견이나 오류에서도 자유롭지 못하다는 것을 배우게 됐다. 또 사회에서의 여성의 역할이나 가치를 남성적인 관점에서 정의 내리는 것도 바람직하지 못할 수 있음을 알게 됐다.

"10대와 20대 청(소)년들이 겪고 있는 세상의 편견과 억압을 막아" 내자고 서원했던 방탄이 자신들 스스로도 사회의 편견이나 오류에서 자유롭지 못했음을 고백했다는 건 성년 문턱에 선 방탄이 그만큼 성장했다는 반증일 것이다. 이 한 곡을 만들고 녹음하고 안무를 짜 뮤비를 제작하고 공연을 위해 공들인 노력을 생각하면 결코 쉬운 결정이 아니었을 텐데, 참으로 쿨cool한 고백이다.

음악적인 관점에서 첫 정규앨범 《DARK & WILD》를 귀 기울여 들으면 들을수록 방탄이 얼마나 신경을 꼼꼼하게 썼는지 그 '다양성'에 놀라게 된다. 앨범의 주제 콘셉트는 비슷하더라도 기본 반주 비트와 악기 구성, 리듬과 박자 등 음악 스타일은 곡마다 모두 제각각이다. 6번 트랙 〈Rain〉에서 방탄은 연습생 시절, 어느 비 오는 날을 회상한다. 막막한 미래와 "비가 오는 짙은 색 서울 그 위에" 온갖 회색빛으로 그려진 초라한 현재의 내 모습을 감성적인 랩과 발라드로 표현한다. 하지만 감성적인 가사로 인해 자칫 무겁게 처질 수 있는 톤을 "쿵쿵 짝작" 기본 붐뱁 비트를 깔아 너무 가라앉지 않도록 했다. 이 규칙적인 비트에 멜랑꼴리한 재즈풍 피아노 연주가 마치 빗물인 양 자유롭게 박자를 가로지르며 흐른다. 그리고 마지막 터치로 입힌 Lo-fi.* 오래된 LP 음반을 듣는 착각을 불러일으키게 해 아날로그식 감성이 물씬 풍기는 세련된 재즈 힙합 느낌이 들게 했다.

9번 트랙 〈핸드폰 좀 꺼줄래〉에서는 서로 마주 보고 있어도 핸드폰만 바라보는 세태를 풍자한다. "핸드폰 좀 꺼줄래/ 모두가 스마트하다지만/ 우린 점점 멍청해지잖아." 이 곡에선 정형화된 '랩-훅-랩-훅-브리지-훅'을 탈피하려 래퍼 라인 멤버들이 서로에게 반박하듯 짧은 마디의 랩을 번갈아 가며 주고받고, 그다음에 보컬 라인 멤버들이 훅을 부르는 방식으로 구성의 변화를 꾀했다. 11번 트랙 〈24/7=heaven〉은 첫 데이트를 일주일(7) 앞두고 하루 종일(24시간) 설레는 마음을 댄스 팝 스타일로 표현했는데, 여기서는 랩과 보컬이 주고받기도 하고 자연스레 겹치기도 하는 구성에 변화를 주었다. 12번 트랙 〈여기 봐〉는 "너를 원해/ 우리 만남은 우연이 아니야/ 너를 만난 건 내 바램이었어/ 너는 꽃이고 나는 벌이야/ 너는 꿀이고 나는 곰이야" 훅 가사에서 느껴지듯 달달하다 못해 조금 느끼할 수 있는 가사에 맞춤하게 디스코풍 댄스 팝 스타일로 편곡했다. 이 스타일은 방탄이 이전에 시도해 보지 않은 장르라 신선하고 상큼한 느낌이 든다. 10번 트랙 〈이불킥〉은 "너는 정

---

* 로파이Lo-fi는 Low Fidelity의 약자로 '저음질 음악'이다. 의도적으로 레코드판을 돌리는 듯한 '백색소음'을 넣어 음질을 거칠게 표현한다. 이 때문에 라디오에서 나오는 음악이나 LP를 튼 것처럼 '날것의 소리'가 나서 감성적인 분위기를 증폭하는 효과를 발휘한다. 로파이 음악은 부드럽고 풍부한 느낌을 준다는 의미에서 멜로우Mellow 비트라고 불리기도 한다.

말 예뻐 예뻐 예뻐 예뻐" 달달한 훅송이 곡 내내 귀를 간질이는 사랑 노래 댄스 팝이다. 13번 트랙 〈2학년〉은 방탄소년단 데뷔 2년 차를 2학년에, 우리나라 대중가요계를 학교로 비유한 위트 넘치는 곡이다. "꿈만 좇던 내가 이젠 무대에 불을 내" "매 순간 무대를 불태워" "bang it bang it" 가사에 방아쇠를 당기는 듯한 808 베이스 리듬이 데뷔 2년 차 방탄의 심장을 쿵쿵 뛰게 한다.

이렇듯 방탄은 데뷔 1년 2개월 만에 발매하는 첫 번째 정규앨범에서 곡의 다양성과 완성도, 비주얼, 퍼포먼스 등 모든 면에 완벽을 기했다. 이제 교복을 벗고 성년의 문턱에 선 방탄은 '매 순간 무대에 불을 내'는 진정한 힙합 아이돌로 당당하게 섰다. 음악적 방향성을 명확하게 한 방탄 앞에 이젠 어떤 거칠 것이 없어 보인다. 다음 앨범에선 어떤 콘셉트로 어떤 음악을 선보일까. 음악적으로나 팬층 확보로나 대중성을 확보한 그들의 다음번 자신의 이야기는 어떤 것이 될까.

BTS

Life goes on
Like an echo in the forest
Like an arrow in the blue sky
On my pillow on my table
Life goes on like this again

4장

화양연화花樣年華

2013년 6월 13일 〈No More Dream〉으로 데뷔한 지 불과 2년 만에 방탄은 '인생에서 가장 아름다운 순간'이라는 '화양연화'를 맞이한다. 막내 정국을 제외하곤 모두 20대 청춘에 들어섰고, 동시에 2015년 4월에 pt. 1, 같은 해 11월에 pt. 2, 그리고 2016년 11월에 young forever로 3장의 미니앨범 《화양연화》 시리즈로 슈퍼스타의 반열로 진입했다. 이 청춘 시리즈 앨범에서 방탄은 인생에서 가장 아름다운 순간인 20대 청춘의 '희망, 열정 그리고 불안'을 이야기한다.

금방이라도 벌어질 열정 속에 언젠가 떨어질지 모를 불안을 품고 피어나는 청춘이라는 꽃봉오리. 방탄의 《화양연화》 시리즈는 2000년 왕가위 감독이 《화양연화》 은막 위에 피워낸 '영상과 서사'에 노래를 입힌 듯 새로운 예술 장르의 서막-소설과 영화적 요소를 본격적으로 음악에 차용하기-을 알린다. 이 새로운 예술 장르는 《화양연화》앨범 과 더불어 제작된 『화양연화 THE NOTES』라는 일기 형식의 소설을 통해 그 비밀이 밝혀진다. 이 소설엔 방탄 일곱 명 멤버들의 성장기가 담겨 있다. 이 소설 속 내용을 바탕으로 《화양연화》를 비롯해 이후 수 많은 방탄 곡들의 뮤비가 탄생한다.

『화양연화 THE NOTES』속 이야기가 방탄의 실제 성장기(fact)를 기반으로 한 건 아니다. 전적으로 허구(fiction)다. 그렇지만 소설 속 인 물들은 실제 각 방탄 멤버에게서 풍길 것 같은 묘한 분위기와 성격을 지니고 있다. 해서 독자는 소설 속 방탄 멤버들이 유년기와 청소년기에 겪거나 앓고 있는 성장통이나 트라우마를 실제로 방탄이 겪은 것 같은 감정이입을 하게 된다. 《화양연화》이후 뮤비에 등장하는 방탄 멤버들 은 때로는 현실의 방탄으로, 때로는 소설 속 방탄으로, 때로는 이 둘이 섞인 채 등장한다. 현실의 방탄과 소설 속 방탄 사이, 모호해진 경계에 서 고민하고 갈등하며 넘어지고 일어서면서 경험하고 배운 이야기가 그들의 새로운 노래가 되고 뮤비가 되는 것이다. 책을 읽고, 영화와 그 림을 보고, 음악을 듣고 무용과 조각을 관람하고 세상 속에서 갈등하며 한층 성숙해진 현실의 방탄 멤버들은 『화양연화 THE NOTES』이야 기 속 과거를 지닌 인물의 가면(페르소나)을 쓰고 뮤비 영상과 노랫말에 등장한다. 이렇게 성장하면서 방탄은 음악으로 이른바 'BU(BangTan Universe)'라는 방탄 세계관을 만들어 간다.

화양연화 The Notes

리하르트 바그너는 '라이트모티브leitmotive'라는 독특한 음악 드라마 장치를 개발해 그의 악극에서 중요하게 사용했다. '유도동기' '주도동기'라 번역되는 이것은 특정한 장면 혹은 인물에 특징적인 리듬, 화음, 멜로디 등을 반복적으로 재현함으로써 음악을 드라마처럼 '캐릭터화'하도록 작동하는 음악 장치를 말한다. 방탄《화양연화》시리즈 앨범 뮤비에서는『화양연화 THE NOTES』소설 속 방탄 멤버의 특정 장면을 뮤비 속 방탄 멤버의 특정 영상과 연계해 반복적으로 재현함으로써 소설 속 방탄을 뮤비 속 방탄으로 '캐릭터'화한다. 바그너의 라이트모티브가 음악을 통한 악극 드라마의 주제 유도동기라면, 방탄의 라이트모티브는 서사를 통한 뮤비의 주제 유도동기라 할 수 있다. 예를 들면, 지민은 '풀꽃수목원과 물', 윤기는 '불과 피아노', 호석은 '초코바와 알약', 태형은 '부친 살해와 그라피티', 남준은 '주유소 알바와 살아남아야 한다고 유리창에 쓴 글씨', 정국은 '교통사고와 거리 싸움', 석진은 '스메랄도꽃과 창문' 등이다.

《화양연화》시리즈 뮤비 주제 유도동기인 라이트모티브는『화양연화 THE NOTES』에서 각 멤버가 겪은 사건의 상징적 단초가 된다. 이

사건들은 각 멤버가 겪은 아픈 과거 기억과 관련돼 있는데, 심한 경우는 정신적외상이라는 트라우마를 환기하는 상징 이미지로 등장한다. 지민의 경우는 초등학교 1학년 때 소풍 갔던 '풀꽃수목원'에서의 악몽 같았던 기억과 그것을 씻어내려는 듯 반복해서 등장하는 '물'. 윤기는 '화재(불)'로 죽은 엄마와 엄마를 상기시키는 엄마가 치던 '피아노'. 호석은 엄마로부터 버려질 때 엄마가 손에 쥐여준 '초코바'와 그때 충격으로 얻은 기면증' '알약'. 태형은 가정폭력을 일삼는 '아버지를 살해'하는 상상(악몽)과 저항과 반항의 자기식 표현인 '그라피티'. 남준은 가난한 집안 살림을 책임져야 하는 소년 가장을 상징하는 '주유소 알바'와 큰 형 격으로 멤버들에게 던지는 메시지 '살아남아야 한다 글씨'. 정국은 계부와 이복형제 사이에서의 가정불화에 대한 자기식 해소로 일부러 '길거리 싸움'에 휘말리는 것과 멤버 사이의 갈등과 화해의 상징 사건인 '교통사고'. 석진은 학교에서 불량 학생으로 낙인찍힌 방탄 멤버의 아지트와 동태를 알려주는 교장의 스파이로 의심받아 멤버들과 소원해져 전하지 못한 진심이라는 꽃말을 지닌 '스메랄도꽃'과 멤버들의 어그러진 과거를 회복하려 과거 어느 한 시점으로 되풀이해서 돌아가는 타임 리프Time Leap를 상징하는 '창문'. 그렇다면 이런 주제 유도동기들이 《화양연화 pt. 1》에서 어떻게 뮤비와 음악에 작동되는지 살펴보기로 한다.

---

*   자가면역질환의 하나로 가장 흔한 증상은 '수면 발작'으로, 자신도 모르게 잠에 빠져들

2

화양연화 pt. 1

1. I need U

화양연화 타이틀곡인 〈I NEED U〉를 감상하는 데에는 세 가지 방식이 있다. 첫 번째 방식은 '듣는 음악'으로 라디오나 음원으로만 감상하는 것이다. 전반적으로 서정적인 멜로디에 슈가와 RM의 랩이 삽입된 일렉트로 힙합을 귀로만 감상하는 전통적인 음악 감상법이다. 이렇게 감상하는 〈I NEED U〉는 어떤 청춘이든 한 번쯤은 겪을 법한 이루어지지 않는 사랑의 안타까움이 절절하게 전달된다. 너는 나의 모든 것인데, 그걸 모르는 건지, "왜 혼자 사랑하고 혼자서만 이별해/ 왜 다칠 걸 알면서 자꾸 니가 필요해/ 넌 아름다워/ 너무 차가워/ I need you girl."

akbobada.com

I need you girl -   I need-you girl -   I need-you girl -

    두 번째 방식은 '듣고 보는 음악'인 뮤비로 감상하는 것이다. 감상하되 관련된 어떤 자료나 지식 없이 이 뮤비만 독립시켜 감상하는 것이다. 하지만 이렇게 듣고 보는 〈I NEED U〉 뮤비로는 가사와 영상을 연관시키기란 쉽지 않다. 뮤비는 각 일곱 멤버의 단독 신과 멤버들이 함께 있는 신이 짧게 교차되면서 흘러간다. 하지만 〈I NEED U〉 노랫말에 나오는 'girl'은 어느 신에도 등장하지 않는다. 다만 방탄 멤버들의 단독 신들에서 공통으로 느껴지는 '고통, 쓸쓸함, 외로움'의 표정으로부터 각자가 갈망하는 어떤 구원의 여인으로 "I need you girl" 가사를 유추해 볼 수 있을 뿐이다.

    세 번째 방식은 『화양연화 THE NOTES』를 읽고 난 후 '읽고 듣고 보는 음악'으로 뮤비를 감상하는 것이다. 『화양연화 THE NOTES』를 읽은 사람이라면 뮤비에서 일곱 멤버들의 단독 신이 어떤 이야기를 내포하고 있는지 단박에 이해할 수 있다. 이 단독 신들은 과거에 겪었던 고통과 트라우마에 대한 기억들이 각 멤버의 주제 유도동기에 따라 소환되는 영상이다. 지민은 욕조 안에서 무언가를 태우며 고통스러워하고, 정국은 길거리 싸움에 휘말려 두들겨 맞는다. 호석은 알약을 입에다 털어 넣고 기면증으로 다리 위에서 쓰러진다. 남준은 주유소 알바를 하고, 윤기는 모텔에서 화염에 휩싸인다. 태형은 깨진 병으로 아빠를 찌르고, 석진은 스메랄도 꽃잎을 바닥에 펼치며 창문을 응시한다. 이런 과거의 고통스런 기억과 트라우마로 괴롭고 힘들어하는 멤버들은 그들을 구원해 줄 베아트리체 'girl'에게 손을 내미는 것이라고 자연스레 상상해 볼 수 있다.

그렇다면 그녀는 누구일까? 『화양연화 THE NOTES』 속 방탄 인물들에 보다 더 깊이 감정이입을 한 사람이라면 멤버들과 짧게 스쳐 간 여인들을 떠올릴 수 있을 것이다. 하지만 그보다는 〈I NEED U〉 뮤비에서 'girl'은 서로의 연인으로서 방탄 자신들을 말하는 건 아닐까 하고 추측해 볼 수도 있다. 고통, 쓸쓸함, 외로움을 표현하고 있는 현재의 단독 신들과는 대조적으로 멤버들이 함께 있었던 과거 신들은 모두 밝고 행복한 표정을 짓고 있으니 말이다. 『화양연화 THE NOTES』 서사의 뼈대는 현재 뿔뿔이 흩어진 멤버들이 어떻게 과거 행복했던 시절로 다시 돌아갈 수 있을까에 대해 얽힌 사건들을 풀어가는 구조로 짜여 있다. 〈I NEED U〉 뮤비의 뼈대는 단독 신들에서 묘사되는 현재의 '고통과 외로움' 이미지에 함께 있는 신들에서 보이는 과거의 '밝음과 행복' 이미지들의 병치로 구성돼 있다. 그리하여 각 멤버들의 홀로 된 아픔과 고통을 치유하고, 외로움과 쓸쓸함을 달래줄 진정한 구원의 베아트리체 여인 'girl'은 함께 있는 방탄 멤버 자신들임을 은유하는 것으로 나는 이 뮤비를 감상한다.

2. 잡아줘

《화양연화 pt.1》〈I NEED U〉 바로 다음 수록곡 〈잡아줘〉는 가사와 뮤비 내용에서 〈I NEED U〉 후속 곡(편)처럼 느껴진다. 서정적인 힙합 R&B에 "너 하나만, 오직 너밖엔 안 보"인다며 "꽉 잡아줘 날 안아줘/Can you trust me"가 훅처럼 애절하게 반복되는 가사 내용은 큰 틀에서 〈I NEED U〉와 비슷하다. 다른 점이 있다면 간절한 내 맘을 몰라주는 아름답지만 차가운 'girl'의 성격이 〈잡아줘〉에서는 전혀 드러나지 않는다는 것이다. 그냥 일방적으로 그녀를 향한 나의 간절한 마음만이 표현될 뿐이다. 이와 연관 지어 〈I NEED U〉에서는 후렴구처럼 수차례 반복되는 'I need you girl'에서 'girl'이 〈잡아줘〉에서는 단 한 번밖에 안 나온다. 이런 관점에서 〈잡아줘〉 또한 〈I NEED U〉 뮤비 감상법 중 세 번째 방식으로 이해할 때 가장 깊고 넓게 감상할 수 있다.

뮤비에서도 〈잡아줘〉는 〈I NEED U〉와 거의 유사하다. 차이점이라면 디테일에서 약간의 변화, 첨가만 있을 뿐이다. 하지만 결정적으로 〈잡아줘〉에만 있는 게 하나 있다. 뮤비 영상이 끝나고 검은 화면에 뜬 "함께라면 웃을 수 있다"는 문장. 그러니까 '나를 믿어줘, 꽉 잡아줘, 날 안아줘' 노래하며 애절하게 내민 손은 이성의 여인 'girl'에게 내민다기보다 헤어져 외롭고 쓸쓸한 방탄 멤버 서로에게 내미는 손으로 이해하는 게 훨씬 극적인 감상법이다. 이렇게 허구로 자아낸 『화양연화 THE NOTES』 이야기 실(絲)로《화양연화》노래와 뮤비라는 다양한 문양의 태피스트리 천을 짜나가는 음악이 '읽고 듣고 보는' 방탄 세계관 예술이다.

3. 쩔어

하지만 《화양연화 pt. 1》의 모든 노래와 뮤비가 『화양연화 THE NOTES』속 인물과 서사에 기반해 만들어진 것은 아니다. 〈쩔어〉와 〈이사〉 같은 곡은 힙합 아이돌 연습생 과정에 대한 방탄의 실제 경험을 바탕으로 만들어졌다. 이 앨범에서 가장 힙한 느낌이 나는 〈쩔어〉 뮤비는 2021년 12월 기준으로 7억 뷰를 돌파한 그야말로 대박 난 곡이다. 이 곡에는 데뷔앨범부터 확인된 방탄 DNA가 한층 성숙해져 들어 있음을 단박에 느낄 수 있는데, 이게 바로 '방탄 스타일'이다. "어서 와 방탄은 처음이지" RM의 안내*로 시작되는 〈쩔어〉엔 무엇보다 첫 번째로 힙합 아이돌 결성 시 그들이 서원했던 '진솔한 우리들의 이야기'가 담겨 있다. 아이돌이 무슨 힙합이냐며 비아냥대며 디스하던 모든 "비실이 찌질이 찡찡이 찔찔이들"에게 당당하게 외치는 우리는 '쩔어'. 너희들이 클럽에서 놀 때, 우리들은 연습실에서 노래와 춤 연습하느라 작업실에서 곡 쓰느라 하루 종일 땀으로 '쩔어'. 그렇게 쩔고 쩔으니 내 춤은 절로 "쩌렁쩌렁 쩌렁"해지고, 모두 다 우리 춤을 "따라 해." 우린 좀 "쩔어 쩔어 쩔어 쩔어." 이렇듯 중의적 의미(뜻)와 다양한 라임(소리)으로 이루어진 세련되고 개성적인 랩 플로우가 보컬과 유기적으로 어우러진 〈쩔어〉는 말 그대로 대박(Dope) 난 방탄 스타일이다.

---

* MBC는 2017년 7월부터 현재까지 인기리에 방영되는 외국인 리얼 한국 여행기 <어서 와 한국은 처음이지>의 제목을 여기에서 카피한다.

두 번째로는 세상의 편견과 억압으로부터 청(소)년을 막아주겠다던 그들의 '쩌는' 서원이다. 3포·5포·n포세대에게 던지는 시구 한 줄 "너와 내 새벽은 낮보다 예뻐." 아직은 빛을 보지 못한 청춘(새벽)이지만 포기하기엔 우린 너무 아름다워. 성공(낮)보다 그걸 향해 떠오르는 과정(새벽)이 더 아름답지. 그러니 희망에 "쩔어"라며 용기를 북돋는 방탄 스타일.

세 번째로 힙합 아이돌 고난도 칼군무이다. 〈I NEED U〉〈잡아줘〉 뮤비에서처럼 짧은 컷들을 병치해 그 안에서 어떤 서사를 추론하도록 한 몽타주식 편집과는 완전히 다르게 〈쩔어〉 뮤비는 롱 원테이크 기법으로 촬영됐다. 해서 마치 무대 공연을 보는 것 같은 느낌을 준다. 그건 〈쩔어〉 뮤비의 무게가 이야기보다 힙합 리듬에 실린 칼군무 퍼포먼스 전달에 실려 있음을 반증한다. "거부는 거부해/ 전부 나의 노예/ 모두 다 따라 해/ 쩔어 쩔어 쩔어 쩔어" 훅에서 펼쳐지는 칼군무와 전면에 등장하는 색소폰 소리는 그야말로 쩐다. 마치 디제잉하듯 끊고 긁는 것 같은 색소폰 소리는 연주라기보다 춤추는 '색소폰 댄서' 같다. '색소폰 스왜그'가 '쩔어 쩔어 쩔어'. 이것이 진정 방탄 스타일.

4. 이사

〈이사〉도 〈쩔어〉와 마찬가지로 방탄 연습생 시절의 실제 경험을 내용으로 해서 만들어진 곡이다. 푸른 집이라 불렸던 논현동 건물 3층 17평 연습실에서 정들었던 3년의 추억을 회고하는 가사에 맞게 리듬도 70,

80년대 뉴욕 올드 스쿨 힙합풍으로 잘 어우러진다. "내 삶 속에서 많은 걸 바꿨"던 시절, 종일 땀에 절어 지냈던 "꾸질한 기억", 이젠 "아이돌에서 한 단계 위로/ 꿈이 잡히려 해." 하여 이젠 "정들었던 이곳과는 안녕/ 이사 가자/ 이제는 더 높은 곳으로."

　연습실에서 보낸 3년의 추억에 대한 이야기이니 뮤비도 현실의 방탄 인물이 등장할 것을 기대하는 건 당연하다. 뮤비는 연습생 시절 경제적 어려움을 표현하려는 듯 각 멤버들이 저마다 다른 장소에서 알바하는 모습을 보여준다. '실제 그랬을까' 고개를 갸우뚱거리게 하더라도 방탄 인물의 실제성까지 부인할 수는 없다. 하지만 방탄 인물의 실제성에 이해하기 힘든 짧지만 익숙한 몇 장면이 끼어든다. 화재에 휩싸였던 그 모텔의 윤기. 그 주유소에서 알바를 하고 있는 남준, 아버지를 찔렀던 그 아파트 복도의 태형, 그리고 일곱 멤버 모두 함께 바다로 놀러 간 장면. 이 장면들은 연습생 시절 실제 방탄의 모습이 아니다. 순전히 『화양연화 THE NOTES』 허구 속 인물이며 이야기이다. 그렇다면 어느 것이 '진짜(the real thing)인가'. 허구와 실제 사이에 어떤 분명한 인과성 없이 마구 섞어놓은 이유는 또 무엇인가?

3

The Real Thing

《화양연화》앨범을 시작으로 이후 방탄의 음악, 특히 많은 뮤비는 BU(Bangtan Universe)라는 방탄 세계관을 바탕에 두고 제작된다. BU 서사의 원천은 『화양연화 THE NOTES』이다. 이후 방탄은 저수지에서 물을 끌어 농사를 짓듯 『화양연화 THE NOTES』에서 서사와 인물 성격을 끌어다 (뮤비)음악 농사를 짓는다. 그렇게 저수지, 농사, 작물의 규모가 점점 커지면서 방탄 세계관은 점점 넓고 깊어진다. BU를 기반으로 제작되는 방탄 (뮤비)음악들은 같은 저수지에서 물을 끌어들여 곡들 상호 간에 사건과 이야기를 공유하고 주고받으며 대화한다. BU 안에서 방탄은 실제 인물로 등장하다가도 어느 순간엔 『화양연화 THE NOTES』속 인물들의 마스크(페르소나persona)를 쓰고 등장한다. 때론이 둘 사이의 어떤 경계나 구별 없이 섞인 채 등장하기도 한다. 그렇다면 무슨 이유로 그리고 어떤 효과를 염두에 두고 이런 BU 세계관을 기반으로 방탄은 자신들의 음악 예술을 펼치려는 것일까. 다소 의아해하겠지만 나는 그 문답의 단초를 미국 소설가 헨리 제임스(1843-1916)에게서 찾아보려 한다.

헨리 제임스는 현대소설의 형식과 기술에 대한 비평 이론의 초석을

놓은 20세기 모더니즘modernism의 창시자다. 소설 예술 이론과 더불어 예술가를 주인공으로 내세운 일련의 예술가 단편소설에서 그는 '삶과 예술' 사이의 문제에 대해 성찰한다. 그중 대표작이 「진짜(The Real Thing)」이다. 줄거리를 간단하게 요약해 본다.

영국 런던의 한 화실에 퇴역한 소령 모나크 부부가 모델 일자리를 구하기 위해 찾아온다. 전형적인 귀족의 위엄과 품위를 지니고 있는 이들이 저급한 모델 일을 구한다는 말에 주인공인 화가가 난처해하자 그들은 자신들이 처한 경제적 어려움을 호소한다. 마침 상류사회를 다룬 소설 속 삽화를 의뢰받았기에 화가는 그 분야의 모델로 두 부부는 '진짜(the real thing)'일지도 모른다고 생각하며 채용한다. 그러나 막상 작업을 시작하자 화가는 그들이 모델로는 끔찍하단 사실을 곧 깨닫는다. 모델로서 자세가 너무 뻣뻣했으며, 상황에 걸맞은 포즈를 아무리 요구해도 그들은 언제나 정확하게 자기 자신임을 드러냈다. 모나크 부부의 한결같고 단조로운 '진짜' 귀족 풍모의 포즈는 다양한 유형의 인물과 성격을 창조해야 하는 예술가에게는 오히려 독이 된 것이다. 아니나 다를까, 이 부부를 모델로 해서 그린 몇 장의 초상화를 출판사에 보냈으나 담당자로부터 퇴짜를 맞는다. 어쩔 수 없이 화가는 그들을 대신해 평범하고 외모가 단정치 못한 첨 양과 이탈리아 젊은이 오론테를 모델로 고용한다. 그들은 모나크 부부와는 달리 다양한 인물과 성격을 잘 '모방'해 화가로 하여금 자신의 상상력을 십분 발휘하도록 했다. 모나크 부부는 모델로서 가치를 잃었음에도 불구하고 화실 심부름과 청소를 자청하면서 화실에 남아 생활을 유지하려 한다. 이런 인간으로서

'진짜(the real thing)' 모습에 화가는 깊은 감명을 받는다. 하지만 비평가 친구로부터 이 부부의 진짜 삶이 그의 예술에는 씻지 못할 악영향을 주었다고 쓴 충고를 듣는다. 결국 화가는 그들에게 약간의 돈을 쥐여주고 그들을 떠나보내며 소설은 끝이 난다.

삶과 예술 사이의 아이러니한 역학 관계를 통해 헨리 제임스가 「The Real Thing」에서 말하고자 하는 것은 무엇일까. 그건 '예술이란 삶을 있는 그대로 보도(document)하는 게 아니라 해석(interpret)하는 것'이란 걸 암시하려는 것이다. 삶에서 진짜인 모나크 부부는 예술에선 진짜가 될 수 없었다. 예술은 상상력을 발휘해 현실을 해석하는 것이지 세계를 있는 그대로 보도하는 게 아니기 때문이다. 진짜 삶이 예술 속으로 여과 없이 들어오면 작가의 상상력은 설 자리를 잃고, 세상을 읽는 해석의 다양성도 줄어들고 만다. 소설 세계는 삶에 대한 답을 구하는 '보도의 자리'가 아니라 '의문과 해석'의 자리다. 물론 해석의 권리는 전적으로 독자의 몫이어서 해석의 여지는 독자의 수만큼이나 많다. 그런 해석의 다양성을 지닌 소설만이 수십, 수백, 수천 년 세월을 견뎌내고전(classic)이 된다. 그것이 '인생은 짧고 예술은 길다'는 예술의 위대함이다.

다시 BU 세계관으로 돌아가 보자. 무엇이 예술에서 진짜(the real thing)일까. 방탄 자신들의 실제 가정사와 십 대 성장기 그리고 연습생 시절 자신들이 겪은 삶의 세목들을 충실하게 자신의 음악에 '보도(document)하는 게' 진짜일까. 『화양연화 THE NOTES』 상처 입은 청춘 일기 속 허구 인물들의 삶과 이야기를 소재 삼아 자신의 음악으로

'해석하는 게' 진짜일까. 헨리 제임스 「The Real Thing」 주인공 화가의 관점으로 본다면 후자일 것이다. 자신의 삶을 그대로 보도하는 음악이라면 진실성은 담보될 수 있으나 공감의 폭이 그만큼 줄어들 수밖에 없다. 반면에 허구의 인물을 통해 실현되지 않은 자신의 어떤 가능성과 잠재성을 표현하는 음악이라면 그건 한 사람이 아니라 한 세대를 표현하는 음악이 될 수 있다. 음악을 듣고 뮤비를 보며 '꼭 내 얘기 같다'고 느껴진다면, 그건 모든 예술의 목표인 '공감(compassion)'이라는 최고의 감정을 불러일으키는 데 성공한 작품이라 할 수 있다.

그런데 BU 방탄 세계관은 여기서 한 걸음 더 나간다. 예술과 삶 사이의 진짜에 대한 어떤 명확한 구분 없이, 음악, 뮤비 속 인물, 사건, 이야기가 실제 방탄의 것인지, 『화양연화 THE NOTES』 허구 속 방탄의 것인지 구별 짓기 어렵도록 섞어버리는 것이다. 이 두 인물은 마치 가면을 쓴 내면의 페르소나인 양 가상의 자신인 아바타인 양 예술과 삶, 가상과 실제 사이를 어떤 표식 없이 꿈속인 양 무의식의 세계인 양 의식의 흐름인 양 가로지르며 명멸한다. 그들은 《화양연화》 시리즈를 시작으로 이후 앨범과 앨범 사이, 곡과 곡 사이를 넘나들며 대화하고 유기적으로 연결됐다가 다시 조각처럼 흩어져 서로 묻고 답하며 BU 음악 예술 세계를 확장해 나간다.

하지만 이런 확장은 창작자에 의해 의도될 뿐 완성은 전적으로 감상자의 몫이다. 유기적으로 퍼즐같이 얽어진 방탄 음악을 자신들만의 독특한 시각으로 재생산해 내는 감상자들의 다양한 '해석 버전'에 의해 완성된다. 그리하여 방탄 (뮤비)음악은 창작자에 의해 완성된 작품

(work)이 아니라 감상자의 새로운 해석으로 끊임없이 짜나가는 하나의 텍스트text가 된다. 자신들의 이야기에선 '진실성'을 담보하고 허구의 이야기에선 세대의 '공감'을 불러일으키면서 짜나가는 음악 예술이라는 텍스트.

화양연화 pt. 2

인생에서 가장 아름다운 순간인 20대 청춘의 '희망, 열정 그리고 불안'을 이야기하겠다는 《화양연화》 시리즈. 청춘의 '희망, 열정, 불안'은 'passion' 한 단어에 모두 담겨 있다. 열정으로 알고 있는 'passion'은 라틴어 pássĭo(고난, 수난)로부터 파생되었다. 그러니까 열정은 쏟는 대상이 무엇이든 수난과 고통이 따른다는 것이다. 열정과 수난은 한 몸이다. 애초부터 열정이 없다면 고통 또한 따라오지 않을 것이다. 역으로 사랑과 꿈과 희망을 향해 쏟는 열정이 강하면 강할수록 잠재된 불안과 고통은 더욱 커질 수밖에 없다. 《화양연화》는 방탄 멤버들과 동시대 20대 청춘이 느낀(느꼈을) 'passion'에 대한 노래다.

1. Never Mind

《화양연화 pt. 2》 인트로 〈Never Mind〉는 슈가의 자전적 이야기를 통해 앨범의 전체 콘셉트를 상징적으로 보여준다. 바로 청춘의 'passion'이다. "누가 뭐라든지/ 그저 내 꼴린 대로/ 내 소신대로 살아"온 슈가가 쏟은 열정의 대상은 음악이다. 수많은 디스들과 "부딪힐 것 같으면 더 세게 밟아, never mind"라며 그는 마음을 다졌다. 자기 세대 청춘에게 도 "우리는 아직 젊고 어려/ 걱정 붙들어 매"라며 다독인다. 열정 뒤에 따른 고난과 몇 번의 좌절 따위는, never mind. 슈가에겐 오히려 음악 의 'beat'가 됐단다.

슈가가 열정을 쏟으며 추구해 온 음악은 애니메이션으로 독특하게 제작된 뮤비에서 나비로 상징된다. 무대 라이브 공연인 양 관객의 "앵 콜, 앵콜" 환호성이 들리고 이에 응답하듯 슈가의 랩이 시작된다. 관객 의 손 조명이 별처럼 빛나는 가운데 무대 위에 나비 한 마리가 그려진 다. 이어 한 청년이 농구공을 튀기며 뛰어가다 농구대 옆에 앉자 그의 어깨에 나비 한 마리가 내려앉는다. 모든 역경과 주위 비난을 무시하며 (never mind) 자신의 음악 세계만을 고집하며 살아온 과정을 얘기하는 슈가의 랩이 흘러가는 가운데, 나비는 파도, 가시밭, 도시 빌딩 숲, 휘날 리는 지폐들 사이를 위태롭게 날아간다. 청년의 뻗은 손에 닿을 듯 닿 을 듯 닿지 않고 날아가는 나비는 한 마리에서 여러 마리로 흩어졌다 모이기를 반복한다. 그러다 돌연 한 무리의 나비들이 마이크 주변을 맴 돌다 다시 흩어져 미로 같은 길로 사라져 버린다. 곡이 끝날 무렵 눈 속 동공에 다시 나타난 마이크. "부딪힐 것 같으면 더 세게 밟아 임마" 슈 가의 마지막 가사와 더불어 눈에 비친 마이크가 양손에 잡힌다. "never mind" 마지막 랩이 뱉어지고 손에 잡힌 마이크는 뮤비 시작할 때 무대 위에 그려진 나비로 변하면서 끝이 난다.

슈가로 보이는 뮤비의 청년이 쫓아가는 나비는 이 앨범의 가장 중 요한 상징이요 주제동기이다. 〈Never Mind〉에서 슈가가 쏟은 열정과

107

잡고 싶은 희망의 대상은 '음악'이다. 음악에 대해 품었던 꿈과 희망이 현실이 되는 것은 뮤비 시작과 끝에 등장하는 '공연 무대'이다. 관객들의 '앵콜 앵콜' 커튼콜에 응답되듯 나타나는 나비로 상징되는 꿈의 공연 무대. 나비의 상징과 주제동기는 이어지는 곡들에서도 다양하게 변주된다.

2. Run

⟨Never Mind⟩ 다음 곡 ⟨RUN⟩은 이 앨범의 타이틀곡이다. ⟨Never Mind⟩에서 슈가가 쫓았던 나비가 ⟨RUN⟩ 뮤비에서는 카드 속 나비로 등장한다. 그 나비 카드를 RM 남준이 잡는다. 뮤비는 『화양연화 THE NOTES』속 방탄 멤버들의 다양한 이야기 조각들이 어지럽게 몽타주 돼 있다. 노래 가사와 연관 지어 관통하고 있는 뮤비 영상의 뼈대는 멤버들의 줄곧 뛰는 장면과 뮤비 시작에 뒤로 넘어져 물 안으로 가라앉은 멤버 중 한 명(아마도 뷔, 태형*)이 뮤비 끝에서 다시 일어서는 것으로 이루어져 있다. 그 사이 주요 멜로디에 얹힌 - "너의 흔적을 따라가/ 길을 알려줘 날 좀 멈춰줘/ 날 숨 쉬게 해줘/ 다시 Run Run Run 난 멈출 수가 없어/ 또 Run Run Run 난 어쩔 수가 없어/ 어차피 이것밖에 난 못 해/ 너를 사랑하는 것밖엔 못 해/ 다시 Run Run Run 넘어져도 괜

---

* 『화양연화 THE NOTES』에서 태형은 자주 악몽에 시달리는데, 멤버들과 놀러 간 바닷가를 떠올리며 자신이 전망대에서 뛰어내린 것 같다고 회상한다. 이 장면은 <Butterfly> 뮤비에서 재현된다.

찮아/ 또 Run Run Run 좀 다쳐도 괜찮아/ 가질 수 없다 해도 난 족해/
바보 같은 운명아 나를 욕해"—가사가 반복된다. 멈출 수 없이 날 뛰게
만드는 '너'. 내가 할 수 있는 거라곤 '너'를 사랑하는 것밖에 없다는 그
운명 같은 '너'는 누구일까. 그 '너'의 정체에 대한 탐색은 전적으로 감
상자의 몫으로 남겨두었을 터인데, 이 노래에 '공감(compassion)'하는,
당신이 생각하는 그 사람이 바로 '너'일 것이다.

이 앨범을 청춘의 'passion'을 표현한 것으로, 〈Never Mind〉와
〈RUN〉을 '나비'라는 상징을 내세워 '음악'을 향한 열정과 고통으로 이
해(공감)한 나로서는 '너'를 방탄 음악의 또 다른 한 축인 '아미'로 해석
하는 입장이다. 2013년 7월 BTS 공식 팬클럽 '아미'가 결성된 이후로
《화양연화》 시리즈가 발매될 때까지 2년여에 걸쳐 펼친 아미의 활동이
BTS의 성공 가도에 미친 영향은 그야말로 절대적이다. 아미 없는 BTS

는 상상할 수 없다. BTS ARMY 로고 문장紋章*처럼 아미는 BTS의 반쪽이며 방탄 음악의 생성과 성장의 원천이다. 방탄을 끊임없이 달리게 하는 passion의 근원이며, 슈가와 RM이 잡으려는 나비, 곧 희망이다. 순간 손에 잡힌 것 같지만 석진이 쌓은 '카드로 지은 집'처럼 언제든 부서질 수 있는, 사라질 수 있는 무지개 같은 '꿈'이다.

3. Butterfly

〈Butterfly〉는 보컬이 주도하는 곡으로 마치 나비가 주변을 맴돌듯 아련한 곡이다. "곁에 머물러 줄래/ 내게 약속해 줄래/ 손대면 날아갈까 부서질까/ 겁나 겁나 겁나/ 시간을 멈출래/ 이 순간이 지나면/ 없었던 일이 될까 널 잃을까/ 겁나 겁나 겁나/ Butterfly like a butterfly." 뮤비는 『화양연화 THE NOTES』 속 멤버들이 과거 행복했던 시절을 회상하는 장면들로 구성돼 있는데 그 순간들을 붙잡아 두려는 듯 석진은 캠코더를 들고 촬영한다. "넌 거기 있지만 왠지 닿지 않아/ Stop/ 꿈같은 넌 내게 butterfly high/ Untrue Untrue/ You You You" 가사는 마치 석진의 현재 시점에서 캠코더 필름을 돌려 보며 멤버들과 꿈같던 순간을 회상하는 것 같다.

그렇다면 〈Butterfly〉에서 '너'는 또 누구일까? 〈I NEED U〉와 〈잡

---

* 방탄과 아미의 로고는 각각 '방탄복'을 상징하기도 하고 안으로 들어오는 '문'과 밖으로 열려 있는 '문'을 상징한다고 한다. 이 둘 모두 두 개의 사각형으로 서로 대칭을 이루고 있다.

아줘〉에서 분석했던 것처럼 이젠 헤어져 외롭고 쓸쓸한 서로에게 연인 같은 방탄 멤버일까? 그건 『화양연화 THE NOTES』를 읽고 음악을 듣고 뮤비를 보며 이해하는 극적인 감상법일 것이다. 또 다르게는 〈Never Mind〉〈RUN〉〈Butterfly〉로 연이어 이어지는 '나비'로 상징되는 너로 이해할 수 있다. 그건 '아미'이며 동시에 '음악'이다. 그리고 마지막으로 하지만 가장 강렬하게 감상자인 당신의 필feel에 번개처럼 내리꽂히는 바로 그 '너'다.

4. whalien

4번 트랙 〈Whalien〉은 방탄 음악의 또 다른 이면이다. 고래 '웨일

Whale'과 외계인 '에일리언Alien'의 합성어 'whalien'은 실존하는 52헤르츠 고래를 모티브로 했다. 52헤르츠 고래는 다른 고래들과 주파수가 달라 소통할 수가 없다고 해서 과학자들로부터 '세상에서 가장 외로운 고래'로 불린다. "자고 일어나 보니 유명인이 되었다"는 바이런식 유명세처럼, 방탄은 그 어느 K-pop 아이돌 그룹과는 비교도 안 될 정도로 빠르게 세계적인 유명인이 되어버렸다. 하지만 개인적으론 사방에서 비친 스포트라이트에 갇힌 섬처럼 됐다. "외딴섬 같은" 방탄은 "끝없는 무전 하나 언젠가 닿을 거야/ 저기 지구 반대편까지"라며 자신들의 헤르츠를 믿고선 "혼자 하는 돌림노래"를 부른다. 이런 군중 속 고독을 52헤르츠 고래로 은유한 〈Whalien〉은 한 편의 '방탄 서정시'다. 깎아 다듬어 반짝반짝 빛나는 사파이어 단면들(facets) 후면에 숨겨진 청옥 원석의 푸른빛이다.

5. 뱁새

6번 트랙 〈뱁새〉는 《화양연화 pt. 1》〈쩔어〉를 연상케 하는 곡이다. 〈쩔어〉에서 3포·5포·n포세대에게 포기하기엔 우리의 청춘이 너무 아름답다며 절대 포기하지 말라고 용기를 북돋웠다면, 〈뱁새〉에서는 우리 사회의 공정과 정의에 대해서 보다 근본적인 의문을 제기한다. 부는 대물림되고 사회 경제적 부의 재분배에 대한 제도적 장치는 미비하며, 소득과 자산의 양극화는 갈수록 심해져 공정한 경쟁이란 애초부터 불가능하다. 부와 권력이 세습되는 사회에서 정의는 발붙일 곳이 없다. 〈뱁새)는 이런 공정과 정의에 대한 인식을 '황새(금수저)'와 '뱁새(흙수저)'로 비유해 풍자한다. 똑같은 초원이라고 황새와 뱁새에게 경쟁을 시키는 게 공정인가? 네가 뱁새인 것은 전적으로 네가 노력하지 않았기 때문이라는 게 정의인가? 묻는다. 하지만 기저의 심각한 내용에도 불구하고 풍자적 성격의 비유로 비트와 리듬은 경쾌하고 발랄하다. '뱁새와 황새' 어휘 주변 라인 플로우의 /ㅐ/ 라임과 '노력' 어휘 주변 플로우의 /ㅗ/ 라임을 보컬과 랩이 주고받으며 기성 사회를 향해 메시지를 던지는데, 마치 펀치를 날리는 것처럼 통쾌하기만 하다.

화양연화 Young Forever

2016년 5월 2일 발매된 《화양연화 YOUNG FOREVER》는 '화양연화' 시리즈를 총망라하는 스페셜 앨범으로 《화양연화 pt. 1》《화양연화 pt. 2》의 수록곡과 기존 곡들의 리믹스 버전까지 총 23곡이 수록됐다. 추가 된 신곡은 〈에필로그Epilogue : 영 포에버Young Forever〉를 비롯해 〈불 타오르네(FIRE)〉〈Save ME〉 등 3곡이다. 20대 청춘의 'passion'인 열 정과 희망 그리고 그 이면의 불안과 수난을 《화양연화》 pt. 1과 2에서 이 야기해 온 방탄은 《화양연화 YOUNG FOREVER》에서는 "영원히 청춘 에 머물겠다(Young Forever)"는 선언을 하며 '청춘 찬가 2'를 마친다. 'Young Forever'는 단순히 물리적 젊음에 머물겠다는 것이라기보다는 여전히 불안하고 위태롭지만 꿈을 향한 도전과 열정 그리고 그에 따르는 고난과 수난이라는 '청년 정신 passion'에 머물겠다는 선언일 것이다.

1. 불타오르네

추가된 세 곡의 신곡 중 10번 트랙 〈불타오르네〉는 이 앨범의 타이틀 곡으로 〈쩔어〉〈호르몬 전쟁〉처럼 와일드하고 에너지가 넘치는 곡이다. "싹 다 불태워라 Bow wow wow/ Fire"로 반복되는 혹이 노래 전반에 걸쳐 압도적인 부분을 차지하는 그야말로 곡 전체가 'fire fire 불타오른다'. "니 멋대로 살어 어차피 니 꺼야/ 애쓰지 좀 말어 져도 괜찮아." 한마디로 내 삶이 마치 자신들의 것인 양 이래라저래라 하는 모든 것들을 싹 다 불태우란다. 와일드하고 에너지 넘치는 비트와 리듬에 맞게 가사도 직설적이고 간결하다.

하지만 내 삶이라고 내 멋대로 살 수 없는 게 우리 사회 청춘의 현실이다. 이처럼 가사로 다 표현하지 못한 청춘 passion의 양면을 방탄은 뮤비에 담는다. 뮤비 시작 장면에 방탄 멤버들은 헝겊으로 YOUTH라 써 붙인 철망 안에 갇혀 있다. 철망 앞에 검은 후드를 쓴 남자가 나타나자 슈가가 철망을 넘어가 그 남자와 악수를 한다. 귀에 이어폰을 꽂고 손에 워크맨을 들고 있는 슈가는 악수와 동시에 워크맨 플레이 버튼을 누른다. 그러자 마치 방아쇠를 당긴 듯 후드 남자의 등이 불타오르기 시작한다. "불타오르네" 슈가의 발화發話에 발화發火되듯 멤버들의 격렬한 노래와 춤이 시작된다. 철망에 걸려 있는 헝겊 글씨 YOUTH에 불이 붙고 건물 안팎을 이동하며 격렬한 군무가 펼쳐진다. 그사이 자전거, 자동차, 비행기가 차례대로 불타오른다. "fire, fire, bang, bang." 싹 다 불타오른다. 그러니까 여기서 불태워지는 것들은 사람을 인성과 품성으로 평가하는 게 아니라, 그들이 타고 소유하고 있는 것들로 판단하는 사회의 편견들을 은유하는 장치들이다.

그런데 싹 다 불타오르는 가운데 전혀 불태워지지 않은 것이 있다. 방탄 멤버들이 건물 안팎을 옮겨가며 춤추는 뒤쪽 벽면마다 놓여 있는 그림들. 그건 검은 피카소, 비운의 천재, 현대 예술의 악동이라 불렸던 '장미셸 바스키아의 그림'이다. 〈불타오르네〉 뮤비 연출자는 영화나 연극에서 주제를 효과적으로 드러내기 위해 연극무대(영화 scene) 위에 모든 시각적 요소들을 배열한다는 '미장센mise-en-scène' 효과를 의도했다. 바로 바스키아와 그의 그림 배열의 효과이다.

바스키아는 앤디 워홀과 더불어 1980년대 뉴욕의 대표적인 팝 아티스트요 시대의 아이콘이었다. 그러나 앤디 워홀과 다르게 바스키아는 정규 (미술)교육도 받지 않았고, 백인 엘리트도 아닌 흑인 거리 화가였다. 그의 그림에는 다양한 문자, 문장, 기호, 숫자, 도표, 인체 해부학, 두개골, 인물, 다양한 기호 등이 어떤 뚜렷한 유기적인 연관 없이 낙서처럼 그려져 있다. 기존 회화에서 중요시되는 구도, 구상, 원근법, 색채, 음영 같은 건 찾아볼 수 없다. 누가 봐도 어른이 그렸다고는 믿기 힘든, 어린아이가 제멋대로 머리에 떠오르는 대로 아무렇게나 그린 '낙서 그림'인 것만 같다. 그런데 이상하다. 그의 그림들을 보고 있노라면 묘한 해방감이 느껴진다. 어떤 구속으로부터도, 이성과 의식으로부터도, 인종, 계급, 신분, 이념의 편견으로부터도 벗어난 자유롭고 통쾌한 해방감.

평론가들은 바스키아의 창작 과정을 힙합 뮤지션들의 작곡 과정과 비슷하다고 말한다. 그의 작품 속엔 반복되는 이미지가 많은데 이전에 그린 것들을 재활용해 새 이미지와 결합하여 새로운 것으로 탄생시키기 때문이다. 이런 과정은 힙합 비트 메이킹의 리믹스와도 유사하다. 이 반복되는 이미지 중 가장 대표적인 것이 '바스키아 왕관'이다. 자신의 작품에 대한 카피라이트copyright 같은 기호로, 그는 왕관 세 봉우리에 '시인, 재즈 아티스트, 복싱 챔피언'을 올려놓는다. 그가 왕관을 씌운 세 위대한 혈족들도 모두 흑인이다. 이를테면 흑인 시인 랭스턴 휴즈, 흑인 재즈 뮤지션, 흑인 복서 무함마드 알리 같은. 바스키아가 보기엔 이들 모두는 온갖 사회의 불평등과 편견 속에서 자신만의 길을 간 '힙스터'들이다. 바스키아는 이들에 대한 존경의 표시로 왕관을 씌웠다. 물론 자신을 포함해. 그 왕관 그림이 〈불타오르네〉 'fire fire fire' 한가운데 놓여 있는 것이다.

그림 〈불타오르네〉 뮤비에 가장 중요한 미장센으로 바스키아 작품을 배열한 이유가 무엇일까. 그건 〈불타오르네〉 가사 첫 소절에 잘 나와 있다. "난 뭣도 없지/ 해가 지고 난 후 비틀대며 걷지/ 다 만신창이로 취했어 취했어/ 막 욕해 길에서 길에서/ 나 맛이 갔지 미친놈 같지/ 다 엉망진창 livin' like 삐이/ 니 멋대로 살어 어차피 니 꺼야." 마치 '내 멋대로' 살고 '내 멋대로' 그린 바스키아의 고백처럼 들린다. 바스키아는 누가 뭐래도 자기만의 길을 간, 자기만의 삶을 산 사람이다. 기존 회화와 그림에 대한 관념과 법칙을 '싹 다 불태워' 버린 사람이다. 그렇게 삶을 불태운 흑인 힙스터들에게 왕관을 씌워 '리스펙트'를 표한 사람이다. 28년 짧은 삶을 스스로 불이 되어 싹 다 불태워 버린 사람이다. 'passion'은 자신의 몸을 사르러 불타오르는 촛불의 영혼 같은 것이다. 방탄은 바스키아처럼 그렇게 불타오르고 싶은 것이다. 자신만의 방식 으로.

BTS

Life goes on
Like an echo in the forest
Like an arrow in the blue sky
On my pillows on my table
Life goes on like this again

——————— 5장 ———————

Wings

인간의 신체 구조는 태어나면서 죽을 때까지 외형상 크기만 달라질 뿐 기본 모양은 같다. 때문에 서식지의 큰 변화가 필요치 않다. 하지만 곤충의 경우는 다르다. 알로 태어나 애벌레로 유아기를 보내다가 탈피 과정을 통해 날개 달린 성충으로 변한다. 따라서 각 변화 과정에 적합한 서식지도 각기 다르다. 그중 마지막 성체로의 탈피 과정은 모든 생명체 중에서 가장 극적이다. 보기 흉한 (애)벌레에서 화려한 날개 달린 성충으로 몸을 완전히 바꿔 변신(metamorphosis)하는 것이다. 이보다 극적인 드라마를 연출하는 생명체는 없다.

그렇다면 외형적으로 큰 변화 없이 한생을 보내는 인간에겐 곤충의 변신에 비길 만한 극적 드라마란 없는 것일까. 아니다, 있다. 다만 외형

BTS, 인문학 향연

의 변신이 아니라 내면의식, 심리(psyche)의 극적 변화이다. 열병을 앓는 사춘기가 그렇고 사춘기를 지나 비로소 성인으로 홀로 설 때 겪는 의식의 변화가 그렇다. 이를 기념하기 위해 인류는 고래로부터 각 문명마다 다양한 성인식을 치렀다. 개인의식뿐만 아니라 사회·역사적 집단의식의 변화는 각 시대 인류 문명 진화의 방향을 결정짓는 방향타 역할을 해왔기 때문이다.

철학자 헤겔은 인간을 "슬픈 의식의 동물"이라 했다. 생성과 소멸에 대한 희열과 공포, 과거 현재 미래 시간에 대한 의식과 기억 그리고 기대. 변하는 것에 대한 희망과 절망, 자기 존재에 대한 존중과 멸시, 나를 둘러싸고 있는 것들과의 조화와 불화 등등에 대한 혼돈을 '의식'하는 동물은 오직 인간뿐이다. 이 의식의 열병을 겪고 이겨내야만 인간은 비로소 성숙한 인간으로 홀로 설 수 있다. 곤충의 탈피 과정이 성충으로 거듭나기 위한 '몸앓이'라면, 인간의 의식 혼돈 과정은 성인이 되기 위한 '가슴앓이'이다. '나(唯我)'라는 알 혹은 애벌레 의식에서 깨어나고 탈피하는 가슴앓이 과정에서 인간의 'psyche'엔 날개가 돋는다. 나를 벗어나, 내 밖의 세상으로 맘껏 날아갈 수 있는 '의식의 날개', 이는 오직 인간에게만 일어나는 현상이다. 이 내면의식 'psyche의 탐구'가 바로 《WINGS》 앨범이다.

2014년 정규 1집 《DARK & WILD》 이후 2년 만인 2016년에 선보인 두 번째 정규앨범 《WINGS》는 한마디로 '놀라움' 그 자체다. 데뷔 후 최초로 발표한 방탄소년단 멤버들의 개별 솔로 곡이 지닌 각각의 독특한 매력, 자전적 이야기를 각색해 가사화한 솔로 곡에 영화적 특성과 연극적 요소를 결합해 만든 쇼트 필름Short films의 영상미와 극적인 서사, 문학과 예술의 풍부한 이미지로 인간 내면의식(psyche)의 성장을 탐구한 음악 예술.《WINGS》앨범은 BTS가 K-pop 아이돌 가수에서 K-pop 뮤지션 아티스트로 변신하는, 방탄 psyche에 날개가 돋는 과정을 보여주는 일련의 뮤직 드라마다.

'내면의식의 성장 탐구'라는《WINGS》앨범의 콘셉트를 방탄은 서구 문학에서 성장소설의 대표 고전으로 칭송되는 헤르만 헤세의 『데미안』에서 가져온다. 가져오되 그대로 가져오는 것이 아니라, 원텍스트의 수많은 이미지와 상징들을 방탄 멤버의 자전적 이야기와 『화양연화 THE NOTES』에서 구축된 방탄 세계관의 서사, 그 사이에 나란히 놓고 서로 역동적으로 섞이게 한다. 여기에 회화, 조각, 문학, 타 장르 음악 등 주변 문화예술의 텍스트들이 여러 의미 층위에서 이중 삼중으로 섞이면서 한 편의 '심리 드라마'를 연출한다.

《WINGS》뮤비와 특히 Wings《쇼트 필름》영상 제작의 주요 기법은 영화에서 주요하게 사용되는 '미장센과 몽타주' 기법이다. 미장센은 〈불타오르네〉에서 설명했듯, 주제를 효과적으로 드러내기 위해 연극(영화 신)무대 위에 배열하는 모든 시각적 요소들을 말하고, 몽타주는 서로 관련 없을 것 같은 장면(shot, cut)들을 이어서 제3의 의미를 만들어 내는 영화의 편집 기법을 말한다. 미장센으로 각 영상에 흩어져 배열된 시각적 이미지들과 잘린 수많은 컷들을 이은 몽타주Montage* 편

---

*   Montage는 불어로 '조립하다'라는 뜻이다.

집 의도와 효과를 발견해 내는 것은 전적으로 감상자의 몫이다. 순식간에 바뀌는 수많은 장면들(cuts) 사이에 인과관계의 괴리(gaps)와 공백(blanks)을 메우는 일은 결코 쉽지 않다. 곡과 가사에 대한 작품 자체에 대한 이해, 작품의 배경이 된 자전적 이야기, 방탄 세계관 그리고 앨범 전체 기본 콘셉트가 된 『데미안』에 대한 총체적 이해와 개별 곡 사이의 유기적인 이해 등, 이 모든 것에 대한 깊고 넓은 이해가 기본적으로 전제되어야 한다. 한마디로 《WINGS》 앨범은 그 자체로 완성된 작품(work)이 아니라 감상자의 능동적이고 창조적인 해석에 의해 끊임없이 재탄생하는 '열린 텍스트(open text)'라는 것이다. 전 세계 방탄 음악 감상자들의 새로운 해석이 끊임없이 유튜브에 올라오는 게 그 방증이다. 지금부터 시도하려는 나의 해석도 수많은 해석 중 하나일 것이고, 동시에 《WINGS》 버전의 또 다른 탄생이 될 것이다.

Wings 쇼트 필름Short Film

방탄은 《WINGS》 앨범 이전과 이후에도 없는 단 한 번의 독특한 작업을 시도한다. 《쇼트 필름Short Film》이라는 장르도 모호한 《WINGS》 외전으로 《WINGS》 본앨범에서 솔로 곡들만 따로 떼어내 하나의 주제 아래 새로 편집한 앨범이다. 본앨범과 달라진 가장 큰 점은 매 솔로 곡 시작 전에 『데미안』에서 발췌한 특정 문장을 RM이 낭독하는 것과, 노래는 일부만 삽입되고 대신 연기적 요소가 더욱 많은 부분을 차지한다는 점이다. 한마디로 음악 앨범이라기보다 데미안 주제에 의한 7편 미니 '단편영화(Short Film)'라 할 만하다.

『데미안』은 주인공 싱클레어가 열 살부터 1차 세계대전에 참전할 때까지 내면의 자아를 발견해 가는 과정을 다룬 성장소설이다. 이 과정에서 싱클레어에게 가장 중요하고 큰 영향을 미친 인물이 데미안이다. 싱클레어에게 데미안은 참으로 모호한 존재이다. 친구면서 연인 같고, 구원자면서 동시에 유혹자 같고, 정신적 멘토이자 싱클레어의 또 다른 자아(alter ego)가 된다. 이런 데미안과의 다양한 만남을 통해 싱클레어는 세상과 자아에 대해 성찰하며 성장한다. 하지만 성장통처럼 젊음의 통과의례에는 고통이 따르는 법, 성찰은 저절로 이루어지지 않는다. 앞서간 사람들이 남긴 투쟁의 흔적처럼 '이미지, 상징, 경구(aphorism)'로만 제시될 뿐, 자기 스스로 지난한 해석의 과정을 거쳐야 한다. 그 과정이 Wings 《쇼트 필름Short Film》이다. 7개의 미니 단편영화의 일곱 명 방탄 주인공은 일곱 명의 각기 다른 싱클레어가 되어 젊음의 통과의례를 겪는다.

1. Begin

Wings 《쇼트 필름Short Film》의 첫 번째 단편은 정국의 〈Begin〉이다. 열다섯 살 연습생 시절의 느낌을 가사에 실었다는 정국. '아무것도 모르고 향기 없이 텅 비었던 열다섯 살 연습생인 내가/ 형들 때문에 웃고 우는 감정이 생겼어/ 다시 시작할 수 있게 됐어/ 형들과 함께 날고 싶어.'《WINGS》 본앨범에서는 이 가사에 정국 특유의 R&B와 현대풍 솔이 가미된 보컬이 어우러져 솔로 곡의 매력을 한층 뿜어낸다. 하지만 쇼트 필름에는 "아무것도 없던 열다섯의 나" 한 소절만 삽입될 뿐이다. 대신 수많은 컷을 새로 이어서 편집한 서사 중심의 이야기가 펼쳐진다. 그 중심에 열다섯 살 싱클레어, 정국이 있다.

매 작품 머리에 RM은 『데미안』에서 발췌한 짧은 문장을 낭독하는데, 이는 각 단편의 에피그래프* 성격을 띤다. 〈Begin〉의 에피그래프는

---

*   에피그래프epigraph(제사題詞)는 원래 건물이나 비석에 새긴 글귀를 의미하지만, 문학에서는 작품 서두에 붙는 짧은 인용문으로 다른 문학작품, 신문 기사, 모노그래프, 시 등에서 인용한 것을 말한다. 에피그래프는 작품의 서문 역할을 하여 앞으로 전개하려고 하는 작품의 전체적인 주제나 의미를 요약하거나 암시하며, 인용된 원텍스트와 비유, 비교라는 상호텍스트성을 통해 문학의 장을 넓히는 기능을 한다.

『데미안』첫 페이지에 나오는 "그곳에 두 세계가 뒤섞여 있었다. 상반된 두 극단에서부터 낮과 밤이 나왔다"는 문장이다. 이 문장은 열 살 싱클레어를 둘러싼 상반된 두 세계에 대한 느낌을 표현한 것이다. 하나는 아버지로 대변되는 '사랑, 근엄, 모범'의 세계이고 다른 하나는 하인과 젊은 기술공으로 대변되는 '풍문, 호기심, 이야기'의 세계이다. 싱클레어의 성장 과정은 아버지의 세계에서 하인과 젊은 기술공의 세계로 이동하는 일련의 이행 과정이다. 그 이행 과정의 안내자요 멘토가 바로 데미안이다. 〈Begin〉에서 정국은 그 이행 과정 중에서 혼란에 빠져 있는 싱클레어이다.

이 쇼트 필름의 구조는 크게 두 부분으로 이루어져 있다. 정국이 악몽을 꾸는 것과 초상화를 바라보는 장면. 그 두 장면들 사이에 불에 타는 피아노와 여러 모양의 새가 등장한다. 숏 컷short cut의 시각적 배열 미장센과 이 숏 컷들을 이은 몽타주를 어떻게 다시 잘라 이을 것인가가 감상의 포인트가 될 것이고, 그것은 새로운 〈Begin〉 버전의 탄생이 될 것이다. 악몽과 초상화 키워드를 연결하는 매개는 소설 『데미안』이다.

먼저 『데미안』에서 싱클레어가 꾼 악몽과 〈Begin〉에서 정국이 꾼 악몽 사이의 비교이다. 『데미안』에선 빛과 어둠의 두 세계에서 혼돈을 겪고 있는 싱클레어가 악몽 속에서 본 새를 그림으로 그려 데미안에게 보낸다. 이를 받아 본 데미안은 싱클레어에게 쪽지 답장을 보낸다. 반면에 〈Begin〉에선 정국은 악몽 속에서 '불타오르는 피아노'와 자동차 사고로 부서진 유리창에 부딪힌 '새'를 본다.

두 번째로 초상화 비교이다. 『데미안』에선 싱클레어는 그가 베아트

리체로 명명한 사춘기 첫사랑 소녀의 초상화를 그린다. 그런데 그림 속의 초상화는 소녀라기보다 소년처럼 보인다. 그러곤 보면 볼수록 초상화 속 인물은 데미안을 닮았음을 발견한다. 반면에 〈Begin〉에선 처음 정국의 손에 들려 있는 초상화는 소녀 얼굴 같아 보이는데, 이젤에 걸려 있는 초상화는 분명 소년의 얼굴이다. 그러곤 초상화를 바라보는 정국의 눈에 불타는 피아노가 비치면서 동시에 초상화에 불이 붙는다. 정국은 울부짖으며 '형'을 부르고, 마룻바닥엔 날아가는 새 그림자가 비친다.

이렇게 자른 숏 컷들을 나만의 추리 몽타주로 다시 편집해 이어본다. 정국이 악몽에서 본 불타는 피아노는 방탄 세계관에서 '윤기의 피아노'를 환기한다. 교통사고는 방탄 세계관에서 정국이 당하는 사고이다. 이는 『데미안』에서 말하는 어둠의 세계이다. 방탄 세계관에서 정국의 짝으로 등장하는 인물은 윤기다. 〈Begin〉에서 윤기는 교통사고로 대변되는 어둠의 세계를 정면으로 맞이하도록 정국을 인도하는, "아무것도 없던 열다섯의 나"에게 웃음과 눈물의 감정을 느끼게 해준 '형' 데미안이다. 이젤에 걸려 있는 초상화를 바라보는 정국의 눈에 비친 불타는 피아노는 초상화가 윤기임을 암시한다. 그러곤 바닥에서 주운 편지 봉투에서 꺼내 본 새 그림은 데미안의 쪽지 - "새는 알에서 나오려고 투쟁한다. 알은 세계다. 태어나려는 자는 한 세계를 깨뜨려야 한다. 새는 신에게로 날아간다. 그 신의 이름은 아브락사스다" - 를 암시한다. 마지막 장면에서는 사람을 비춘 빛에 커다란 새 그림자를 드리우는 장면과 알에서 깨어나려는 모습의 아이콘이 비친다. 아브락사스는 『데미안』에서 가장 중요한 상징 중의 하나로 고대 영지주의자들이 도달하려고 한 신의 이름이다. 그 신에게선 모든 대립적인 것들, 선과 악이 하나로 통합된다. 〈Begin〉의 에피그래프 - "그곳에 두 세계가 뒤섞여 있었다. 상반된 두 극단에서부터 낮과 밤이 나왔다"-에서 환기되듯, 〈Begin〉에서 열다섯 살 정국은 이제 막 알(빛과 순수의 세계)에서 어둠의 세계(풍문, 호기심의 세계)로 깨어나려고 하는 몸부림치는 싱클레어인 것이다.

2. Lie

지민 〈Lie〉의 에피그래프는 〈Begin〉『데미안』에서 발췌한 에피그래프 바로 다음 문장 - "부모님의 집은 한 구역으로 돼 있어서 나는 그 좁은 세계의 대부분을 잘 알고 있었다. 그 세계는 어머니와 아버지라 불렸고, 사랑과 근엄, 모범과 학교라고 불렸다"- 이다. 지민 또한 정국처럼 부모님 집으로 대변되는 빛과 순수의 세계와 'lie'로 대변되는 어둠과 유혹의 세계 사이에서 방황하는 싱클레어이다. 짧은 컷들을 이은 몽타주는 'lie' 주제를 둘러싼 이미지들 - 사과, 물, 풀꽃식물원 - 의 드라마이다.

쇼트 필름 〈Lie〉에서 흰 환자복을 입고 있는 지민은 『화양연화 THE NOTES』방탄 세계관 속 지민이다. 어릴 때 소풍 갔던 풀꽃수목원에서 겪었던 트라우마로 지민은 청소년기에 자주 발작을 해 병원에 입원하게 된다. 트라우마에 얽힌 과거 기억에 대한 의사의 질문에 "모른다, 기억이 나지 않는다"며 지민은 '거짓말(lie)'을 한다. 쇼트 필름에 등장하는 무비카메라는 지민의 내면(psyche)을 들여다보려는 정신과 의사의 눈빛만 같다. 그 눈빛에 포착되는 지민의 얼굴 표정은 2분 남짓 짧은 영상에서 여러 번 미묘하게 바뀐다. 아무것도 모르는 듯한 표정에서 → 뭘 숨긴 듯한 표정 → 눈치챈 듯한 표정 → 순결한 표정 → 고통스런 표정 → 포기한 듯한 표정 → 간절한 표정 → 냉소적인 표정으로.

〈Lie〉 쇼트 필름 지민과 『데미안』 싱클레어가 오버랩 되는 것은 '사과' 이미지다. 싱클레어는 불량스런 크로머 일당들에게 잘 보이려고 과수원에서 사과를 훔쳤다고 '허풍(lie)'을 떤다. 하지만 크로머는 그것을 악용하여 싱클레어를 불안과 공포에 떨게 한다. 이것이 싱클레어가 부모의 집으로 대변되는 빛의 세계에서 나와 풍문과 호기심으로 대변되는 어둠의 세계로 진입하기 위한 첫 번째 시도이다. 크로머로 상징되는 어둠의 세계는 '힘에 대한 유혹(욕망)'의 세계다. 그러나 싱클레어의 욕망은 어설펐다. 자기의 노력이 아닌 '거짓(Lie)'으로 얻으려는 힘은 결국 더 큰 힘을 가진 크로머의 먹잇감이 되고 만다. 그건 데미안의 말처럼 "그 누군가에게 자신을 지배할 수 있는 힘을 내주었기 때문"이다.

『데미안』 싱클레어의 심리(psyche)에 빙의한 듯 지민은 〈Lie〉에서 이렇게 말한다. "Don't be like a prey/ Be Smooth like a snake(먹잇감이 되지 말고/ 뱀처럼 매끈해져라)." '사과와 거짓'이 싱클레어가 『데미안』에서 어둠의 세계로 진입하기 위한 주제동기였다면, 〈Lie〉에서 지민의 '사과와 거짓'은 인류 최초의 유혹과 거짓이라는 신화적 차원으로 확장된다. 지민이 베어 문 사과는 기독교 창세신화에서 뱀으로 등장하는 사탄이 이브에게 금단의 열매(사과)를 따 먹으라고 유혹하는 장면을 연상시킨다. 지민이 손에 쥔 사과 모양의 카드에 새겨진 'eva'는 데미안의 어머니 에바를 연상케 하지만, 에바 부인은 싱클레어에게 '바다이며 별' 같은 존재로 대지모이며 인류의 어머니 이브이다. 그녀에게게로 흘러 들어가며 싱클레어는 온전한 인간이 돼가는 걸 느낀다. 〈Lie〉 마지막 컷에서 지민이 사과를 한 입 베어 물고 짓는 미묘한 표정 변화엔, 마치 사과(유혹)의 맛을, 복잡미묘한 세상 물정을 이제 알겠다는 듯한 (sophisticated) 표정이 드러난다. 싱클레어와 지민에게 'lie'는 근엄과 모범으로 울타리 쳐진 부모님 집의 세계에서 풍문과 호기심이 무한정한 이야기로 퍼져나가는 복잡미묘한 세계로 진입하는 첫 관문이다.

기독교 창세신화에서 신과 인간 사이에 유일한 약속으로 정해진 것이 따 먹어서는 안 되는 낙원 에덴동산의 '금단의 나무(Forbidden Tree)'에 열린 열매이다. 그러나 아이러니하게도 그 열매를 따 먹음으로써(신과의 약속을 어김으로써) 인간에겐 처음으로 선과 악에 대한 '분별지(Knowledge)'가 생겼다. 금단의 열매가 선과 악을 분별하는 '지식의 나무(Tree of Knowledge)'가 된 것이다. 선악과를 따 먹고 낙원에서 쫓겨난 인간은 벌을 받게 된다. 남자는 해가 뜨면서부터 해가 질 때까지 들에 나가 노동을 해야 했고, 여자는 출산의 고통을 느껴야 했다. '땅을 경작하다'라는 뜻의 영어 'cultivate'는 라틴어 '경작하다(colere)'에서 유래됐고, 아이를 분만 중이라 할 때도 'be in labour'라 한다. 'culture'라는 문명은 바로 '경작하다(cultivate)'라는 동사에서 파생됐다. 그러니까 인류 문명은 신이 정한 인간의 한계(Forbidden Tree)를 뛰어넘음으로써 시작된 것으로 해석할 수 있다. 금단의 열매에서 지식을(Tree of Knowledge) 따 먹은 것은 인간 '호기심'의 발로였으며, 신과 같아지려는 '힘에 대한 욕구'였다. 인간이 지식을 얻고 눈이 밝아져 처음 한 행동이 바로 '거짓말(lie)'이다. 그리하여 문명사 관점에서 본 인류 최초의 타락(Fall)은 아이러니하게도 '운 좋은 타락(Fortunate Fall)'이 된 것이다.

방탄 세계관에서 지민의 주제동기 중 하나인 '물과 욕조'는 '풀꽃수목원'에서 겪은 트라우마를 잊어버리거나 씻어버리려는 상징적 행위로 보인다. 〈Lie〉에서 "순수했던 날 찾아줘"라 절규하지만 성장이란 순수했던 어린 시절로 돌아가는 걸 의미하지 않는다. 순수(Innocence)의 세계는 선악 분별 이전의 세계, 곧 무지의 세계이다. 세계는 선과 악이라는 이원론적으로 명확하게 구분될 수 있는 단순한 세계가 아니다. 문명 세계에서 성장이란 '순수(innocence)에서 경험(experience)'으로, 좁고 단순한 세계에서 넓고 복잡한 세계로 인식과 의식을 넓혀가는 과정이다. 모든 상반되고 분리된 세계들을 제 안에 들여와 통합하는 세계로 나아가는 것이다. 그럴 때야 비로소 어릴 적 겪었던 트라우마도 극복될 수 있다. 『데미안』에서 '아브락사스, 데미안, 에바 부인'은 바로 통합된 세계의 다른 이름들이다. 〈Lie〉는 이 통합의 세계로 가는 과정에서 겪는 지민의 내면의식, 심리(psyche)의 갈등과 혼란의 드라마이다.

3. Stigma

뷔, 태형은 그의 처음 솔로 곡 〈스티그마〉에서 중저음 바리톤에서 두성을 사용한 고음부의 가성까지 폭넓은 음역대의 매력을 유감없이 보여준다. 정박자보다 리듬을 조금 뒤로 밀어서 약간 처지는 분위기를 내는 레이드 백laid back 창법을 사용한 음색엔 블루스와 솔의 느낌이 묻어난다. 그루브를 타는 끈적끈적한 리듬은 피아노의 재즈 선율이 이끌고, 격정을 토로하는 부분은 감각적인 브라스 섹션brass section이 주고받는다. 그동안 방탄 음악에선 보기 드문 장르의 곡이다.

Wings 《Short Film》〈Stigma〉 에피그래프는 『데미안』에서 싱클레어가 겪은 성장통에 대한 내용이다.

> 그건 내 유년 생활을 떠받치고 있던 최초의 균열이었으며, 모든 인간이 자기 자신이 되기 전에 파괴해야만 하는 기둥에 새겨진 최초의 칼자국이었다. 이런 칼자국과 균열은 다시 아물기도 하고, 치유되기도 하고 잊히기도 한다. 하지만 내면 깊숙한 곳에 살아남아 계속 피를 흘린다.

성장통은 자라면서 저절로 치유되는 게 아니다. 겉으론 아물어 잊힌 것 같지만, 내면 깊숙한 곳에서는 아직 피를 흘린다.

싱클레어가 성장하기 위해 파괴해야만 하는 기둥에 새겨진 칼자국은 태형에겐 가슴에 새겨진 '낙인 stigma'였다. 태형은 『화양연화 THE NOTES』에서 동생들과 엄마를 가정폭력으로부터 구하려고 깨진 병 조각으로 아버지 가슴을 찔러 살해한다. 물론 이 끔찍한 부친 살해는 현실에서가 아니라 되풀이되는 그의 악몽 속에서 저질러진다. 이는 몸으로는 아니더라도 이미 마음속에선 태형은 아버지를 수없이 살해했다는 걸 암시한다. 그리하여 태형의 가슴 깊은 곳에는 '부친 살해'라는 낙인이 새겨져 있다. 쇼트 필름 〈Stigma〉는 이런 태형의 심리(psyche)를 극화한다.

쇼트 필름 〈Stigma〉 시작부에 태형은 송곳으로 벽에다 'abraxas'를 새긴다. 아브락사스는 그리스 영지주의 신으로 선과 악이 통합된 신이다. 그러니까 아브락사스를 새기려는 태형의 행동은 선과 악으로 이루어진 통합된 세상으로 나가려는 상징적인 행위로 볼 수 있다. 그러나 그의 노력에도 불구하고 태형은 형사에게 붙잡혀 경찰서에서 신문을 받는다.

〈Stigma〉 쇼트 필름의 구성은 형사의 신문과 태형의 답변 사이에서 태형의 의식(psyche) 속에 문득문득 떠오르는 장면(short cut)들이 삽입되는 것으로 이루어져 있다. "이름?" "김태형"이라고 답하고선, 마치 누군가를 찾으려는 듯 사방을 두리번거리며 뛰는 숏 컷short cut이 삽입된다. "나이?" "스물하나"라고 답하고선, 뛰다가 멈추면서 결국 찾지 못한 듯 양팔로 머리를 감싸 쥐는 숏 컷이 삽입된다. "부모님?" 즉답을 하지 않는 사이에 얻어맞은 듯 배를 부여잡고 바닥에 쓰러지며 순간 피에타 초상 또는 데미안 어머니인 에바 부인 또는 이브인 듯한 이미지가 눈에 언뜻 비치는 숏 컷이 삽입된다. "그런 거 없어요" 대답에 이어 다시 맞아 쓰러지는 장면과 쇠사슬에 묶인 공중전화 박스, 방 안에 술 취한 아버지와 매 맞아 돌아누워 있는 누이동생을 감싸안은 숏 컷들이 삽입된다. "그때 나한테 왜 그랬어?" 태형의 독백 같은 대사가 이어지고, 강아지가 다가와 품에 안기다가 사라진다. 혼자 남은 태형은 쇠

창살에 갇히며, 아버지를 찌른 도구를 떨어뜨리자 유리가 깨지는 숏 컷들이 삽입된다. 이 끊어진 숏 컷들을 노래가 흐르며 잇는다. "I'm sorry I'm sorry/ I'm sorry ma sister/ 숨겨도 감춰도 지워지지 않아/ So cry/ Please dry my eyes/ 저 빛이 저 빛이 내 죄를 비춰줘/ 더 깊이 매일이 죽을 것만 같아/ 그 벌을 받게 해줘/ 내 죄를 사해줘/ 제발." 노래가 끝나면 "여긴 다른 말을 하는 다른 고래들뿐인데"라는 자막이 나온다. 그러곤 검은 화면에 취조가 끝난 듯 태형의 마지막 말이 들린다. "전화 한 통만 하게 해 주세요."

이 쇼트 필름에서 태형이 신문받는 죄목이 부친 살해인지 벽에 한 낙서, 그라피티인지는 분명하지 않다.* 다만 그의 내면의식(psyche) 속에 화인처럼 박힌 'stigma'는 부친 살해인 것만은 분명하다. 자신으로부터 어머니와 가정을 파괴하고 빼앗아 간 아버지를 꿈속에서 살해한다는 건, 프로이트 심리학 관점으로 본다면 태형이 어른으로 성장하기 위한 상징적 부친 살해이며 성인식의 필수 의례이고 극복해야 할 '오이디푸스 콤플렉스'이다.

하지만 죄의식에 사로잡혀 괴로워하는 것으로는 오이디푸스 콤플렉스를 극복할 수는 없다. 당당한 성인으로 홀로 서기 위해서는 '아버지의 이름으로' 대변되는 '상징의 세계'로 진입해야 한다. 상징의 세계란 가족 세계로 대변되는 눈에 보이는 그대로의 순수한 세계가 아니

---

*　『화양연화 THE NOTES』에서는 태형이 벽에 그라피티 낙서를 한 것 때문에 경찰서에 잡혀간다.

라, 수많은 규칙과 규율들이 복잡하게 얽혀 기호처럼 구조화된 세계이다. 이 세계는 축적된 경험을 바탕으로 끊임없는 해석이 요구되는 세계이다. 그런 세계로 가기 위해 몸부림치는 태형은 멘토를 찾는다. 이곳에선 모두 다른 말만 할 뿐, 그를 이해하는 사람은 하나도 없다. "전화한 통만 하게 해 주세요"라며 그가 찾은 멘토는 RM, '남준'이다. Wings 《Short Film》〈#5 Reflection〉에서 남준은 〈#3 Stigma〉에 나온 쇠창살에 묶인 공중전화 박스에서 전화벨이 울리자 받으려고 뛰어간다.

그렇다면 죄의식에 사로잡혀 있는 태형에게 RM 남준이 해줄 수 있는 충고는 무엇일까? 혹 데미안이 꿈에 본 새를 그려 싱클레어에게(아브락사스를 벽에 새긴 태형에게) 보낸 쪽지 속 그 명문은 아닐까. "새는 알에서 나오려고 투쟁한다. 알은 세계이다. 태어나려는 자는 하나의 세계를 깨뜨려야 한다. 새는 신에게로 날아간다. 신의 이름은 아브락사스다."

피, 땀, 눈물

《WINGS》 앨범의 타이틀곡인 〈피 땀 눈물〉은 세 가지 측면에서 이 앨범을 대표한다. 첫 번째는 음악 스타일이다. 음악 장르 면에서 방탄은 힙합을 베이스로 하되 세계에서 유행하는 각종 음악 스타일을 차용해 자기식으로 소화하는 특징을 가지고 있다. 해서 방탄 음악은 기본적으로 세련되고 트렌디하면서도 독특해 세계 어느 나라 사람이든 신선하면서도 친숙하게 감상할 수 있는 글로벌 음악이다. 〈피 땀 눈물〉도 세계 음악시장에서 큰 유행을 타고 있는 뭄바톤Moombahton*과 힙합 trap을 차용해 세련되게 만든 곡이다. 두 번째는 이 앨범의 콘셉트인 헤르만 헤세의 성장소설 『데미안』을 주제로 한 메시지인데, 솔로 곡 모음인 Wings 《Short Film》이 7명 멤버 각자의 성장 서사를 극화한 단편 모음이라면, 〈피 땀 눈물〉 뮤비에서는 그 단편들을 종합해 한 편의 드라마로 구성한 점이다. 세 번째는 〈피 땀 눈물〉 뮤비에서 춤과 의상 그리고 화장이 '성숙으로의 유혹'이라는 이 곡의 주제와 화학적으로 어우러

---

* 일렉트로 하우스 음악과 푸에르토리코에서 시작된 레게 톤을 혼합한 장르로, 베이스 bass 라인이 굵으며 극적으로 진행되는 곡 구성을 특징으로 한다. ― 위키백과.

져 치명적인 매력을 발산하는 방탄 퍼포먼스이다.

먼저 가사 내용을 간단하게 요약하면 '내 피, 땀, 눈물 곧 내 몸과 마음 그리고 영혼을 다 가져가 나를 묶고, 쥐고, 흔들고, 나를 부드럽게 죽여다오. 너의 부드러운 손길로. 원해 많이 많이 많이 너를, 너의 유혹을'이라 할 수 있다. 이 뜨겁고 치명적인 유혹에 대한 호소를 EDM 하우스 음악과 라틴 레게 톤을 혼합한 뭄바톤의 선정적인 리듬이 실어 나르고, 스모키 화장에 중성적인 매력으로 무장한 멤버들이 '다 가져가'라며 '마지막 숨'을 헐떡이며 '마지막 춤'의 군무로 치명적인 유혹을 표현한다. 이는 〈피 땀 눈물〉에서 퍼포먼스와 음악을 통해 겉으로 '드러낸 유혹'이다.

다음엔 〈피 땀 눈물〉 뮤비의 연출과 편집 속에 '숨겨진 유혹'이다. 이는 뮤비 연출과 편집의 복잡함과 디테일에 숨겨진 중층 서사와 드라마로 방탄 덕후들의 창조적인 해석을 유혹한다. 오디세이가 돛대에 몸을 묶고 사이렌의 황홀한 유혹을 경험하듯, 〈피 땀 눈물〉 그 치명적인 유혹의 서사에 나의 영혼을 묶고 흔들리며 흔들리며 내가 발견한 이 뮤비의 연출과 편집 속에 숨겨진 주제동기는 '유혹, 추락, 성장'이었다. 이 주제동기는 영상 속에 배치된 그림과 조각의 상징적 의미에서, 멤버들의 액션 드라마에서, 그리고 『데미안』과 그리스 로마 신화의 서사 속에서 생성·발전되어 '유혹에 의한 추락과 성장의 변주극'이라는 한 편의 드라마로 완성된다.

미술관에서 이루어지는 〈피 땀 눈물〉 뮤비의 편집 구성은 이렇다. 방탄 멤버들이 둘씩 짝을 지어 미술관으로 들어간다. 하지만 진만 홀로 떨어져 벽에 걸려 있는 한 그림을 감상한다. 곧이어 장소는 미술관의 다른 방으로 바뀌고 신비한 푸른빛과 보랏빛 배경에 슈트 차림으로 단체 사진을 찍는 듯한 샷이 잡힌다. 카메라가 서서히 클로즈업되면서 멤버들의 노래와 춤이 시작된다. 노래와 춤 사이사이에 주제동기를 연상케 하는 각 멤버들의 연기 숏 컷들이 삽입된다. 노래가 끝나면 연기만으로 이루어진 여러 숏 컷들이 이어진다. 다시 짧게 노래가 이어지며 끝맺음 한다.

세부 장면으로 들어가면 진이 감상하는 그림은 16세기 네덜란드 화가 피터르 브뤼헐Pieter Brueghel의 '반역 천사들의 추락'으로 반기를 든 천사들을 다른 천사들이 몰아내는 장면을 묘사한 그림이다. 이 상징적인 장면을 통해 '선과 악의 싸움'이라는 도입부 주제가 제시된다. 이 주제는 지민과 진의 눈을 가리는 장면으로 발전되는데, 지민의 눈은 가려지는 것에, 진의 눈은 벗겨지는 것에 초점이 맞춰 있다. 이는 진의 경우는 세상은 선과 악이 공존하는 곳이라는 현실을 직시하려는 데 반해, 지민의 경우는 다른 이들에 의해 세상의 현실을 보지 말기를 강요받는다는 것을 암시한다. 하지만 이후 진행되는 다른 컷에서 지민은 긴 끈이 달린 눈가리개를 풀려는 듯 홀로 씨름을 한다. 이렇게 눈을 가리고 푸는 연기 숏 컷들 배후에는 '어차피 너무 달콤해서 뱉을 수도, 너무 부드러워 거부할 수도, 너무 중독돼 벗어날 수도 없는' 악마의 유혹을 많이 많이 많이 원한다는 〈피 땀 눈물〉 노래와 춤이 쉼 없이 이어진다. 이는 마치 연기하는 멤버들의 내면심리(psyche)에서 일고 있는 유혹의 갈등을 암시하는 듯하다.

이 현실로의 '유혹'을 연기하는 건 남준이다. 남준은 초록색 촛농을 술잔에 떨어뜨려 마시는데, 또 다른 장면에서 나오는 초록색 연기와 더불어 초록색은 마치 술에 취한 것처럼 꿈과 현실의 경계(혹은 선과 악의 경계)를 모호하게 하는 상징이 된다. 이 모호한 경계로의 유혹에 빠지는 건 정국이다. 정국은 남준이 떨어뜨린 초록색 촛농을 맛보곤 환각에 빠진 듯 그네에 매달려 있던 그의 몸은 천장으로 떠오른다. 정국이 그네에 매달려 날아오르는 방의 벽면에는 허버트 제임스 드레이퍼Herbert James Draper(1898)의 그림 '이카루스의 탄식'이 걸려 있다. 이카루스는 고대 그리스 최고의 장인匠人이자 그의 아버지인 다이달로스가 그에게 밀랍으로 날개를 만들어 준 후 태양에 너무 가까이 날지 말라는 아버지의 충고를 무시하고 날다가 날개가 녹아 떨어져 죽은 그리스 신화에 등장하는 인물이다. '유혹'의 맛을 보고 천장으로 떠오른 정국의 몸은 '이카루스의 탄식' 그림이 보여주듯 '추락'을 예고한다. 이카루스의 또 다른 추락을 암시하는 인물은 태형이다. 미술관 난간에 걸터앉아 있던 태형은 스스로 뛰어내리는데, 그가 뛰어내릴 때 화면 정면에 브뤼헐의 다른 그림 '이카루스의 추락'이 보인다. 뮤비 후반부엔 날개가 뜯겨져 나간 듯한 자국이 선명하게 드러난 태형의 등을 보여주는 장면이 등장한다.

정국이 초록색 촛농을 맛보는 장면과 난간에서 추락 후 태형이 짓는 미소는 Wings《Short Film》〈Lie〉에서 지민이 사과를 베어 문 장면과 베어 문 후 짓는 냉소적인 미소와 각각 오버랩 된다. 이는 앞서 Wings《Short Film》〈Lie〉에서 설명했듯 인류 문명사(신화적) 관점으로 보면 에덴동산에서 금단의 열매를 따 먹음으로써 초래된 인류 최초의 타락(추락)은 결국 "운 좋은 추락(Fortunate Fall)"이란 사실을 환기한다. 개인의 관점으로 보면 이 타락(추락)이 없다면 그(그녀)는 순진 (Innocence)에서 경험(Experience)의 세계로 성장해 나갈 수 없다. '금단의 나무(Forbidden Tree)' 열매를 따 먹은 후에야 '선과 악, 미와 추'에 대한 분별지가 생긴 인간에게 그 나무는 역설적으로 '지식의 나무 (Tree of Knowledge)'가 된다. 유혹을 통한 경험의 세계로의 추락(타락)이 없다면 인간은 '순진함, 순결함, 고귀함, 아름다움, 착함, 따뜻함'과 같은 '선'의 세계로 대표되는 가족공동체 안에만 머물 수밖에 없다. 그렇다면 순수하지만 순진한 채로 성장을 거부한 '어른아이' 피터 팬으로 머물 수밖에 없다.

마지막으로 세 번째 주제동기 '성장'의 메신저는 진이다. 진은 각 멤버들의 유혹과 갈등을 주의 깊게 관찰하여, 각 멤버의 심리(psyche)를

〈피 땀 눈물〉의 집단심리(collective psyche)로 통합하며 동시에 대변하는 이 뮤비 드라마의 주인공이다. 이 뮤비의 콘셉트인『데미안』의 관점으로 보면 진은 각 멤버들이 겪은 유혹과 추락을 자신의 것으로 내면화해 '성장'하는 '싱클레어'다. 음악과 춤이 끝나자 윤기가 북스테후데 Buxtehude의 'Passacaglia in D minor' 오르간 연주를 하는 장면이 등장한다. 이 연주가 배음으로 깔리면서 진과 태형만 남고 다른 멤버들은 미술관을 빠져나간다. 이 곡은『데미안』에서 오르간 연주자 피스토리우스가 연주한 곡으로 싱클레어는 이 곡을 들으며 점점 자신의 내면의 목소리에 귀 기울이게 된다.

　미술관에 남은 진과 태형의 숏 컷들은『데미안』에서 '성장' 주제동기를 연상시키는 이미지들로 구성돼 있다. 앞에서 미술관 난간에서 떨어져 '추락한 이카루스'를 연상케 했던 태형은 이곳에서는 '성장한 이카루스'로 변한다.『데미안』에서 싱클레어가 꿈에 본 새를 그려 데미안에게 보내자 데미안이 답장으로 보낸 편지 속 글귀; "새는 알에서 나오려고 투쟁한다. 알은 세계다. 태어나려는 자는 한 세계를 깨뜨려야 한다. 새는 신에게로 날아간다. 그 신의 이름은 아브락사스다"를 연상시키듯 태형은 두 숏 컷에서 성장한 싱클레어 이미지를 연출한다. 한 컷은 마치 알을 깨고 태어나려는 새처럼 태형을 덮었던 흰 천이 벗겨지는 장면이고 또 다른 컷은 선과 악이 통합된 신 아브락사스에게 날아간 듯 날개가 뜯겨져 나가고 그의 등에 남겨진 상처와 묘한 미소를 짓는 장면이다. 이는 유혹에 빠져 추락(fall)한 후 다시 태어난(거듭난, experienced) 싱클레어의 성장 서사를 두 컷의 상징적인 이미지로 표

141

현한 느낌이다.

마지막으로 각 멤버의 심리(psyche)를 〈피 땀 눈물〉의 집단심리 (collective psyche)로 통합하여 대변하는 이 뮤비 드라마 주인공 진 '성장 서사'의 결말이다. 진은 미술관에 전시된 날개 달린 조상彫像에 다가가 입을 맞춘다. 이 장면은 『데미안』마지막 장면에서 데미안이 싱클레어와 입 맞추는 것을 연상시키는데, 이는 정신적 멘토이자 유혹자인 데미안의 메시지를 싱클레어가 온전히 받아들이는 것을 암시한다. 진은 전시관 벽에 붙어 있는 문장이 마치 데미안이 보낸 메시지인 양 바라본다. "man muss noch chaos in sich haben, um einen tanzenden stern gebaren zu konnen(춤추는 별을 잉태하려면 반드시 스스로의 내면에 혼돈을 지녀야 한다)."- 니체『자라투스트라는 이렇게 말했다』에서.

이렇게 진과 태형의 숏 컷이 끝나면 다시 일곱 멤버의 춤과 음악이 짧게 이어진다. 이 짧은 음악과 춤 퍼포먼스 사이에 마치 클라이맥스 이후 해결 부분처럼 짧은 이미지 숏 컷들이 삽입된다. 가려졌던 지민의 눈에서 밴드가 벗겨지고, 호석의 주제동기였던 '피에타 조상'과 진이 입 맞춘 날개 달린 조상이 각각 부서지고, 마치 조각상인 양 진 자신의 얼굴에도 마침내 금이 가 이 또한 부서질 것을 암시하며 뮤비는 끝이 난다. 결국 성장이란 자신의 내면에서 혼돈을 겪고, '피, 땀, 눈물'로 소년의 알을 깨고 청춘의 세계관을 부수어 마침내 빛(Clair)과 어둠(Sin)을 함께 포용하는 싱클레어Sinclair로 성장한다는, 《WINGS》 앨범의 전체 주제를 〈피 땀 눈물〉 뮤비는 함축적으로 담아내고 있는 것이다.

3

봄날

《WINGS》정규 2집 앨범이 나온 지 불과 4개월 만인 2017년 2월, 방
탄은 《WINGS》외전 격인 《YOU NEVER WALK ALONE》리패키지
앨범을 발표한다. 이 앨범엔 《WINGS》에 실렸던 14곡에다 신곡 4곡을
덧붙였다. 새로 실린 신곡들은 마치 《WINGS》를 통해 성장한 방탄의
모습을 보여주기라도 하듯 선과 악이 공존하는 세상에 대한 짙은 공감
과 연민을 담고 있다. 그중 이 앨범의 타이틀곡이자 문제작인 〈봄날〉을
소개한다.

〈봄날〉을 들었을 때 첫 느낌은 따스함이었다. 감성적인 브리티시
록을 듣는 느낌이랄까. 기본적인 드럼 비트가 마치 '칙칙폭폭' 레일 위
를 달리는 기차 소리처럼 들려 턱 고이고 차창 밖 스쳐 가는 풍경을 바
라보며 가벼운 음악을 감상하는 느낌이었다. 떠난 친구를 그리워하며
보고 싶어 하는 전반적인 가사 내용에도 특별히 집중해 의미를 분석해
야 할 부분은 없어 보였다. 달리는 기차 밖 풍경처럼 순간 스쳐 가도 다
본 것 같은 느낌이랄까. 듣는 내내 따스하고 편했다.

그런데 이 곡에 대한 정보를 더 알아보는 과정에서 이 곡이 어슐러
르 귄의 1973년 단편소설 「오멜라스를 떠나는 사람들」을 바탕으로 작

143

곡됐다는 걸 알게 됐다.* 뮤비에도 오멜라스라는 간이역이 등장한다. 해서 단편소설 「오멜라스를 떠나는 사람들」을 정독했다. 불과 11쪽밖에 안 되는 짧은 단편이었지만 제기하는 철학적 물음은 웬만한 장편소설보다 더욱 깊고 무거웠다. 다수의 행복과 번영을 위해서 한 아이의 희생은 필연적이라는 암묵적 동의에 의해 유지되는 도시 오멜라스. 이야기 형식을 빌려 제기한 철학적 물음과 씨름하다가, 이 단편을 심도 있게 분석한 비평 에세이 몇 편을 찾아 읽기도 했다. 이런 깊이와 성찰을 담은 소설을 바탕으로 해 작곡됐다는 걸 염두에 두며 뮤비를 보고 또 보았다. 하지만 소설과 구체적으로 어떤 점에서 연관이 있는지 쉽게 파악할 수 없었다. 그러다 유튜브에서 이탈리아 아미 안젤라 폴 비렌티의 〈봄날〉 뮤비 분석 영상을 보게 되었다. 놀랍게도 안젤라는 〈봄날〉 뮤비에서 2014. 4. 16. 세월호참사에 대한 메시지를 읽어냈다.

안젤라가 〈봄날〉 뮤비에서 찾아낸 세월호 상징은 이렇다. 세탁실 벽에 멈춰 선 시계가 가리키는 9시 45분은 세월호가 좌초된 시간을 가리킨다. 세탁기에 붙여진 스티커 글씨 '잊지 말자'는 세월호를 기억하자는 구호다. 진을 제외한 방탄 멤버들은 세월호 생존자로 설정돼 각자 살아남은 자들의 죄책감을 표현한다. 기차 안에 남겨진 가방과 옷들은 돌아오지 못한 단원고 학생들의 유품을 암시한다. 뮤비에 줄곧 등장하는 기차는 봉준호 감독 영화 〈설국열차〉로 열차의 각 칸은 각기 다른

---

* 『바람의 열두 방향』 어슐러 K. 르 귄, 최용준 역, 시공사. 17편 단편 중 「오멜라스를 떠나는 사람들」은 16번째에 실려 있다.

BTS, 인문학 향연

계급을, 열차 밖은 죽음의 세계를 각각 상징한다. 남준은 설국열차에서 홀로 반란을 주도하는 남자이며 호석과 윤기는 오멜라스 시민이다. 진은 세월호에서 채 빠져나오지 못한 사람으로 가라앉는 세월호 배 안인 듯 설정된 계단 밑바닥에 처박힌 채 계단 위로 올라가는 사람들을 바라본다. 기차 밖 산더미처럼 쌓인 옷가지들은 영혼이 빠져나간 세월호 희생자들을 가리킨다. 놀이동산 회전목마에 걸려 있는 노란색 리본들은 세월호 리본을 상기시킨다. 뮤비 마지막에 혼자만의 싸움인 줄 알았던 남준 곁에 다른 멤버들이 합세한다. 이때 방탄은 설국열차 차창 밖에서 "눈꽃이 떨어"지는 걸 발견한다. 이는 열차 밖 어딘가에 기온이 따뜻해져 가고 있다는, 열차 밖도 생존이 가능하다는 것을 암시한다. 이윽고 지민이 열차 밖으로 나가고 다른 멤버들에게 나오라고 손짓한다. 멤버들 모두 열차 밖 들판에 홀로 서 있는 나무를 향해 걸어간다. 이어서 나뭇가지에 걸려 있는 주인 잃은 신발을 본다. 이걸 잊지 않고 기억한다면 언젠간 '봄날'이 올 거란 무언의 메시지를 남기며 〈봄날〉 뮤비는 끝난다.

한국 사람도 아닌데 〈봄날〉 뮤비에서 어떻게 이런 시사성 짙은 상징들을 찾아낼 수 있었을까. 안젤라는 방탄 아미로 방탄 데뷔 때부터 발표된 모든 방탄 음악과 뮤비를 보았다고 했다. 나아가 그녀는 방탄이 추구하는 음악과 그 안에 담긴 메시지를 더 잘 이해하기 위해 음악 속 메시지에 담긴 한국의 사회, 정치, 문화현상에 대해 다양한 매체를 찾아가며 공부했다고 했다. 물론 2014년 4월 16일 발생한 세월호참사와 구조 과정에 대한 정부의 대처 그리고 그 후 세월호 진상규명 과정과 절차에서 발생했던 일련의 사건들에 대해서도 자세히 알고 있었다. 그리고 무엇보다 세월호참사의 고통에 진심으로 공감했다. 이런 관심과 공감이 있었기에 그녀만의 〈봄날〉 뮤비 해석이 나왔을 것이다.

안젤라 〈봄날〉 뮤비 해석이 유튜브를 통해 알려지자 한국뿐만 아니라 전 세계 방탄 아미들은 놀람을 금치 못했다. 수많은 전 세계 아미들이 안젤라 〈봄날〉 뮤비 해석을 보며 눈물의 리액션을 찍은 영상을 올렸다. 마침내 세월호 유가족에게도 알려져 유가족의 초청으로 안젤라는 한국에 오게 되었고, 광화문 세월호 기억공간에서 분향을 하고 유가족들과 감격의 포옹을 했다.

안젤라의 뮤비 해석에 놀란 많은 사람들은 '방탄이 정말 세월호를 염두에 두고 이 뮤비를 만들었을까?' 궁금했다. 하지만 방탄은 '보여줄 뿐(showing) 설명하지 않는다(telling)'. 큰 틀의 방탄 세계관, BU 안에서 제작된 방탄 뮤비에는 수많은 상징과 은유가 거미줄처럼 얽혀 있다. 《화양연화》 시리즈 앨범에서는 『화양연화 THE NOTES』 방탄 소설이 허구(fiction)와 전기(fact) 사이의 경계를 자유로이 넘나들며 뮤비의 서사와 드라마를 구성한다. 《Wings》와 Wings 《Short Film》에서는 헤르만 헤세 『데미안』이 그리고 《YOU NEVER WALK ALONE》에선 어슐러 르 귄 「오멜라스를 떠나는 사람들」이 뮤비의 기본 콘셉트를 이룬다. 이들 소설 이외에도 신화, 회화, 조각, 영화까지 뮤비를 구성하는 주요 메타포로 등장한다. 이는 방탄 음악은 어느 하나의 구성, 체계, 메시지 안에서 독백을 하듯 폐쇄적으로 갇혀 있는 게 아니라, 밖의 세상과 그리고 다른 매체들과 끊임없이 서로 대화하는 상호텍스트성

(intertextuality)을 바탕으로 창조됐다는 것을 의미한다. 그러므로 그 안에 설정된 메타포와 상징, 서사와 드라마, 상이한 매체들 사이의 대화를 읽어내는 건 전적으로 감상자의 몫이다. 구조주의 언어학자 롤랑 바르트는 1960년대 텍스트 속 '저자의 죽음'을 선언하면서 "저자는 더 이상 텍스트의 기원도 종결도 아니고, 그저 텍스트에 방문한 한 명의 손님일 뿐, 텍스트는 소화되는 게 아니라 협동의 장에서 독자에 의해 열려지고 숨을 쉰다"며 기존의 저자가 누리던 자리에 '창조적 독자'를 앉힌다. BTS 뮤비 텍스트에서 흩어진 이미지 조각들을 하나의 형상으로 재창조하는 몽타주 작업은 오로지 감상자의 몫이다.

안젤라 〈봄날〉 뮤비 해석을 보고 난 후 나는 〈봄날〉 가사를 다시 음미해 보았다. 처음 들었을 땐 열차 차창 밖 풍경처럼 그냥 스쳐 지나갔었는데, 이번엔 눈꽃처럼 내 뺨에 내려앉아 머물다 따뜻하게 흘러내렸다. "너희 사진" "여긴 온통 겨울뿐이야/ 8월에도 겨울이 와" "홀로 남은 설국열차" "겨울을 끝내고파" "넌 떠났지만" "시린 널 불어내 본다" "사실 난 아직 널 보내지 못하는데/ 만나러 갈게 만나러 갈게/ 데리러 갈게 데리러 갈게" "다시 봄날이 올 때까지/ 꽃 피울 때까지/ 그곳에 좀 더 머물러줘/ 머물러줘." 이 가사들을 다시 읽는데 순간 소름이 돋았고, 눈앞이 흐려졌다.

〈봄날〉 뮤비에서 안젤라는 세월호에서 희생된 단원고 학생들을 떠올렸을 것이다. 하지만 누군간 〈봄날〉 뮤비에서 다수의 행복과 번영을 위해 '가만히 있으라'고 강요당하고 무시되는 '어떤 소수자'를 떠올릴지도 모른다. 또 누군간 '역사는 기억과 망각의 싸움'이라 말한 『참을

수 없는 존재의 가벼움』의 작가 밀란 쿤데라의 목소리를 떠올리며 '잊

지 말자'를 되뇔지도 모른다. 이것이 방탄 음악이다.

BTS

Life goes on
Like an echo in the forest
Like an arrow in the blue sky
On my pillow, on my table
Life goes on like this again

6장

Love Yourself

방탄은 정규 2집 리패키지 《YOU NEVER WALK ALONE》 발매 후 7개월 만인 2017년 9월 18일 《LOVE YOURSELF 承 'HER'》를, 2018년 5월 정규 3집 《LOVE YOURSELF 轉 'TEAR'》를, 2018년 8월 리패키지 앨범 《LOVE YOURSELF 結 'ANSWER'》를 내놓는다. 불과 1년 만에 'Love Yourself' 시리즈 앨범에 신곡만 무려 29편을 실었다. 학교 3부작과 청춘 2부작에 이어 세 번째 시리즈 앨범에서 방탄은 사랑에 빠진 승承, 사랑의 고통과 아픔의 전轉, 사랑의 깨달음을 결結로 사랑의 각 단계에서 느끼고 후회하고 깨달은 것들을 섬세하고 진술하며 진중한 가사에 담는다. 이전 앨범들에서도 그래온 것처럼 이 가사들을 다양하고 실험적이면서도 트렌디한 음악 장르에 실어 표현했다. Love Yourself 시리즈 앨범을 제작할 당시 보이 밴드로서 방탄의 명성은 이미 세계 톱클래스였다. 방탄 음악에 대한 세계적 뮤지션들로부터 평가 또한 매우 높았다. 이런 이유로 세계 톱 아티스트와 뮤지션들이 자연스럽게 Love Yourself 앨범 제작에 참여했고 함께 협연하기까지 했다.

2018년 8월 《LOVE YOURSELF 結 'ANSWER'》 발매와 동시에 방탄은 2019년 10월까지 1년 2개월에 걸쳐 각각 'Love Yourself'와

'Love Yourself : Speak Yourself' 타이틀을 걸고 기념비적인 월드 투어 공연을 한다. 전 세계 23개 도시를 돌며 스타디움 규모의 대공연장에서 총 206만 명 관객이 참석한 그야말로 월드 투어 대장정을 펼쳤다. 3회 공연에 전석 매진된 미국 LA 스테이플스 센터 공연, Queen의 Live Aid 공연으로 유명한 런던 웸블리 스타디움 공연, '방탄이 이슬람 율법까지 바꿨다'는 말이 회자될 정도로 화제가 됐던 해외 가수 최초로 사우디아라비아 스타디움 공연 등. 가는 곳마다 스타디움 규모의 대공연장이 전석 매진됐다. 그사이 몇몇 방탄 곡들은 빌보드 차트 순위에 오르고, 많은 곡들이 유튜브 1억 이상의 조회 수를 기록했으며, 빌보드 뮤직 어워드에서 '톱 듀오, 그룹'과 '톱 소셜 아티스트' 2관왕에 이어 아메리칸 뮤직 어워드에서 3관왕을 차지했다. 그래미 어워즈에선 비록 입상하지는 못했지만 가장 뜨거운 스포트라이트를 받으며 축하공연을 해 실질적인 주인공이 되기도 했다. 세계 주요 언론매체들은 BTS 월드 투어 대장정을 20세기 비틀스를 넘어 21세기 'BTS 문화현상'이라고 칭하기까지 했다. 경제효과는 무려 5조 원 이상이 될 것이며, 문화적 영향은 상상을 초월할 것이라고 앞다투어 BTS 문화현상에 대한 보도를 내놓았다.

BTS 월드 투어에서 두드러진 건 각종 신기록 수치뿐만이 아니라, 다른 대규모 공연장에선 좀처럼 보기 힘든 공연 문화였다. BTS 기획사에서는 팬 커뮤니티 앱 서비스 '위버스'를 통해 암표를 근본적으로 방지했고, 세계 모든 팬들에게 콘서트와 진행 과정에 대한 모든 정보를 무료로 제공했다. 방탄 아미들은 자치단을 조직해 행사장 주변을 자율적으로 통제하고 혹 있을지 모를 암표상을 단속했으며 질서와 치안을 유지했다. 그 결과 월드 투어 기간 동안 어떤 불미스런 사고도 발생하지 않았다. 세계 23개 도시를 돌며 이념, 국가, 민족, 인종, 계층, 성별을 넘어서 'Love Yourself & Speak Yourself'라는 메시지로 연대하여 전 세계 젊은이들이 함께 춤추고 노래하는 BTS 축제가 펼쳐진 것이다. 유니세프도 방탄과 손잡고 세계 아동·청소년 폭력을 근절하기 위한 'Love Myself' 캠페인을 펼쳤는데, 방탄은 유니세프 홍보대사 자격으로 유엔에서 연설을 하기에 이른다. 연사로 나선 방탄 리더 RM 남준은 'Love Yourself & Speak Yourself' 주제로 이렇게 말한다.

We have learned to love ourselves, so now I urge you to speak yourself. I would like to ask all of you, "What is your name?" What excites you and makes your heartbeat? Tell me your story. I want to hear your voice.

우리는 우리 자신을 사랑하는 법을 배웠습니다. 그래서 저는 당신이 자신에 대해 말할 것을 촉구합니다. 여러분 모두에게 묻고 싶습니다. "당신의 이름은 무엇인가요?" 무엇이 당신을 흥분시키고, 당신의 심장을 뛰게 하나요? 당신의 이야기를 들려주세요. 당신의 목소리를 듣고 싶습니다.

I want to hear your conviction—no matter who you are or where you're from, your skin color, your gender identity. Just speak yourself. Find your name and find your voice by speaking yourself.

당신이 누구인지, 어디에서 왔는지, 당신의 피부색이나 성 정체성에 상관없이 저는 당신의 신념이 무엇인지 듣고 싶습니다. 그저 당신 자신에 대해 말하세요. 그렇게 하여 당신의 이름을 찾고 당신의 목소리를 찾으십시오.

언제부턴가 방탄 팬덤인 아미 앞에는 '선한'이란 수식어가 붙었다. 어떤 아이돌 팬덤에 '선한'이란 수식어가 붙여진 경우가 있었던가. 관객석 좋은 자리를 잡기 위해 공연장 주위에서 텐트를 치고 며칠 밤을 지새운 건 젊은 십 대, 이십 대 아미들뿐만이 아니었다. 그 텐트 안에는 수(십) 시간 차를 몰고 아들, 딸 아미들과 함께 온 부모들도 있었다. 세대를 넘어 소통하게 한 BTS 'Love Yourself & Speak Yourself' '선한' 메시지가 담긴 《LOVE YOURSELF》 승, 전, 결 시리즈 앨범은 독일 출신 유태인 사회심리학자 에리히 프롬의 『사랑의 기술』에서 영감을 받아 만들게 됐다고 한다. BTS 음악을 이해하기 위해 불멸의 고전 에리히 프롬의 『사랑의 기술』을 탐독하는 자신의 아들, 딸을 바라보는 부모의 마음을 헤아리기란 어렵지 않다. 몇 시간이 아니라 며칠이 걸린다 해도 기꺼이 아이들을 태우고 BTS 공연장에 왔을 거라고 말하는 듯, 카메라에 잡힌 부모의 얼굴은 아이처럼 행복하고 들떠 있었다.

1

사랑의 기술

'내면의식의 성장 탐구'라는《WINGS》앨범의 콘셉트를 성장소설의 대표 고전으로 칭송되는 헤르만 헤세『데미안』에서 가져온 방탄은,《LOVE YOURSELF》시리즈 앨범에서는 유태인 사회심리학자 에리히 프롬『사랑의 기술』에서 영감을 받아 '사랑의 본질'에 대해 탐구한다. 탐구하되 이전 음악에서 늘 그래왔듯 가사와 곡이라는 음악으로,『화양 연화 THE NOTES』소설 서사와 인물들이 펼치는 뮤비로, 여러 다른 장르의 텍스트들이 이 뮤비들과 역동적으로 섞여 의미를 확장하고 다양성을 늘려가는 상호텍스트성(Intertextuality)으로 표현한다.

에리히 프롬『사랑의 기술』에서 제시된 수많은 사랑에 대한 정의 중 가장 충격적이고 핵심적인 것은 '사랑은 기술이다'라는 선언이다. 일이나 공부처럼 사랑도 노력과 지식이 요구되는 기술이라는 것이다. 연애의 기술이면 몰라도 사랑이 기술이라니! 그냥 첫눈에 반하거나, 무어라 설명할 수 없는 불같은 열정과 감정으로 사정없이 빠져드는 게 사랑 아니었나? 에리히 프롬은 '사랑은 감정이 아니다'라고 분명히 말한다. 그런 일시적인 감정은 생래적으로 절대 지속될 수 없다. 사랑은 감정이 아니라 '참여이며 활동'이라고 힘주어 말한다. 더 나아가 사랑은 한 개인과의 관계에 머물러선 안 되고 세계 전체와의 관계를 결정하는 '태도'로 발전해야 한다고 말한다. 이런 성숙한 사랑의 단계에 이르러야 진실로 자신을 사랑할 줄 알게 되고, 자신을 사랑하는 것처럼 상대를 사랑하게 되며, 다른 모든 사람을 사랑하고, 자신의 삶 자체를 사랑하게 된다고 끝맺음 하고 있다.

사랑을 기술이라 할 때, 성숙한 사랑으로 발전하려면 각 단계에서 습득해야 할 사랑의 기술이 있을 것이다. 이를 염두에 두고 방탄은 Love Yourself를 승, 전, 결, 세 단계로 나눈 것일까? Wings 《Short Film》에서는 『데미안』에 나오는 텍스트를 부분 발췌해 원문 그대로 제사題詞로 사용했다. 하지만 Love Yourself 시리즈 앨범에서는 에리히 프롬 텍스트에서 어떤 구절도 구체적으로 언급하거나 사용했다는 증거는 없다. 다만 영감을 받았다고 말할 뿐이다. 해서 Love Yourself 앨범을 온전히 이해하기 위해서는 방탄 음악과 뮤비와 에리히 프롬 『사랑의 기술』 사이의 상호텍스트성을 유추할 수밖에 없다. 무엇을 어떻게 얼마나 영향을 받았는지를 유추하며 해석하는 가운데 또 하나의 방탄 음악(예술) 작품이 탄생할 것이다. 이렇게 독자(감상자)에게 무한히 열린 텍스트가 방탄 음악이다.

Love Yourself 承 'Her'

슈가는 '기승전결' 중 '기'를 건너뛰고 《LOVE YOURSELF 承 'HER'》
앨범이 가장 먼저 발표된 이유를 "사랑에 빠졌을 때 몰입하는 단계
가 '승'이라고 생각했기 때문"이라고 말한다. 슈가 말대로 《LOVE
YOURSELF 承 'HER'》에는 사랑에 몰입한 순간의 감정을 표현한 곡
들이 많다. 그중 대표적으로 지민 솔로 곡 〈Serendipity〉, 이 앨범의
타이틀곡인 〈DNA〉, 『화양연화 THE NOTES』에서 멤버 각자의 여인
'her'와 관계된 이야기들로 뮤비를 편집한 〈Best Of Me〉를 들 수 있
다. 그중 타이틀곡인 〈DNA〉를 자세히 들여다보기로 한다.

1. dna

이 곡은 2022년 4월 현재 유튜브 조회 수가 14억이 넘을 만큼 전 세계 젊은이들의 마음을 사로잡은 메가 히트곡이다. 폭발적인 마력과 지속적인 매력을 발휘하는 이 곡만의 특징이 뭘까. 나는 〈DNA〉 라이브 공연 현장에서 보인 관객들 반응에서 그 특징의 핵심을 보았다. 방탄은 크고 작은 수많은 무대에서 〈DNA〉를 공연했는데, 볼 때마다 객석의 관객들은 너나없이 일어나 노래와 춤을 따라 불렀다. 〈DNA〉 가사에 표현된 것 – "첫눈에 반한, 너와의 만남은 우연이 아닌 운명이자 필연이라 느낀, 너에게만 집중하는, 심장은 널 향해서만 뛰는, 영원히 영원히 영원히 너와 함께할 것만 같은, 이것이 진짜 사랑이길 바라는" – 처럼 노래를 따라 부르는 관객들 얼굴에는 영락없이 사랑에 빠졌을 때의 표정이 묻어났다. 어찌 객석에 있는 관객 중에 사랑에 실패한 사람이 없겠는가마는, 누구든 이 노래를 듣고 따라 하고 춤을 추며 그 순도 높은 (첫)사랑의 마력에 다시 가슴이 뛰고 피가 솟구치는 황홀경에 빠지고 싶어 하는 표정이었다.

사랑에 빠졌을 때의 감정을 표현한 가사에 걸맞게 이 곡의 장르도 흥겨운 EDM 곡이다. 뮤비도 드라마 요소가 짙은《화양연화 THE NOTES》의 서사는 한 컷도 등장시키지 않고 오직 노래와 춤과 배경 이미지만으로 이루어져 있다. 정국의 휘파람 소리가 리드미컬한 어쿠스틱 기타와 어우러져 나오는 인상적인 인트로는 뷔가 부르는 첫 번째 버스verse "첫눈에 널 알아보게 됐어"와 기막힌 합을 이루며 곡을 연다. 마치 첫눈에 반했을 때 말에 앞서 터져 나오는 원초적 소리, 감탄사처럼 휘파람 소리는 곡이 끝날 때까지 버스와 후렴 모든 파트에 배음처럼 맴돈다. 귓가에 맴도는 연인의 목소리 또는 숨소리인 양 곡이 끝날 때까지 사랑의 주술 같은 이 휘파람 소리에서 누구든 빠져나올 수 없다. 곡이 끝난 후에도 여음처럼, 코끼리 코 돌기 후에도 빙빙 도는 어지럼처럼 한동안 이 휘파람 소리에서 빠져나올 수 없다. 뮤비에서는 인트로에 멤버들이 우스갯소리로 "발바닥에 껌 붙은 춤"이라 명명했다는 바닥을 비비거나 톡톡 치는 듯한 춤이 입혀진다. 마치 사랑에 빠질 때 서서히 온몸이 달아오르는 듯한 느낌을 표현하는 동작 같다. 여기에 이중 나선 모양의 DNA 분자 구조를 연상케 하는 배경 이미지가 스쳐 지나간다. 이렇듯 가사 노래 춤 뮤비가 마치 DNA처럼 운명인 양 완전한 합을 이룬다.

〈DNA〉가 처음 나왔을 때 음악 전문가들은 후렴에 나오는 사운드에 신선한 충격을 받았다고 하나같이 입을 모았다. 이른바 '퓨처 베이스Future Bass'.* "영원히 함께니까 dna" 가사 이후에 리듬이 바뀌는 드롭drop 파트에서 등장하는 변조된 신시사이저 사운드 퓨처 베이스. "이 모든 건 우연이 아니니까/ 운명을 찾아낸 둘이니까/ DNA" 후렴 노래 파트 사이사이에 서로 주고받듯 깔리는 '퓨처 베이스'의 몽환적 사운드는 마치 소리 크기에 따라 분수처럼 솟구치는 오디오 스펙트럼

---

* 퓨처 베이스란 아직은 명확한 장르로 정의되지 못한 음악적 현상이나 운동으로 EDM의 신생아 격 장르를 말한다. 퓨처 베이스의 일관된 의도라면 신시사이저의 다양한 디지털 사운드의 창조적 사용으로 '몽환적 느낌'을 내어 보다 고상한 EDM 음악을 만드는 것이다. ─나무위키 참조.

을 귀로 듣는 것만 같다. 이 공감각적 사운드에 맞춰 추는 멤버들의 춤은 사랑에 빠졌을 때 심장이 뛰고 피톨이 솟구칠 때의 몽환적인 상태를 표현한 것 같은 느낌을 준다.

이렇듯 〈DNA〉는 사랑에 빠진 싱그럽고 황홀한 감정을 한층 더 발전된 음악으로 표현한다. 지민의 여리고 부드러운 목소리로 "너를 만난 건 우연이 아니야/ 우주의 섭리/ 나를 구원해 준/ 넌 내 푸른곰팡이/ 삼색 고양이"라며 운명적인 사랑을 표현한 〈Serendipity〉와 더불어, 체인스모커스와 컬래버레이션으로 화제가 된 〈Best Of Me〉 또한 "난 너만 있으면 돼"라며 오직 한 사람의 대상에게만 모든 관심, 사고의 초점이 맞춰지는 사랑에 몰입된 감정 상태를 노래하고 있다. 이처럼 《LOVE YOURSELF 承 'HER'》의 콘셉트를 상징적으로 표현하고 있는 이 곡들에서 우리는 끊임없이 새로운 음악적 시도로 한층 더 성숙해진 방탄 뮤지션을 보게 된다.

하지만 가사만을 본다면 "난 너에게만 집중해/ I want it this love/ I want it real love." 이런 감정의 몰입을 정말 진정한 사랑이라 할 수 있을까? 에리히 프롬은 『사랑의 기술』에서 그건 일시적인 감정일 뿐, 그런 감정 몰입은 생래적으로도 절대 지속될 수 없다고 단언한다. 그렇다면 에리히 프롬의 『사랑의 기술』에서 영감을 받아 앨범을 제작하게 됐다고 말한 방탄은 그걸 몰랐을까. 아니다. 사랑에 몰입했을 때 나타나는 감정의 순간을 솔직하게 표현한 것뿐이다. 그래서 성숙한 사랑으로 발전해 가는 단계 중 '승承'이라 표현한 것이고, 젊은 청춘이라면 모두 뜨겁고 순수하게 경험하는(했던) 감정을 담은 이 노래들에 세계 젊은이들이 격하게 공감한 것이다.

2. pied piper

《화양연화 pt. 1》앨범을 분석하면서 나는 방탄 음악의 가사에 나오는 '너, 그녀(girl)'를 막연한 구원의 여인상 베아트리체로 그리고 《화양연화 THE NOTES》에서 등장하는 방탄 멤버들의 각자 여인으로, 그리고 마지막으로 연인에 대한 메타포로서 방탄 멤버 자신들을 지칭하는 것으로 분석했다. 이제 한 걸음 더 나아가 《LOVE YOURSELF》 승, 전, 결 앨범에서 '너'는 방탄 팬덤 '아미'를 지칭하는 것일 수도 있겠다는 생각을 한다. 아미는 오늘날 방탄을 있게 한 원천이요, 방탄의 음악에 영감을 제공하는 뮤즈이며, 방탄의 모든 것을 공유하며 활동하는 조력자이자 반려자이다. 한마디로 방탄의 반쪽으로 연인인 셈이다. 《LOVE YOURSELF》 승, 전, 결 앨범은 연인 사이로 방탄과 아미 사이에 '성숙한 사랑이 무엇인지'를 함께 물으며 찾아가는 음악 여정이다. 'Love Yourself & Speak Yourself' 월드 투어 대장정은 자신들이 걸어온 길이 틀리지 않았음을 서로 만나 확인하는 감동의 자리였다. 《LOVE YOURSELF 承 'HER'》의 〈Pied Piper〉는 연인으로서 '너'가 '아미'일 수 있음을 넌지시 드러내는 독특한 곡이다.

　〈Pied Piper〉 가사 내용은 그림 형제를 비롯한 여러 작가에 의해 작품화된 「하멜른의 피리 부는 사나이(Pied Piper of Hameln)」라는 독일의 민간전승을 바탕으로 하고 있다. 이 전승은 13세기 말엽에 발생한 것으로 추정되는데 이야기의 줄거리는 이렇다.

독일 하멜른은 평화로운 마을이었다. 그러나 하멜른에 쥐가 나타나기 시작했다. 쥐는 마을 사람들에게 매우 큰 피해를 입혔다. 어느 날, 피리 부는 사나이가 마을에 나타나 천 냥이라는 큰돈을 요구하며 자신이 쥐를 잡겠다고 나선다. 그는 거리로 나가 피리를 연주했는데, 그는 베저강으로 쥐들을 유인해 쥐 떼들은 결국 물에 빠져 죽고 만다. 그러나 마을 사람들은 사나이에게 쥐가 강물에 빠져 죽은 것이지 피리 소리를 듣고 죽은 게 아니지 않냐며 천 냥을 주지 않는다. 잠시 후, 사나이는 거리로 나가 다시 피리를 연주했다. 이번에는 피리 소리에 마을에 사는 아이들이 따라 나왔다. 사나이와 아이들은 점점 더 언덕 쪽으로 갔다. 피리 부는 사나이와 아이들은 언덕으로 들어갔고, 마지막 아이까지 들어가자 언덕의 문은 굳게 닫히고 만다. 그 뒤로 사람들은 다시 아이들을 데리고 돌아오면 천 냥을 주겠다고 했지만, 결국 사나이와 아이들은 끝내 돌아오지 않았다.

위키백과

〈Pied Piper〉에는 방탄을 하멜른의 피리 부는 사나이로, 마을 아이들을 아미로 설정한 밑그림이 깔려 있다. 이 밑그림을 RM 남준이 랩으로 표현한다. 남준은 다짜고짜 아미들에게 방탄 덕질은 그만하고 공부하라고 일하라고 윽박지른다. "Stop/ 이제 그만 보고 시험공부해/ 니 부모님과 부장님 날 미워해/ 봤던 영상 각종 사진 트위터/ 브이앱 본보야지/ 알아 좋은 걸 어떡해/ 그만해 뮤비는 나중에 해석하고/ 어차피 내 사진 니 방에도 많잖어/ 한 시간이 뭐야 일이 년을 순삭해." 하멜른의 피리 소리가 쥐 떼들을 없애주는 구원의 소리지만 동시에 아이들을 홀리는 마법의 소리인 것처럼, 방탄 아이돌 음악도 그럴 수 있다는 걸 상호텍스트성(intertextuality)을 통해 암시한다.

하지만 아미 덕질에 대한 남준의 'Stop' 소리는 이내 진과 뷔 그리고 정국의 매력적인 보컬에 묻히고 만다. "그건 나쁜 거라 더 좋은" 하멜른의 피리 소리 같은 방탄의 노랫소리로 아미들에겐 거부할 수 없어 따라갈 수밖에 없는 주술과도 같다. "이리 와 난 너의 paradise/ Can't close your eyes/ Can't close your eyes/ 발버둥 쳐봐도 더는 소용 없을걸/ 날 거부하지 마/ 그냥 눈을 감고 귀 기울여 봐/ 피리 소릴 따라와 이 노래를 따라와/ 조금 위험해도 나 참 달잖아/ 널 구하러 온 거야/ 널 망치러 온 거야/ 니가 날 부른 거야 봐 달잖아/ 피리 소릴 따라와." 방탄 음악은 팬덤 아미에게 "알면서도 이끌리는 선악과처럼" "조금 위험한" 소리이다.

Pied Piper

어찌 보면 그로테스크한 독일의 민간전승 이야기를 바탕으로 해서 아미에게 헌정하는 곡을 썼다는 게 아이러니하다. 하지만《LOVE YOURSELF 承 'HER'》앨범 콘셉트의 관점에서 본다면 아미가 방탄에 몰입한 이런 덕질 순간이야말로 방탄과 아미 사이에서 자연스럽게 발생하는 사랑의 '승' 단계라 생각한 걸 것이다. 사랑의 순간에 몰입한 연인이 서로에게 장님이 되듯, 방탄에 몰입한 팬덤 아미의 덕질 사랑은 선과 악 너머에 있다.

3. Mic Drop

'힙합을 베이스로 한 K-pop 아이돌'이라는 정체성으로 출발한 방탄은 데뷔 초부터 "아이돌이 무슨 힙합이냐? 그냥 랩을 한다고 해라" 하며 언더 힙합 신에서 헤이터들로부터 끊임없는 디스에 시달렸다. 이 헤이터들의 디스를 정면 돌파 하겠다는 방탄의 의지가 음악으로 표출된 것이 프리 랩 '사이퍼 시리즈'였다. 이 시리즈에서 방탄 랩 라인 RM, 슈가, j-hope은 힙합 신 헤이터들과 각각 일종의 '가상 랩 대결'을 벌여, 힙합 대 힙합, 디스 대 디스로 상대해 정면 돌파를 시도한다. 그렇다고 이 사이퍼 시리즈로 인해 헤이터들로부터 공식적인 항복 리스펙트를 받아낸 건 아니다. 다만 방탄은 전 세계 힙합 신을 향해 실력으로 자신들의 힙합 정체성을 증명하려 했다. 하지만 이미 세계 톱 보이 밴드에 오른 이 시점에서 굳이 헤이터들에게 자신들의 힙합 정체성을 증명해야 할, 날려야 할 마지막 펀치라도 남아 있었던 것일까. 왜 방탄은 《LOVE YOURSELF 承 'HER'》 앨범에 헤이터들을 디스하는 힙합곡 〈MIC Drop〉을 실었는지 궁금했다.

RM은 오바마 대통령이 마지막 국정 연설에서 연설을 마치고 마이크를 떨어뜨리는(Mic Drop) 행위를 보고 영감을 받아 이 곡을 썼다고 했다. 마이크 드롭은 랩 배틀에서 래퍼가 혹은 스탠드업 코미디언이 상대방이 반격할 수 없을 정도로 압도적인 라인을 날려 승리를 확신하는 상징적 표시로 마이크를 떨어뜨린 데에서 유래됐다고 한다.

우선 이 힙합곡이 진정 상대방(헤이터들)이 반격할 수 없을 정도로 압도적인지, 압도적이라면 얼마나 어떻게 그러한지 자세히 살펴보기로 한다. 그런 후에 왜 이 시점에서 헤이터들을 디스하는 이 곡을 실었는지 추론해 보겠다.

〈MIC Drop〉에서 j-hope, 슈가, RM 랩 라인이 사용하는 비트는 한결같이 '/궁/궁/궁따라라/~/' 형식의 네 박 비트다. 하지만 방탄 랩 라인은 같은 리듬의 비트를 가지고도 각자 다른 라임과 다른 리듬의 플로우를 만든다. 헤이터들에게 첫 디스 포문을 여는 건 j-hope이다. "Yeah 누가 내 수저 **더럽대** I **don't care** 마이크 잡음 금수저 **여럿**

패/ 버럭 해 잘 못 익은 것들 스테끼 여러 개/ 거듭해서 씹어줄게 스타의 저녁에." j-hope은 첫 번째 프레이즈에서 /ㅐ/ 모음 라임을 이룬 세 음절 단어들의 반복(더럽대/ don't care(돈트 캐)/ 여럿 패/ 버럭 해/ 여러 개/ 거듭해/ 저녁에)으로 헤이터들을 '패고' '씹는'다. 이어 가사 내용이 바뀌는 두 번째 프레이즈에서는 세 음절 라임에서 두 음절 라임으로 리듬을 바꾼다. "World Business 핵심 섭외 1순위 매진/ 많지 않지 이 class 가칠 만끽 좋은 향기에 악취 반칙." /ㅏ, ㅣ/ 또는 /ㅐ, ㅣ/ 모음 라임에 두 번째 음절 초성 자음 /ㅈ/과 유사한 소리 반복으로 이루어진 두 음절 라임이다. 첫 번째 프레이즈의 세 음절 라임이 '씹고 패는' 다소 센 느낌이라면, 두 번째 프레이즈 두 음절 라임은 '반칙, 가칠' 하며 다소 놀리는 듯한 느낌이다.

j-hope이 헤이터를 향해 열었던 포문을 이어받는 건 슈가다. 그의 라임은 독특하다. '/궁/궁/궁따라라/~/' 같은 네 박자 비트 리듬에 '1음절-1음절-2음절(1-1-2)'을 한 리듬으로 묶어 유사한 소리가 아니라 유사한 음절과 리듬을 한 묶음으로 반복해 들리도록 했다. '음절 라임 (리듬 라임)'이라고나 할까. "Mic mic bungee Bright light 전진 망할 거 같았겠지만 I'm fine sorry." 이어서 프레이즈가 바뀌면 타이트한 리듬 라임(1-1-2)을 갑자기 느슨하게 풀어 '세 음절-두 음절(3-2)'을 한 리듬으로 묶은 '음절 라임'으로 바꾼다. "미안해 Billboard 미안해 worldwide 아들이 넘 잘나가서 미안해 엄마." 효과는 j-hope이 두 번째 프레이즈 리듬 변화에서 희롱하는 듯한 느낌을 들게 한 것처럼, 슈가 또한 두 번째 프레이즈 리듬 변화에서 헤이터들에게 '너무 잘나가

미안하다'며 희롱에다 능청을 더한 느낌이다. 이어 세 번째 프레이즈에서는 전형적인 유사 소리 반복으로 두 음절 라임을 쓴다. "대신해 줘 니가 못 한 **효도** 우리 콘서트 절대 없어 **포도**/ I do it I do it 넌 맛없는 라따**뚜이** 혹 배가 아프다면 고소해 Sue it." 영어(do it do it, Sue it)와 한글(**뚜이**) 소리가 절묘하게 라임을 이루어 듣는 귀가 즐거울 뿐만 아니라, "배가 아프다면 고소해(Sue it)." 어디 해볼 테면 "해봐 해봐(do it do it)" 소리 라임이 중의적 의미까지 담고 있어 유추하는 머리도 즐겁다. 헤이터들에 대한 디스가 한마디로 '고소하다'.

랩 라인의 마지막은 RM이 맡는다. "〈이거 완전 네 글자〉 〈사필귀정 ah〉 〈Once upon a time〉 〈이솝우화 fly〉." '/궁/궁/궁따라라/~/' 같은 네 박자 비트 리듬에 RM은 네 마디 박을 '하나, 둘, 셋, 쉬고' 형식으로 고르게 쪼개 랩을 얹는다. 슈가 랩 파트 두 번째 프레이즈에서 같은 음절에 같은 리듬을 반복함으로써 마치 라임처럼 들리게 했던 '음절 리듬 라임'이다. RM은 여기에 각 마디 마지막 음절 "/자/ ah/ time/ fly"에 특별히 / ㅏ / 모음에 강세를 둔다. 그 결과 'time과 fly'도 각각 /타/와 /플라/로 들리게 해, / ㅏ / 모음 라임을 이루게 한다. 두 번째 프레이즈 "니 현실을 봐라 **쌔 쌤통** 지금 죽어도 난 **개행복**"에서는 / ㅐ, ㅐ, ㅗ/ 삼 음절 모음 라임을 일 음절에 각각 한 박씩 처리해 강조한다. 세 번째 프레이즈 "Turn it up 이번엔 어느 나라 **가** 비행기 몇 시간을 **타**"에서는 / ㅏ / 일 음절 모음 라임(/가//타/)으로 어찌 보면 싱거운 라임이다.

*   홑화살괄호 '< >'는 필자가 넣은 것이다.

하지만 RM은 이 싱거운 라임을 "Turn it up(목소리 볼륨 올려)"을 외치며 시작해 톤에 일대 변화를 준다. 이런 톤의 변화로 인해 나머지 두 프레이즈에서는 라임 효과보다는 격정적으로 내뱉는 소리가 더욱 의미 효과를 발휘하게 한다. 여기에 한층 올라간 목소리 톤과 더불어 가사 내용도 더불어 함께 '올라간다'. "Yeah I'm on the mountain Yeah I'm on the bay/ 무대에서 탈진 MIC Drop bam." 세계를 돌아다니며 공연하기 위해 나는 비행기 타고 산과 바다 위로 올라간다. 그리고 마침내 꼭대기, 무대 위로 '올라가' 모든 걸 쏟아붓고 마이크를 '떨어뜨린다'. RM 랩의 마지막 "Mic Drop bam"은, 마치 헤이터들의 반응이나 승패에 대해 물어볼 것도 따질 것도 없으니, 충분히 봤으면 이젠 조용히 꺼지라는 듯, 공연을 마치고 던지는 Mic Drop을 형상화한다.

보컬 라인의 훅송은 슈가와 RM 랩 앞뒤로 이어진다. 훅송에서도 보컬 라인은 라임을 다변화하여 헤이터들에게 날리는 디스 효과를 극대화한다. "Did you **see** my **bag**/ Did you **see** my **bag**/ 트로**피**들로 **백**이 가득**해**/ How you **think** bout **that**/ How you **think** bout **that**/ Hater들은 벌써 학을 **떼**." 첫 번째 훅에서는 /see/ 트로**피**/ think/에서 /ㅣ/ 모음과 /bag/ **백**/ that/에서 /ㅐ/ 모음과 ㄱ 종성 그리고 /**해**/ **떼**/에서 /ㅐ(ㅔ)/ 모음이 각각 라임을 이루어 한판 경쟁(bout)에서 승리해 트로피들로 가방(bag)이 가득하다고 헤이터들에게 자랑한다.

"이미 황금빛 황금빛 나의 **성공**/ I'm so firin' firin' 성화 **봉송**/ 너는 황급히 황급히 도망 **숑숑**." 두 번째 훅에서는 앞 훅과 음절 패턴을 /2, 3-3, 2-2, ~/로 바꾸어 세 번 반복한다. 여기에 '/**성공**/ 봉송/ 숑

슝/ 'ㅇㅇ' 종성 라임을 더해 나의 성공에 헤이터들이 학을 떼고 '통통' 황급히 도망하는 모습을 소리로 표현한다.

"How you dare/ How you dare/ How you dare/ 내 손에 트로피 아 너무 많**아**/ 너무 heavy 내 두 손이 모잘**라**." 세 번째 혹은 / ㅏ / 모음 라임으로 다소 단조롭게 들린다. 하지만 바로 이어지는 혹과 연관 지어 들어보면 놀랍게도 섬뜩한 느낌이 든다. "발 발 조심/ 너네 말 말 조심." 음절 리듬을 앞의 혹과 확 바꿔 마치 경고하듯 거의 같은 구조의 음절과 소리와 의미를 짧게 두 번 반복한 라임이다. 그런데 이 혹에서 연이어 들리는 'ㄹ' 종성은 바로 앞 혹의 마지막 단어에서 연이어 들리는 'ㄹ' 소리 '(모)잘**라**'를 자연스레 소환한다. 그러면서 동시에 의미적으로 '발, 말 조심해' 그렇지 않으면 '(모)잘**라**'버릴 것이라는 의미 연상 작용을 일으키게 해 재밌는 희롱조 톤에 '섬뜩한' 느낌이 들게 한다.

〈MIC Drop〉을 자세히 분석해 보았는데, 어떤가? 힙합 신 헤이터들이 더 이상 반격할 수 없을 정도로 라인들의 의미와 소리가 압도적인가? 헤이터들의 반응을 들어볼 필요도, 물어볼 필요도 없이 마이크를 떨어뜨릴 만한가? 이 물음에 종지부를 찍기 위해 방탄은 〈MIC Drop〉 뮤비에 한 사람을 등장시킨다. 자타가 공인하는 EDM의 신, 세계적인 클럽 DJ 퍼포먼서, 프로듀서 겸 작곡가인 스티브 아오키. 아오키는 〈MIC Drop〉 뮤비에서 DJ로 등장해 컨트롤 박스에서 방탄 음악을 디제잉한다. 그러고는 보컬 라인의 혹송 사이사이에 "Mic Drop" "Mic Drop" "Mic Drop"이라 소리친다. 마치 힙합 랩 배틀의 심판인 양, 아오키의 "Mic Drop" 판정으로 헤이터들의 디스는 '이것으로 종결이다'라고 말하는 듯하다.

하지만 방탄은 헤이터들의 디스에 대한 반격을 랩과 노래로만 끝내지 않았다. 방탄은 〈MIC Drop〉 뮤비를 통해 자신들의 정체성인 '힙합을 바탕으로 한 K-pop 보이 밴드'의 정수를 보여준다. "힙합이 무슨 칼군무냐"고 비아냥거렸던 힙합 신 헤이터들에게 방탄은 'K-pop 아이돌의 힙합 칼군무'가 어떤 것인지 그 정수를 보여준다. 2022년 6월 기준으로 아오키와 협업한 〈MIC Drop〉 리믹스 뮤비 버전은 12억 뷰를 넘겼다. K-pop 아이돌 밴드가 전 세계 1/6 인구의 엉덩이를 'hip-hop' 들썩이게 만들었으니 무슨 말이 더 필요하겠는가. 'MIC Drop.'

이제 마지막으로 들었던 의문, '이미 세계 톱 보이 밴드에 오른 시점에서, 방탄은 굳이 헤이터들에게 자신들의 힙합 정체성을 증명해야 할, 날려야 할 마지막 펀치라도 남아 있었던 것일까? 왜 방탄은《LOVE YOURSELF 承 'HER'》앨범에 헤이터들을 디스하는 힙합곡 〈MIC Drop〉을 실었을까'에 대한 답만 남았다. 힙합은 1970년대 뉴욕 남부 브롱스Bronx 뒷골목에서 절대빈곤층인 흑인과 새로 이주한 남미 히스패닉 집단이 어울려 표출했던 '분노'로부터 출발했다. 사회적 약자로서 겪었던 '고통'과 '제약', 이를 견디고 이겨내려는 '반항'과 '투쟁'을 음악으로 승화시킨 것이 힙합이다. 이는 힙합 태동기에 반항과 투쟁에 의한 자전적 성공 스토리가 유독 많았던 이유이기도 하다. 그러니까 '반항'과 '투쟁'은 힙합 태동의 기원이며 여전히 힙합 에너지의 마르지 않는 수원이다.

힙합이 주류 음악으로 편입되면서 힙합 특유의 즉흥성과 투쟁을 이벤트화한 '랩 배틀'이 성행하기 시작했다. 랩 배틀에서의 주요 목표는 즉흥적으로 지은 가사로 경쟁하는 상대방을 '디스'하는 것이다. 하지만 디스의 승패를 판가름하는 사람은 랩 배틀에 참가한 상대 래퍼가 아니라, 심사 위원이거나 관객이다. 그러므로 랩 배틀의 디스는 심사 위원 또는 관객에게 누가 더 나은 래퍼인지를 설득하는 방편일 뿐이다. 그러므로 디스를 위한 디스가 되어서는 안 되고 디스를 방편 삼아 가사와 전달 방식에 있어서 문학적 예술적으로 효과적인 설득력을 발휘해야 한다. 한마디로 훌륭한 음악 예술이 되어야 한다는 것이다.

그런 면에서 12억 뷰라는 전 세계 관객의 마음을 사로잡았으니 〈MIC Drop〉은 디스를 방편 삼아 문학예술적으로 효과적인 설득력이 발휘된 훌륭한 음악임에는 의심할 여지가 없다. 하지만 방탄은 힙합을 베이스로 할 뿐, 어디까지나 K-pop 아이돌 밴드이다. 데뷔 초반 힙합 신 헤이터들의 디스에 시달렸다고 언제까지 '역대응 디스'로 배틀을 할 수는 없다. 해서 이젠 자신들의 음악 정체성에 대한 어떤 디스나 시비에 대거리하는 것은 〈MIC Drop〉으로 끝내겠다는 게 방탄의 속 깊은 마음이었을 거라고 헤아려 본다. 그러기에 방탄은 이 곡을 《LOVE YOURSELF》 '전'이나 '결'에 넣지 않고 '승'에 수록한 것이리라. 자신의 음악 정체성의 논란에 확실한 매듭을 짓고, 본격적으로 자신을 사랑하는 것(Love Yourself)에 대한 고민과 성찰을 해보겠다는 방탄의 복심말이다.

4. 바다

음악 앨범 제작 시, 앨범 구성에 포함되지 않은 추가 곡으로 표지에 곡명을 표기하지 않은 채 싣는 걸 '히든 트랙Hidden Track'이라 한다. 흔한 건 아니지만 주로 실험적인 곡이나 팬들을 위한 특별 보너스 성격의 곡을 히든 트랙에 싣는 경우가 많다. 《LOVE YOURSELF 承 'HER'》에도 히든 트랙 〈바다〉가 실려 있다. 이 곡은 2013년 6월 첫 앨범 《2 COOL 4 SKOOL》의 히든 트랙 〈Skit: On The Start Line〉의 후속 곡 성격을 띠고 있다. 〈Skit: On The Start Line〉은 연습생 3년을 마치고 마침내 데뷔하는 심경을 RM이 홀로 담담하게 고백하는 내레이션이다. 〈바다〉는 데뷔한(스타트 라인에 선, On The Start Line) 지 4년이 지나 아이돌의 꿈을 이룬 현시점에서, 지난 4년에 대한 회고와 지금의 심경을 멤버 전원이 참여해 고백하는 음악이다. 두 히든 트랙 가사 내용의 중심 메타포엔 '바다'와 '사막'이 있다.

〈Skit: On The Start Line〉에서 RM은 데뷔할 때의 심정을 "꼭 마치 내 앞에 푸르른 바다가 있다가도/ 뒤를 돌아보면 황량한/ 사막이 날 기다리는 것 같은 그 기분"이라며, 바다와 사막으로 은유되는 희망과 절망의 양가감정으로 표현한다. 그건 "데뷔를 하더라도/ 아마 다른 바다와 다른 사막이 나를 기다리고 있을 것"이라는 현실 인식에 기반한 것이다. 음악과 예술의 무대라지만 그곳 역시 무한 경쟁이라는 자본주의 시장원리가 냉혹하게 작동하는 정글이자 사막일 것이라는 현실 인식. 인기란 하룻밤 사이 밀물처럼 밀려오다가도 한낱 썰물처럼 빠져나가는 것. 그래서 그곳은 바다인 동시에 사막이다. 그럼에도 불구하고 RM은 "조금도 두렵지 않다/ 분명 지금 나를 만든 건/ 지금 내가 본 바다와 그 사막이니까"라며 연습생으로 가졌던 패기만 잊지 않는다면 또 다른 사막 또한 헤쳐 나갈 수 있을 거라고 자신한다.

RM이 대중 아이돌 가수로 연예계에 첫발을 들여놓은 지 4년 후, RM과 방탄은 꿈을 꾸며 달려왔던 그 '푸른 바다'에 도착한다. 하지만 도착한 〈바다〉가 그들이 알고 있는 "바다인가/ 아니면 푸른 사막인가"에 대해선 확신이 서지 않는다. 그래서 '파도'를 타는 건지, '모래바람'에 쫓기고 있는 건지, 도무지 모르겠다("I don't know")고 수없이 반복한다. 오히려 그들이 도착한 바다란 실은 그들의 '피 땀 눈물'로 채워진 곳이기에 이곳은 원래 사막이었을지도 모른다며, 바다와 사막이 각각 상징하는 희망과 절망의 근본적 실체에 대해 성찰한다. 그리하여 "바다인지 사막인지 희망인지 절망인지", I don't know를 반복하며 행복 사이에 끼어드는 두려움을 고백한다. 그건 4년 전 〈Skit: On The Start Line〉에서 RM이 걱정했던 '데뷔를 하더라도 그들 앞에는 다른 바다와 다른 사막'이 기다리고 있을지 모른다는 예감에 대한 실감이다.

하지만 이 '푸른 사막'에 이르러 '확신에 이른 것(You know)'도 있다. 후렴처럼 되풀이되는 "희망이 있는 곳엔 반드시 시련이 있네/ 희망이 있는 곳엔 반드시 시련이 있네." 이는 RM이 영감을 받아 〈바다〉를 쓰게 됐다고 하는 무라카미 하루키의 장편소설 『1Q84』에 나오는 문장이다. 하지만 RM은 이 문장에서 한 걸음 더 나아간다. "희망이 있는 곳엔 반드시 절망이 있네/ 희망이 있는 곳엔 반드시 절망이 있네… 우린 절망해야 해 그 모든 시련을 위해/ 우린 절망해야 해 그 모든 시련을 위해." 그들을 푸른 바다에 이르게 한 것이 사막이듯, 그들이 꿈과 희망을 품게 한 것도 시련과 절망이라는 인식이다. 4년 전엔 사막에서 바다를 발견했다면 이젠 바다에서 '사막'을 발견해야 한다. 현재엔 없고 오직 미래에만 있는, 머무르지 않고 오직 흐르는 곳에만 있는 것이 '꿈과 희망'이다. 그래서 마침내 도달한 푸른 바다에서 그들은 다시 '사막'을 발견하고 미래의 희망을 위해 현재의 '절망'을 찾아 흘러야 한다고 절규한다. 이것은 데뷔 4년 만에 사막에서 꿈같은 신기루를 잡았지만 실은 손아귀에서 숭숭 빠져나가는 모래시계에 불과하다는 연기 같은 인기에 대한 경계를 풀지 않겠다는 다짐이다. "모든 시련을 위해 우린 절망해야" 한다는 방탄의 절규는, 이를테면 드러내기보다는 내밀한 곳에서 다잡은 '속다짐' 같은 것이다. 그리하여 자신을 사랑하는 방법을 찾아 나선 긴 탐구 여정 'Love Yourself'의 무너미쯤 되는 승承에서 '마음 다짐 곡'으로 〈바다〉를 히든 트랙에 실었을 것이라 나는 추측한다.

Love Yourself 轉 'Tear'

2017년 9월 18일《LOVE YOURSELF 承 'HER'》를 발매한 지 8개월 만인 2018년 5월, 방탄은 정규 3집《LOVE YOURSELF 轉 'TEAR'》를 세상에 내놓는다.

　《LOVE YOURSELF 承 'HER'》에서 사랑에 몰입했을 때 나타나는 감정의 순간을 솔직하게 표현했다면,《LOVE YOURSELF 轉 'TEAR'》에서는 '사랑의 고통과 아픔'을 토로한다.《LOVE YOURSELF 承 'HER'》에선 관심이 온통 사랑에 빠진 그녀에게, 그리고 그녀와의 만남에 대한 의미 찾기에만 쏠려 있었다. 그리하여 사랑의 본질에 대해 성찰할 여유가 없었다. 사랑에 몰입한 자신의 모습 또한 객관적으로 바라볼 수가 없었다.《LOVE YOURSELF 轉 'TEAR'》에 이르러서야 그녀에게만 쏠렸던 관심이 안으로 향하면서 사랑을 얻기 위해 자신이 거짓 연기를 한 건 아닌지, 그녀를 얻기 위해 자신을 버린 건 아닌지 돌아본다. 그 과정 중에 사랑을 잃고 '찢는(tear)' 듯한 고통과 '회한(tear)'이 물밀듯 밀려온다. 《LOVE YOURSELF 承 'HER'》의 노래들이 전반적으로 핑크빛 장미 톤tone이었다면 《LOVE YOURSELF 轉 'TEAR'》는 검붉은 흑장미 톤이다.

1. Singularity

《LOVE YOURSELF 承 'HER'》의 인트로 〈Serendipity〉에서는 운명적인 사랑의 만남과 그 의미를 미소년 같은 지민의 부드러운 목소리로 감미로운 멜로디에 실어 표현했다. 반면에 《LOVE YOURSELF 轉 'TEAR'》의 인트로 〈Singularity〉에서는 매력적인 뷔의 낮은 목소리로 시적 이미지로 가득한 어둡고 몽환적인 심리 상태를 네오솔과 R&B풍의 끈적끈적한 멜로디로 표현한다.

〈Serendipity〉에서 지민은 '넌 내 푸른곰팡이' '난 네 삼색 고양이'라며 그녀와의 관계에서 뜻밖의 행운을 발견한다. 하지만 〈Singularity〉에서 뷔는 그 행운이 성숙한 관계로 발전되지 못하고 뭔가 자꾸 어긋나 버린 낯선 이미지들과 맞닥뜨린다. 〈Serendipity〉에서 우주적 섭리에 의해 구원의 천사로 찾아온 너에게 빠진 나는, 네 속에

---

*   serendipity는 뜻밖의 행운이나 우연한 발견을 뜻한다.

서 허우적대다가 〈Singularity〉에서 그만 나를 잃어버리고 만다.

〈Singularity〉는 나를 잃어버린 순간에 떠오르는 모호하고 낯선 이미지들(singularity)로 가득하다. '무언가 깨지는 낯선 소리', '목소리를 잃어버린 나', '얼어붙은 호수에 금이 가는', '겨울 두꺼운 얼음 호수 속에 비친 내가 버린 내 얼굴', '꿈속에도 괴롭히는 환상통' 등등. 이 모호하고 낯선 자신의 이미지와 느낌을 표현하는 데 뷔의 블루지한 레이드 백laid back 창법*은 더할 나위 없이 잘 어울린다.

〈Singularity〉 뮤비는 이 낯설고 특이한 나의 이미지(singularity)들을 안무로 연출한다. 시작하자마자 뷔의 손을 잡고 뷔의 얼굴을 어루만지는 손. 그 손이 네 손인지 내 손인지, 내가 안고 있는 게 너인지 나인지. 옷걸이에 걸린 옷에 자신의 손을 넣고 자신을 어루만지며 실체 없는 너를 '연기'하는 뷔. 이 기이한 옷걸이 손 안무는 다양한 '가면 안무'로 이어진다. 가면 안무의 주제는 '가짜'다. '너를 위해 버린 내 목소리와 얼굴. 그렇다면 지금 내 목소리와 고통조차 가짜일까?'를 연기하는 가면 안무는 이별한 후에야 응시하게 된 자신의 어그러진 모습을 역설적으로 표현한 것이다. 여기에 네오솔 창법으로 어둡고 몽환적인 이미지를 표현하는 뷔의 목소리엔 짙은 호소력이 배어난다.

---

*   레이드 백Laid back은 정박자보다 리듬을 조금 뒤로 밀어서 약간 처지는 분위기를 내는 창법으로, 뷔는 첫 솔로 곡 〈Stigma〉에서도 이 창법을 사용했다.

BTS, 인문학 향연

2. Fake love

〈FAKE LOVE〉는 《LOVE YOURSELF 轉 'TEAR'》의 타이틀곡으로 제목에서도 드러나듯 이 앨범의 주제인 '가짜 사랑'을 표현한 곡이다. 〈Singularity〉에서 느껴지는 가짜 사랑의 모호함은 사랑을 얻기 위해 잃어버린 나를 표현하는 이미지들의 낯섦과 기이함에서 온 것들이다. 낯섦, 특이점이라는 제목에서 암시되듯 〈Singularity〉는 매우 주관적이고 개인적인 감성을 표현한다. 그에 비하면 〈FAKE LOVE〉에서는 상당히 직설적이며 보편적 감성을 노래한다.

청춘이 사랑에 빠졌을 때, 그는 부러울 것 하나 없는 세상에서 가장 행복한 사람처럼 보인다. 하지만 사랑에 빠진 청춘의 행복 이면에는 동시에 불안이 – '지금 이 행복이 혹시나 깨지면 어떡하지' – 엄습한다. 이 불안이 커질수록 "나 자신으로는 사랑받을 자신이 없어져"* 자꾸 거짓 연기를 하게 된다. 그녀를 위해 "슬퍼도 기쁜 척", "아파도 강한 척"하고, 그녀를 위해 "예쁜 거짓을 빚어내"며 결국 "날 지워 너의 인형이 되려" 한다. 이 과정에서 "내 모든 약점들은 다 숨겨지길" 바라고 다만 "사랑이 사랑만으로 완벽하길" 바란다. 하지만 결국에는 "나도 내가 누구였는지도 잘 모르게" 되고, 이젠 더 이상 견딜 수가 없게 돼버린다("I'm so sick of this"). 지독하게 사랑했는데("Love You so bad"), 그건 미친 짓이

---

* 《LOVE YOURSELF》 승, 전, 결 뮤비에서 복잡하게 전개된 방탄 세계관을 한눈에 볼 수 있도록 요약한 〈Love Yourself Highlight Reel 기승전결〉(2017. 8. 19.)에서 내레이터로 등장한 진이 과거를 회고하면서 한 말이다.

널위해 서라면 난 슬퍼 도기론처할수가있 었-어　널위해 서라면 난 아파

도 강한척할수가있 었-어　사 랑이 사랑 만으로 완벽하-길 내모든

약점 들은 다 숨겨 지-길　이뤄지 지않는꿈속에서　피울수없는꽃을키 웠-어

었다("Love it's so mad"). 왜냐하면 거짓 사랑("Fake Love")이었기에.

〈FAKE LOVE〉는 대상과의 관계에서 상호 독립적이며 고유한 인격체로 남지 못하고 종속적이 될 때 맞게 되는 사랑의 파국을 노래한다. 이는 사랑에 빠진 청춘이 흔히 겪게 되는 보편적 상황이다. 하지만 방탄은 〈FAKE LOVE〉 뮤비를 통해 이 보편적 상황을 매우 개별적이고 고유한 영상 서사로 표현한다. 다름 아닌 『화양연화 THE NOTES』에서 시작해 《화양연화》 시리즈 앨범을 거쳐 《WINGS》와 《LOVE YOURSELF》에 이르기까지 '방탄 세계관'의 바탕이 된 각 멤버들의 고유한 성장 서사 말이다. 방탄은 이 성장 서사를 가사로 응축시켜 노래로 부르고, 춤으로 표현하며, 극화해 뮤비로 만들었다.

방탄 세계관의 성장 서사를 표현한 뮤비를 해석하는 일은 '도전'이다. 5분 미만의 짧은 영상에 일곱 멤버들의 고유한 서사를 담아내야 하기에 각각의 뮤비에는 수많은 장치, 기법들이 총동원된다. 문학에서 사용되는 각종 비유법(상징, 은유, 암유), 영화에서 사용되는 장치들(미장센, 몽타주), 영화와 문학에서 공히 중요시되는 구성, 플롯 등등. 그리고 무엇보다 뮤비에 기본 서사를 제공하는 방탄 세계관 속 성장 이야기. 이 모든 것이 충분히 인지되고 숙달돼 있어야 비로소 방탄 뮤비 해석의 출발점에 설 기본 자격이 갖추어졌다고 할 수 있다. 해석이라지만 실은 방탄 뮤비는 열린 구조로 돼 있어 정해진 답이란 애초부터 존재하지 않는다. 그러니 해석이라기보다 자기만의 이해 또는 감상이라고 하는 편이 맞을 것이다. 모든 열린 텍스트의 독서가 오독일 터이지만, 방탄 뮤비 오해에서 비롯된 예상치 못한 '발견의 즐거움'은 도전에 대한 예기치 않은 부상副賞일 것이다. 나의 〈FAKE LOVE〉 뮤비 해석도 마찬가지다.

내가 해석한 〈FAKE LOVE〉 뮤비 구성(플롯)의 뼈대는 크게 두 갈래로 이루어져 있다. 한 갈래는 각 멤버들만의 고유한 공간과 그 공간 속 상징물 사이의 관계에서 펼쳐지는 이야기이고, 다른 갈래는 그 공간들이 지닌 상징을 푸는 열쇠를 쥔 정국이 공간에 대해 취하는 행동으로 열어가는 이야기이다.

첫 번째 구성 뼈대인 각 멤버들의 고유한 공간과 상징물 사이의 관계를 보자. 〈FAKE LOVE〉 뮤비에서는 정국을 제외한 여섯 명 멤버들은 줄곧 자신만의 고유한 공간에 머문다. 진은 스메랄도꽃 유리병이 있는 커튼이 쳐진 방, 남준은 손잡이 고리가 있는 버스 안, 호석은 놀이동산에 설치된 잡동사니들이 쌓여 있는 창고 방, 지민은 세면대가 있는 방, 뷔는 반짝이는 수많은 핸드폰 액정에 둘러싸인 어두운 방, 윤기는 피아노가 있는 방. 이렇게 각 인물과 연관되는 공간은 『화양연화 THE NOTES』 이야기, 그러니까 이 공간들은 방탄 세계관에 근거해 만들어진 수많은 뮤비에서 반복적으로 등장하는 공간들이다. 단 특이한 점은 여섯 명 모두 자신의 고유한 공간에서 아무도 밖으로 나오려 하지 않는다는 점이다.

이 갇힌 '공간 속에서' 상징물들에 녹아 축적된 여섯 멤버들의 '시간 이야기'가 펼쳐진다. 진은 학창 시절 방탄 멤버의 아지트 비밀을 교장에게 밀고함으로써 관계가 멀어지고 멤버들에게는 불행이 닥친다. 불행은 또 다른 불행을 몰고 와 이어지는 불행을 석진은 타임 리프를 통해 되돌려 보려 한다. 하지만 그의 본심은 다른 멤버들에게 전해지지 못한다. 석진의 '전하지 못한 진심'은 같은 의미의 꽃말을 지닌 스메랄도를 통해 여러 뮤비들에서 우회적으로 표현된다. 남준의 공간인 버스는, 청소년 가장으로 집 없이 떠도는 자신의 처지를 상징적으로 표현한다. 방탄 세계관에서 남준은 뷔의 정신적 멘토로 등장한다. 버스 공간 속 거울에 비치는 모습이 거울 앞에 선 자신의 모습과 다르게 보이는 것은, 뷔가 바라보는 것처럼 남준은 그런 사람이 아닐지 모른다는 것을 상징적으로 암시한다. 호석은 어릴 때, 어머니가 자신을 버렸던 놀이동산과 손에 쥐여준 초코바에 대한 기억에서 벗어나지 못하고 있다. 지민 역시 유치원 소풍 때 비가 와 풀꽃수목원에서 당했던 불행한 과거 기억에 사로잡혀 있다. 이 트라우마는 물과 연관돼 지민에게 지속적으로 환기된다. 뷔는 〈Stigma〉 뮤비에서 보이듯, 가정폭력을 일삼는 아버지를 살해하는 악몽으로부터 자신을 구해달라(Save Me)고 남준에게 전화로 SOS 신호를 보내지만 닿지 않는다. 닿지 않는 연락의 안타까움은 〈FAKE LOVE〉에서는 수많은 핸드폰 불빛에 둘러싸인 공간으로 표현된다. 윤기가 있는 방의 피아노는 화재로 죽은 엄마의 피아노를 연상시킨다. 윤기는 화재로부터 엄마를 구하지 못한 것을 자신의 탓으로 돌려왔다. 그 역시 과거의 트라우마에서 한 치도 벗어나지 못하고 있음을 보여준다.

〈FAKE LOVE〉 뮤비 시작부터 끝까지 한 공간에만 머무는 여섯 명의 멤버와는 달리 막내 정국은 어느 공간에도 머무르지 않는다. 각 멤버가 속한 공간 장면이 바뀔 때마다 정국이 그 안을 숨어서 바라보는 스틸 컷 같은 장면이 삽입된다. 각 멤버의 공간 장면이 끝나자 쫓아오듯 무너지는 복도를 피해 정국은 이 방 저 방을 넘나들며 탈출을 시도한다. 마침내 정국은 물이 흘러내리는 어느 벽 앞에 멈춘다. 그 앞에는 진의 방에 있던 스메랄도가 사라진 빈 유리병과 모래가 쌓여 있다. 정국이 손에 모래 한 줌을 쥐자 스메랄도 꽃잎이 그림자 되어 날아간다. 이어서 물이 쏟아지는 벽 한가운데 문이 열리고 정국은 그 문 속으로 들어가 폐허가 된 진의 방에 이른다. 그러곤 검은 후드를 입은 어느 남자 앞에 마주 선 장면으로 뮤비는 끝난다. 이 상징성 짙고 의문투성이의 흩어진 이야기 조각들을 어떻게 짜맞춰, 각 멤버들의 공간과 관련된 큰 의미 그림이 드러나게 할 수 있을까.

그렇다. 〈FAKE LOVE〉 뮤비 기획 연출자도 너무 불친절했다고 생각했던 모양이다. 빅히트 측은 이례적으로 〈FAKE LOVE〉 뮤비가 나온 지 12일 후에 〈FAKE LOVE〉 확장판(Extended Version)을 내놓는다. 오리지널 〈FAKE LOVE〉 뮤비 버전보다 1분 정도 더 긴 확장판 후반부엔 상징성 짙은 이야기 조각 퍼즐을 맞출 수 있는 열쇠가 등장한다. 물론 그 열쇠조차 풀어야 할 상징이지만.

〈FAKE LOVE〉 확장판이 오리지널 버전과 다른 부분은 정국이 물

181

이 쏟아지는 벽 한가운데 열린 문으로 들어가고 나서부터다. 오리지널 버전에서는 문으로 들어가 진의 방에 이른 후 검은 후드를 쓴 남자와 마주 서는 것으로 끝나지만, 확장판은 닫힌 진의 방 열쇠 구멍에 정국이 열쇠를 꽂아 넣는 장면이 추가로 삽입돼 있다. 이 짧은 열쇠 장면을 추가한 이유를 풀 수 있는 단서는 정국이 물 벽 열린 문으로 들어가기 바로 앞 장면들 – 지민의 방 벽에는 물이 폭포수처럼 쏟아지고, 윤기 방은 폭발하듯 화염에 휩싸이며, 호석은 초코바 더미 속으로 묻히고, 뷔는 사방 명멸하는 핸드폰 불빛 액정들로 빽빽하게 둘러싸이며 – 과의 인과적 연관성에 있다. 정국의 열쇠로 이어지는 이 장면들은 뷔의 방에 명멸하는 핸드폰들이 암시하듯, 밖에 있는 누군가에게 자신의 급박한 상황을 알리는 전언 같다. 그 전언은 다름 아닌 뷔의 방 창문에 쓰인 'Save Me(구해줘)'이다.

　여섯 멤버가 갇혀 있는 공간은 일종의 내면심리 상태를 암시하는 것으로 방탄 세계관에 의하면 각 멤버들이 겪는 트라우마를 보여준다. 갇혀 있다는 것은 여전히 트라우마에서 벗어나지 못하고 있다는 것을 의미할 것이다. 그들은 탈출을 시도하기보다는, 어찌할 줄 몰라 하거나 (뷔), 자포자기하거나(지민, 호석), 자학적이거나(윤기), 망설이기만(진) 한다. 정국은 이들을 구해주려(Save Me) 닫힌 방에 열쇠를 꽂는 것이다. 정국이 열쇠를 쥐게 된 것은 그만이 닫힌 방과 공간을 벗어나 탈출했기 때문이다. 트라우마를 극복하는 길은 갇힌 공간에서 탈출하는 길밖에 없다. 트라우마는 자신이 만들어 자신을 가두어 버린 심리적인 문이다. 누군가 강제로 끌어낼 수 있는 게 아니라 자신이 스스로 열고 나와야 하는 문이다. 그래야만 트라우마는 극복될 수 있다. 하지만 정국이 열쇠로 문을 연다 해도 자기 발로 나오지 않으면 그만이다. 이는 〈FAKE LOVE〉 확장판 마지막 부분의 '가면 메타포'를 풀 또 다른 열쇠다.

진의 방에 도착해 검은 후드를 쓴 남자와 만난 정국은 자신도 같은 후드 옷을 입고 멤버들을 가두었던 격벽들이 허물어진 개방 공간으로 나아간다. 정국은 검은 후드 옷을 입고 서 있는 여섯 남자들 사이로 걸어가 나란히 선다. 그러곤 정국이 얼굴 가면을 쓰니 다른 여섯 명 후드 남자들 모두 동시에 정국과 같은 얼굴 가면을 쓴다. 그러자 그들 앞에 '쿵' 하고 다시 격벽이 내려앉는다. 이것이 확장판 뮤비 엔딩, 가면 신이다. 그렇다면 가면은 무엇을 은유하는 것일까?

가면 메타포는 〈FAKE LOVE〉 뮤비 해석 과정 – 공간과 상징물 사이의 관계를 두 축으로 구성된 이야기 뼈대로 분석한 – 을 반추해 보면 자연스럽게 그 의미가 드러난다. 여섯 명이 갇힌 방은 각각의 내면심리를 비추는 상징적 공간으로 아직 벗어나지 못한 트라우마를 보여준다. 정국이 열쇠로 그들 방문을 열어주었지만 걸어 나와야 하는 사람은 그들 자신이다. 정국의 열쇠로 그들을 가둔 격벽은 헐렸으나, 마음을 가둔 내면의 심리적 격벽까지 허문 건 아니다. 가면은 마음의 문을 닫은 또 다른 벽의 메타포로 읽힌다. 그래서 모두 얼굴 가면을 쓰는 순간 그들 앞에 쿵 하고 벽이 다시 내려앉는 것이다.

그렇다면 극복하지 못한 트라우마로 마음의 문을 닫은 〈FAKE LOVE〉 뮤비와, 대상과의 관계에서 상호 독립적이며 고유한 인격체로 남지 못하고 수많은 '~~척'들로 이어진 거짓 사랑 〈FAKE LOVE〉 노랫말과는 어떤 연관성이 있을까. 그건《LOVE YOURSELF》시리즈 앨범의 기본 콘셉트에 영향을 준 에리히 프롬『사랑의 기술』의 중심 메시지에서 유추할 수 있다. 나를 사랑하지 않고서는, 내가 독립적이며 고유한 인격체로 바로 서지 못하고서는, 그 어떤 사랑도 참사랑으로 지속될 수 없으며, 상호 성숙한 인간으로 발전될 수 없다는 메시지이다.

다소 길게 노랫말의 의미와 뮤비 구성에 함의된 이야기 구조 분석으로 〈FAKE LOVE〉를 이성적으로 접근해 보았다. 하지만 음악은 철학이 아니라 예술이다. 이런 복잡한 이성적 추론보다 감성적인 멜로디와 심미적인 춤사위가 더욱 강하고 빠르게 감상자의 가슴을 파고드는 게 BTS 음악의 또 다른 특징이다. 〈FAKE LOVE〉 뮤비의 두 이야기 뼈대 사이에 추는 아름다운 군무와 때론 부드럽고 때론 강렬한 멜로디의 아름다움은 논리와 분석, 그 이전 혹은 그 너머에 있다. 그렇다면 BTS 음악은 이성과 감성, 어느 쪽으로 감상해야 좋을까. 선택은 전적으로 감상자의 몫이다.

3. 말노래

힙합 랩은 기본적으로 '말노래'이다. 말노래라 함은 말을 리듬에 맞추어 음악적으로 발성하는 것이라 정의할 수 있다. 이는 말이 절대적으로 우선시되는 음악이라는 의미이다. 랩엔 기본적으로 음의 장단으로 구성된 '리듬'만 있지 음의 높낮이로 이루어진 '선율', 즉 멜로디가 없다. 음의 수평적(시간적) 흐름인 선율이 없으니 음을 수직으로 쌓은 '화성', harmony 또한 없다. 힙합 랩은 한 마디 안에 박을 어떻게 쪼개는 가에 따라 '비트Beat'라는 리듬이 만들어지는데, 랩 특유의 비트를 만드는 것을 '비트 메이킹Beat making'이라 한다. 곧 노랫말을 얹을 반주 테이프 MR을 만드는 것으로, 음악의 '작곡'에 해당된다. 이렇듯 랩엔 노래의 중요한 요소인 멜로디와 화성이 없지만, 대신 '말의 멜로디'라 할 수 있는 '라임rhyme'이 있다. 라임(압운押韻)이란 프레이즈 안에 또는 인접한 프레이즈들 사이의 일정한 자리에 말소리가 비슷한 음절이 규칙적으로 들어가는 것을 말한다. 라임으로 말에 운율, 리듬을 불어넣는 대표적인 글 갈래가 시詩이니, 힙합 랩은 태생적으로 시와 관련이 깊다 하겠다.

BTS는 '힙합을 베이스로 한 K-pop 아이돌'이라는 정체성을 갖고 탄생했다. '진솔한 우리 이야기를 하자' '우리 청소년들을 세상의 편견으로부터 막아내자'고 서원한 BTS의 음악 세계에서 '말'이 차지하는 비중은 절대적이다. BTS가 세계적 보이 그룹으로 명성이 높아져 전 세계 거장 뮤지션들로부터 곡이 쇄도해도 작사만큼은 멤버 중 누군가가 반드시 참여하고 있다는 게 그 방증이다. BTS 음악의 원천이라 할 'BU 세계관' 속 인물, 성격, 사건, 이미지 등등. 이 모든 것은 말로 이어진 서사, 이야기의 구성 요소들이다.

이 말노래에 자신에 대한 이야기와 시대를 향한 전언을 보다 넓고 깊게 담기 위해 BTS는 다양한 인문학 분야의 책들과 미술, 무용, 조각 등의 예술 분야, 그리고 대중 영화 등 인접한 문화예술 분야를 자신들의 음악 세계로 들여온다. 이런 경향은 해가 갈수록 BTS의 음악 세계

속에 더욱 짙게 자리한다.

《LOVE YOURSELF 轉 'TEAR'》의 4번 트랙 〈134340(Pluto)〉은 가사의 의미가 리듬이나 멜로디를 압도하는 곡이다. 이 독특한 제목은 2006년 8월 국제천문연맹에서 행성의 분류법을 바꾸면서 과학자들이 명왕성을 태양계 행성에서 왜행성으로 강등하면서 붙인 이름이다. 명왕성이 태양을 향해 말하는 것 같은 후렴 "난 맴돌고만 있어/ 난 널 놓쳤어 난 널 잃었어/ 난 헛돌고만 있어"를 통해 이 노래가 말하고 싶은 것은 무엇일까. 그건 《LOVE YOURSELF》의 일관된 메시지로, 누구의 빛을 받아서 내가 빛을 발하는 데에는 한계가 있다는 전언이다. 우리는 각자 자신 안에서 발광하고 있는 빛을 발견해야 한다. 진정한 사랑이란 각기 잠재해 있는 빛을 발견하도록 도움이 되는 관계이다. 이 사랑에 대한 전언이 《LOVE YOURSELF》 시리즈 전체를 관통하고 있는 에리히 프롬 『사랑의 기술』의 핵심 주제이다.

7번 트랙 〈Magic Shop〉은 스탠퍼드대학 신경 의학자 제임스 도티 박사가 쓴 책 『닥터 도티의 삶을 바꾸는 마술가게』를 기반으로 만든 곡이다. 뮤직비디오 첫 화면에 도티 박사의 책을 인용한 'magic shop'의 정의가 나온다. "magic shop is a psychodramatic technique that exchange fear for a positive attitude(마술 가게는 두려움을 긍정적인 태도로 바꿔주는 심리극 기술이다)." BTS는 이 마술적 심리치료를 기반으로 〈Magic Shop〉을 '팬 송'으로 만든다. 방탄이 벼랑 끝에 섰을 때 그들을 찾아내고 알아준 건 아미였다. "You gave me the best of me (아미 당신은 내게 나의 최고를 주었어)." 그러니 우리를 찾아내고 알아봐

준 여러분들이라면 네 안에 있는 최고(the best of you), 은하수(galaxy)를 찾아낼 수 있을 거야. "내가 나인 게 싫은 날/ 영영 사라지고 싶은 날/ 문을 하나 만들자 너의 맘속에다/ 그 문을 열고 들어가면/ 이곳이 기다릴 거야/ 믿어도 괜찮아 널 위로해 줄/ Magic Shop." 그 마술 가게엔 "위로와 감동이 되고 싶었었던 나/ 그대의 슬픔 아픔 거둬가고 싶어 나", 일곱 명 방탄소년단이 노래로 아미 당신을 기다리고 있겠다는 팬 송이 〈Magic Shop〉이다.

Love Yourself 結 'Answer'

2018년 8월, 방탄소년단은 3집 리패키지 앨범《LOVE YOURSELF 結 'ANSWER'》를 발매한다. 이 앨범을 끝으로 방탄은 2016년 3월부터 시작해 약 2년 반 동안 이어진 'LOVE YOURSELF' 대장정을 마친다. 이 앨범은 리패키지 앨범임에도 불구하고 신곡 7곡이 포함돼 있다. 특이한 점은 'Love Yourself 승(her), 전(tear)' 시리즈 앨범으로 펼쳐온 '사랑의 서사' 콘셉트를 결(answer)로 자연스러우면서도 단순하게 매듭지은 게 아니라,《LOVE YOURSELF 結 'ANSWER'》속에 사랑의 서사 '기, 승, 전'을 또 다른 형식으로 아주 정교하게 압축해 풀어놓고 있다는 점이다. 이른바 'trivia 起, 承, 轉' 삼부작이다. -'트랙 2 Trivia 起 : Just Dance, 트랙 6 Trivia 承 : Love, 트랙 11 Trivia 轉 : Seesaw.' 모두 신곡으로 각각 j-hope 호석, RM 남준, 슈가 윤기의 솔로 곡이다.

1. Trivia 삼부작

우선 드는 의문은 《LOVE YOURSELF 結 'ANSWER'》에 왜 또다시 'trivia 기, 승, 전' 솔로 곡을 넣었을까 하는 궁금증이다. 'trivia'라면 '사소하고 하찮은 것'이라는 의미일 텐데, 'Love Yourself' 대단원인 '결'에 와서 이미 Love Yourself '승, 전' 콘셉트 앨범에서 많은 노래로 다루었던 사랑의 서사를, 그것도 'trivia'라는 애매모호한 타이틀을 붙여서 다시 꺼낸 이유가 도대체 뭘까. 그동안 방탄이 작업해 온 콘셉트 앨범들의 유기적이고 정치한 구성을 떠올려 보면 'trivia' 속엔 분명 결코 사소하거나 하찮지 않은 내밀하게 의도된 '무언가'가 담겨 있는 게 분명하다. 나는 이 수수께끼(enigma) 같은 '사소하고 하찮은 trivia' 속으로 기꺼이 들어가 보려 한다. '오독의 즐거움'이라는 부상을 기대하며.

방탄은 'Love Yourself' 콘셉트 시리즈 앨범 제작을 '기起'를 건너뛰고 바로 사랑에 몰입했을 때 순간의 감정을 솔직하게 표현한 《LOVE YOURSELF 承 'HER'》부터 시작했다. 그러니까 《LOVE YOURSELF 結 'ANSWER'》 2번 트랙 〈Trivia 起 : Just Dance〉는 'Love Yourself' 주제 콘셉트로는 처음 제시된 타이틀인 셈이다. 제이홉 힙합 랩으로 이루어진 이 솔로 곡은 'just dance' 부제가 말해주듯, 제이홉이 댄싱 파트너인 '너'와 함께 춤출 때 느끼는 감정을 솔직하게 표현한 곡이다. 가사 속 '너'는 자연스럽게 《Love Yourself Highlight Reel 기승전결》에서 제이홉과 연습실에서 함께 춤추던 '그녀'를 연상케 한다. "Just dance/ 음악의 리듬대로/ 그저 몸이 가는 대로" 스텝을 밟았을 뿐인데, 서로 몸과 마음이 하나 되는 느낌, 너와 함께 춤을 추었을 뿐인데, 숨과 땀이 공식처럼 맞춰지는 것 같은 느낌. 제이홉은 사소하지만(trivia) 이런 느낌이 바로 '사랑이 시작될 때(기起)'의 느낌이라고 노래하는 듯하다.

6번 트랙 〈Trivia 承 : Love〉는 RM 솔로 힙합 랩이다. 같은 힙합 랩이지만 이 곡은 제이홉 〈Just Dance〉에서 심장이 바운스 바운스 콩콩 뛰는 것 같은 경쾌한 하우스 리듬 반주와는 사뭇 다른 세션으로 구성돼 있다. 〈Love〉 전반부는 피아노가 그리고 후반부는 브라스가 드럼 비트 사이사이 빈 곳을 메워 '리듬'을 형성하며 흘러간다. 힙합 재즈 같은 느낌으로 래핑 사이사이에서 연주되는 피아노와 브라스 반주는 마치 래퍼의 말에 귀 기울이는 것 같은 느낌을 준다. 이는 "I live so I love/ 나는 살아간다 고로 사랑한다"는 〈Love〉의 철학적 주제와 잘 어울리는 클래식한 세션 반주 구성이다. RM에게 "사람과 사랑이 왜 비슷한 소리가 나는지 알게 해준", "직선 같은 내 심장을 잠식해 모서리를 닳게 한" "그냥 사람 사람 사람일 뿐인 나의 모서리를 잠식해 사랑 사랑 사랑으로 만들어 준" '그녀'는 『화양연화 THE NOTES』와 《Love Yourself Highlight Reel 기승전결》에서 등장한, 버스와 육교 위에서 서로의 존재만 의식하며 그냥 스쳐 지나간 소녀를 환기한다. 말 한 번 나눠본 적 없고, 손 한 번 잡아본 적 없는, 이 사소한(trivia) 스침에서 RM은 '사람'으로 살아가려면 마땅히 이어져야 할(승承) '사랑'을 발견한다. 'ㅁ과 ㅇ'의 사소한 차이에서 불완전한 '사람'이 완전한 '사랑'으로 이어질(承) 수 있음을 깨달았다는 RM. 참으로 범생다운 성찰이다.

사랑이 시작될 때, 누구나 한번쯤 '영원히 네 곁을 지킬게', '죽을 때까지 함께하자'며 손가락 걸고 맹세해 본 기억이 있을 것이다. 하지만 대부분의 경우, 그 맹세는 잘 지켜지지 않는다는 것 또한 경험을 통해 알게 된다. 특히 첫사랑일 경우는 더욱 그렇다. 가만 놔두어도 뜨거운 물이 식듯, 사랑의 열정은 시간이 갈수록 식어가기 마련이다. 야속하게도 인간의 감정은 그렇게 생겨났다. 트랙 11번 슈가 힙합 솔로 곡 〈Trivia 轉 : Seesaw〉는 이런 '사랑의 권태'에 대한 푸념이다. 한숨 섞인 푸념처럼 슈가의 랩은 팔분쉼표가 들어간 엇박자로 시작한다. 이후 전체적으로 짙은 당김음(싱커페이션syncopation)을 사용해 드럼 비트의 셈여림과 랩 노랫말 사이에 엇박자 효과를 줌으로써 감정의 '시소 seesaw'를 효과적으로 드러낸다. 의미 없는 감정 소모에 지쳐가고, 누가 먼저 시소에서 내릴까 자존심에 서로 눈치만 살피며 질질 끌며, 책임 전가에 반복되는 시소게임. "사소한 말다툼이 시작이었을까"라며 잘못된 시점始點을 찾아보지만, 부질없다. 물리학의 열역학 제2법칙처럼 대상에 대한 사랑의 열정과 뜨거움 또한 오직 한 방향으로만 식게 돼 있다. 그러니까 사랑의 '전轉' 단계에서 맞닥뜨리게 되는 감정의 'seesaw'는 결코 특별한 게 아니란 것이다. 사랑도 인간의 일이라 생로병사처럼 누구나 그 무상함을 겪게 되는 '흔한(trivia)' 현상일 뿐이다. 그 흔한 사랑의 현상을 푸념 섞인 넋두리 조로 노래한 게 슈가의

〈Trivia 轉 : Seesaw〉이다.

그렇다면 사랑의 각 단계에서 겪게 되는 현상은 나에게만 일어나는 특이한 것이 아니라, 누구에게나 일어날 법한 '흔한(trivia)' 일이라는 걸 다시 한번 강조하기 위해《LOVE YOURSELF 結 'ANSWER'》에 'Trivia' 삼부작을 넣었단 말일까. 단지 그런 의도였다면 이 삼부작은 말 그대로 사소하기 그지없다. 왜냐하면 이 삼부작이 없어도 'Love Yourself' 승, 전, 결로 이어지는 콘셉트 앨범의 메시지는 전혀 부족하거나 손상되지 않았을 것이기 때문이다. 그렇다면 분명 다른 의도, 또 다른 내밀한 계획이 있는 게 틀림없다. 너무도 값지고 소중하기에 보물 지도를 만들어 꼭꼭 숨겨 놓으려는 'Love Yourself 結결'로서의 '답(Answer)'. 그냥 보여주면 그 귀함의 가치를 무시하기 십상이기에, 소중히 여기라고 기를 쓰고 찾는 이에게만 살짝 드러내 보이는 '사랑의 보물' 같은 그 무엇.

'trivia'의 라틴어 어원은 '삼(tri, 3) + 거리(via, 길)'를 합성한 '삼거리(three ways)'에서 유래되었다고 한다. 로마 제국의 도시에는 삼거리가 많아 trivia는 '어디에나 있는 장소', '흔한 장소'를 가리키게 되었고, 여기에서 '흔한 것, 사소한 것'이라는 의미가 파생되었다고 한다. 그렇다고 방탄이 'trivia'를 3과 연관 지어《LOVE YOURSELF 結 'AN-SWER'》에 기, 승, 전 'trivia 삼부작'만을 쓴 것은 아닐 터이지만, 보물 지도를 판독하는 과정 중에 이 참을 수 없는 '3의 사소함'을 발견한 것도 소소한 즐거움임엔 틀림없다.

2. Epiphany

3이 가져다준 trivia의 소소한 즐거움 외에 'trivia 삼부작'에서 아무리 헤매고 찾아보아도 나는 위에서 열거한 내용 외에는 그 어떤 보물에 대한 단서도 찾을 수 없었다. 그러다가 《LOVE YOURSELF 結 'ANSWER'》의 타이틀곡이기도 한 〈Epiphany〉를 'trivia'와 연관 지어 생각해 보기로 했다. 'Love Yourself' 종착역인 결에서 기승전을 뒤돌아보면 지나온 길의 모습이 드러나지 않을까. 비록 그 길이 내가 낸 나만의 길이 아닌 수많은 사람들이 먼저 걸어간 흔하고 사소한(trivia) 길일지라도 말이다. 그리하여 마침내 Love Yourself의 결에서 발견한, 'Epiphany'.

"빛나는 나를 소중한 내 영혼을 이제야 깨달아…/ I'm the one I should love."

인간의 실존적 불안과 고독을 이겨낼 수 있는 것은 오직 '사랑뿐'

이다. 하지만 사랑이 어떤 한 사람을 향한 감정과 열망으로만 국한된다면, 그런 사랑은 반드시 실패하게 돼 있다. 대상에 국한된 사랑은 처음 느꼈던 열망의 지속성에 대한 불안으로 거짓 사랑(fake love)을 연기하게 되고 결국 자신마저 잃어버리게 되고 말기 때문이다. 그러하니 참사랑이란 서로가 독립적인 인격체로 성숙하도록 돕고 상호 존중받는 관계로 발전돼 가는 사랑이어야 할 것이다. 그럴 때 사랑은 개인 대 개인만의 사랑이 아니라 세계 전체로 열린 사랑이 되고, 한 대상과 국한된 관계에서 세계 전체와의 관계를 결정하는 태도로 발전된다는 것이 에리히 프롬이 『사랑의 기술』에서 강조한 사랑의 핵심이다. 이런 사랑의 발전 단계에서 에리히 프롬은 독일의 신비 사상가 마이스터 에크하르트 말을 인용한다.

"만일 그대가 그대 자신을 사랑한다면, 그대는 모든 사람을 그대 자신을 사랑하듯 사랑할 것이다. 그대가 그대 자신보다도 다른 사람을 더 사랑하는 한, 그대는 정녕 그대 자신을 사랑하지 못할 것이다."

이는 방탄이 'Love Yourself' 콘셉트 시리즈 앨범의 수많은 곡을 통해 한 편의 드라마처럼 노래로 발전시킨 메시지이다.

그렇다면 'Love Yourself 結, Answer' 'Trivia' 삼부작 보물 지도에 숨겨진 보물이 'Love Myself'라는 메시지일까. 무려 세 곡씩이나 trivia라는 부제까지 달아가며 내밀하게 감추어 둔 보물이 결국 "I am the one I should love"란 말일까. 이 메시지는 이미 그 앞의 수많은 곡들에서 암시되어 굳이 Trivia 삼부작이 없어도 〈Epiphany〉 한 곡으로도 충분히 답(Answer)이 되고도 남지 않을까. 그렇다면 보물은 여전히 다른 데 내밀하게 감추어져 있을 것이다. 나는 놀랍게도 trivia에 감춰진 보물 'Epiphany'를 20세기 모더니즘 소설 문학의 거장 제임스 조이스James Joyce(1882-1941)의 '에피퍼니 미학'이라는 보물 지도에서 발견했다.

세계 굴지의 출판사인 랜덤 하우스는 20세기가 저무는 마지막 해에 20세기 베스트 소설 100권을 발표했다.

그 100권의 위대한 소설 중 제임스 조이스의 『율리시스*Ulysses*』(1922년)와 『*A Portrait of the Artist as a Young Man*(젊은 예술가의 초상)』(1916년)이 각각 1위와 3위를 차지했다. 제임스 조이스를 20세기 최고의 소설가라 말하는 데 이의를 달 사람은 아마도 없을 것이다. 'Epiphany'는 바로 제임스 조이스 소설미학의 핵심 이론이다.

1904년 훗날 자서전적인 예술가 소설 『젊은 예술가의 초상』으로 재탄생하게 되는 『스티븐 히어로*Stephen Hero*』(1904년)에서 조이스는 자신의 소설미학의 핵심이 되는 'Epiphany'에 대해 자전적 주인공인 스티븐의 입을 빌려 설명한다.

"By an epiphany he meant a sudden manifestation, whether in the vulgarity of speech or of gesture or in a memorable phrase of the mind itself(그가 말하기를 에피퍼니란, 천박한 언어나 행동 또는 마음의 기억할 만한 국면에서 갑작스럽게 드러나는 어떤 계시이다)."

여기서 '천박한 언어나 행동'은 특별할 것 없이 보통 사람들의 일상에서 흔히 발생하거나 겪는 어떤 것(trivia)이며, '마음의 기억할 만한 국면'이란 그 흔한 것들 중 특별히 마음에 와닿는 어떤 것에 대해 마음을 쏟은 상태를 말한다.* 이때 마치 신의 계시나 나타남(현현顯現)처럼 부지불식간에 어떤 깨달음이 오게 된다는 것인데, 이를 조이스는 '에피퍼니 Epiphany(顯現)'라 명명한다. 그러니까 제임스 조이스의 소설은 이런 에피퍼니 순간에 이르는 과정에 대한 기록, 이야기라 할 수 있다.

내가 제임스 조이스 소설미학 '에피퍼니'에서 방탄《LOVE YOURSELF 結 'ANSWER'》 'Trivia' 삼부작의 보물 지도와 그리고 'Love Myself'라는 보물을 발견하게 된 것은 바로 이것이다. 20세기 최고 소설가 제임스 조이스가 '에피퍼니' 미학을 통해 말하려고 했던 '인생에서 진리, 깨달음, 계시란 특별한 어떤 것으로부터 오는 것이 아니다. 보통 사람들의 천박한 언어나 행동 같은 사소한(trivia) 것에서, 그것에 대해 마음을 쓰는 과정 중 부지불식간에 오는 것이다'. 그러니까 진이 이제야 깨달았다고 노래하는 〈Epiphany〉는 제이홉이 〈Just Dance〉에서 느꼈던 가슴 떨림이라든가, RM 남준이 〈Love〉에서 스치듯 지나친 그녀에 대한 기억이라든가, 슈가가 〈Seesaw〉에서 푸념처럼 넋두리한 사랑의 권태에서처럼 누구에게나 일어날 수 있는 일상의 '사소함(trivia)' 속에서 온다는 것이다. 자신을 사랑하지 않고는 어떤 누구도 진정으로 사랑할 수 없다는 'Love Yourself'의 보물 '에피퍼니, Love Myself'는 누구나 경험하게 되는 사랑의 기승전, 그 속에서 불현

---

*   Epiphany는 원래 '신의 나타남(현현顯現)'을 의미하는 종교적 용어로서, 하느님이 인간의 몸으로 태어나 동방박사들에게 자신의 모습을 드러내는 순간을 말하는데, 제임스 조이스는 예술가를 상상력의 사제로 간주하고 이 종교적 어휘를 세속화하여 예술적 용어로 사용했다.

듯 드러나는(Epiphany) 어떤 깨달음이다. 이를 강조하기 위해 방탄은 내밀하게《LOVE YOURSELF 結 'ANSWER'》에 'Trivia' 삼부작을 넣었다고 나는 추론했다. 놀랍지 않은가!

그렇다면 방탄이 제임스 조이스의 '에피퍼니 미학 이론'을 알고(혹은 공부하고) Trivia 삼부작과 〈Epiphany〉를《LOVE YOURSELF 結 'ANSWER'》에 넣었단 말인가 하는 의구심이 분명 들 것이다. 하지만 의도했든 우연의 일치든 그건 중요치 않다. 중요한 건 감상자이자 연구자로서 내가 발견한(발견했다고 느끼는) 보물 지도요 보물이다. 감상자의 참여로 끝없이 짜이는 열린 텍스트, Bangtan Universe(BU)가 방탄 음악 예술 미학의 핵심인 까닭이다. 아미들은 내 말에 공감할 것이다. 정말 놀랍다고.

3. Answer, Love Myself

'Love Yourself, Trivia 기승전'에서 'Love Myself, 결'로 이어지는 사랑의 테마가 마치 오페라 아리아같이 각각 네 명 솔로 곡으로 구성됐다면, 이후 3곡은 멤버 7명이 한목소리로 〈Epiphany〉의 메인 테마 'I'm the one I should love'를 부르는 것으로 구성됐다. 14번 트랙 〈I'm Fine〉에서는 "오직 나만이 나의 구원이"라고 자신에게 다독이며, "이젠 또다시 쓰러진대도 난 괜찮"다고 속삭인다. 그러면서 "혼자서라도 외쳐 보겠"다고 다짐한다. 15번 트랙 〈IDOL〉에서는 헤이터hater들이 우리를 뭐라고 부르고 뭐라고 욕하든 "You can't stop me lovin' myself"

라며 아프리칸 비트와 국악 장단을 접목해 방탄답게 신명 나게 춤추고 신나게 "걍 달린다." 마지막 16번 트랙 〈Answer : Love Myself〉에서는 "누군가를/ 사랑하는 것보다 더 어려운 게 나 자신을/ 사랑하는 거"라며, 자신을 사랑하는 법 - "어제의 나 오늘의 나 내일의 나/ I'm learning how to love myself" - 을 함께 배워가자고 전 세계 아미들에게 호소한다. 특히 아동학대와 학교폭력으로 고통받고 있는 아동, 청소년들에게 이어폰을 끼워주며 〈Answer : Love Myself〉를 들려준다.

BTS

Life goes on
Like an echo in the forest
Like an arrow in the blue sky
On my pillows on my table
Life goes on like this again

7장

선한 영향력과 아미

1

Beyond The Scene

2013년 6월 방탄소년단防彈少年團은 "10대, 20대가 겪는 세상의 편견과 억압을 막아내고 자신들의 음악적 가치를 당당히 지켜내겠다"는 출사표를 자신들의 보이 밴드 이름에 담아 세상에 나왔다. 해외에서도 BTS는 방탄소년단을 직역한 'Bulletproof Boy Scouts'로 알려지기 시작했다. 공식 로고도 그 의미에 맞게 방탄복을 간단하게 형상화했다. 그러던 BTS 이니셜과 로고가 2017년 7월에 바뀌었다. BTS 이니셜은 'Bulletproof Boy Scouts'에서 'Beyond The Scene'으로, 공식 로고는 '방탄조끼'에서 '닫힌 문과 열린 문' 형상으로 바뀐다. '장면을 넘어서'라는 'Beyond The Scene'은 '현실(장면)에 안주하지 않고 꿈을 향해 끊임없이 성장하는 청춘'을 의미하고 두 문짝 로고는 이를 형상화했다고 한다. 즉 BTS가 '닫힌 문'을 열고 나아가면, 아미는 '열린 문'에서 그들의 도전과 노력을 응원하며 기다린다는 스토리를 표현했다고 빅히트 측은 밝히고 있다.

수많은 상징과 메타포 그리고 상호 콘텍스트성으로 다양한 해석을 가능케 하는 방탄 음악처럼, 새로운 브랜드가 된 BTS 이니셜과 문 모양 로고도 아미들의 창조적인 해석에 무한히 열렸다. 두 쪽으로 된

문짝 로고를 보고는 한쪽 문은 10대 20대가 겪는 세상의 억압과 편견을 막아내는 방탄의 방패로, 다른 쪽 문은 방탄의 음악철학을 세상을 향해 구현해 내는 아미의 방패로 해석하는 아미들이 등장하기 시작한 것이다. 애초의 군대란 뜻의 ARMY도 Adorable Representative M.C.(Military Committee) for Youth(청춘을 위한 사랑스런 대표 군대 위원회)의 머리글자를 딴 'A.R.M.Y.'로 변경해 자신들 스스로도 정체성을 넓혀가기 시작했다. 몇 해 전부터 방탄 대규모 콘서트나 팬 미팅 등을 앞두고 팬덤 내부에 정기적으로 공유되는 "아미는 방탄의 얼굴"이라는 '방페(방탄 페이스face) 캠페인'이 열리고 있다. "바르고 좋은 영향을 주기 위해 노력하는 방탄처럼 아미도 모범적인 팬이 되기 위해 노력하자"는 취지로 공연 윤리와 팬덤 예의 전반에 걸친 자정 운동으로 시작된 캠페인이다. 이렇듯 아미는 방탄조끼를 입고 방탄의 얼굴이 되어 10대 20대 청춘을 대표하는 사랑스런 군대로 진화하고 있다. 그러하니 'Beyond The Scene(장면)'은 현실(장면)에 안주하지 않고 미래 꿈을 향해 함께 나가자는 의미이면서, 동시에 'Beyond The Scene(무대)'은 음악(무대)을 넘어 세상으로 나아가 방탄 철학을 실천함으로 선한 영향력을 전파하자는 '사회적' 의미로까지 진화해 가고 있는 것이다.

이런 진화는 방탄 음악을 일관되게 관통하는 '성장 서사'와도 맥을 같이한다. 자신들의 가치관과 세계관에 대한 끊임없는 성찰과 확장은 방탄이 음악을 통해 구축해 가려는 '방탄 세계관'에 다름 아니다. 방탄과 아미 사이에서 보인 이런 '선한 영향력' 팬덤 현상은 그 이전 팬덤에서는 좀처럼 볼 수 없었던 매우 색다른 종류의 어떤 것이다. 그리하여

이 둘 사이 관계 형성의 '기, 승, 전, 결' 과정과 방향을 세밀하게 살펴봄으로써 방탄 음악 '안'에서 미처 보지 못했던 방탄 '음악 너머(Beyond the Scene)' 세상을 살펴보려 한다.

2

기: Mass Media 아이돌에서
Social Media 친구로

2013년 방탄이 데뷔하기 전 우리나라 가요계(무대, 시장) 진입 경로는 대개 이랬다. 개인 혼자 힘으로는 가요계에 진입할 방법이 거의 없는 가수 지망생은 기획사에 연습생으로 들어간다. 기획사는 자본을 투자해 그를 훈련한다. 음악뿐만 아니라 외모, 의상, 헤어스타일, 말투, 무대 매너 등 가수 개인의 인격(personality) 전반에 걸쳐 가요 시장 소비자인 대중의 취향에 맞게 관리(management)한다. 수년간의 피나는 노력을 거쳐 기획사가 가요계에 내놓아도 괜찮겠다고 판단이 설 때, 기획사는 신인 가수의 녹음테이프를 들고 라디오 음악방송 피디를 찾아다니며 방송에서 들려주도록 부탁한다. 라디오를 통해 조금씩 알려진 인지도를 배경으로 기획사는 공중파 티브이 음악프로그램 담당 피디와 접촉해 방송 출연을 부탁한다.

대중매체(mass media)를 통해 일반 대중에게 점점 노출량이 늘어남에 따라 가수는 '인기'를 얻게 된다. 물론 이 과정에서 신인 가수로서 신선하거나 특별한 자신만의 매력을 대중에게 호소하지 못한 대다수 평범한 가수들은 도태되고 만다. 반면에 가요 시장에서 살아남은 소수의 신인 가수들은 공중파 방송국에서 진행하는 각종 음악프로그램 인기 차트 순위에 올라 점차 스타 가수로 발돋움한다. 이런 인기를 바탕으로 자연스럽게 팬(클럽)이 형성되고 선순환으로 음반시장에서 좋은 성적을 거둔다. 이렇듯 일반 대중은 대중매체를 통해 처음 가수를 접하고, 대중매체를 통해 그의 인기가 상승하는 것을 지켜보며, 대중매체를 통해 팬(클럽)이 형성되고, 스타덤에 오르는 것을 확인한다. 마찬가지로 대중매체에서 사라진 가수는 가수로서의 생명도 끝난 것으로 간주되어 이내 대중들로부터 잊힌다. 이렇게 대중매체와 더불어 생로병사와 희로애락을 겪는 가수의 일생에서 기획사가 투자하는 자본과 관리는 절대적이다. 적어도 BTS가 등장하기 전까지는.

2013년 BTS는 중소 기획사 빅히트 엔터테인먼트의 보이 밴드로 데뷔한다. 절대적인 자본의 부족으로 기존 대형 기획사의 투자 방식을 따른다는 것을 생각할 수조차 없었다. 무엇보다 빅히트 방시혁 대표의 철학이 남달랐다. 방탄 멤버 모집 과정에서도 드러나듯 방탄은 공개오디션을 통해 뽑힌 어느 정도 작사와 작곡, 기획 능력을 갖춘 이들이었다. 방시혁 대표가 보이 밴드를 출범시키면서 멤버들과 했던 한 가지 약속 "너희들의 이야기를 해라"는 기획사와 가수 사이에 맺어진 관계 설정을 단적으로 드러낸다. 이는 '투자와 관리'로 대변되는 상하 수직적인 기획사와 가수의 관계에서 '함께 성장하자'는 수평적이고 자율적인 쌍무계약 관계로의 변모이다. 시작부터 방탄은 작곡, 작사, 기획 등 음악 제작에 관련된 모든 단계에서 기획사와 공동으로 참여했다. 그런 만큼 음악 제작과 유통 과정에 대한 멤버들의 자긍심과 책임 의식도 남달랐다.

　애초부터 라디오 티브이 같은 대중매체(Mass Media)를 탈 수 없었던 방탄은 자연스럽게 SNS(Social Networking Service 또는 Social Media)와 유튜브를 비롯한 다양한 인터넷 방송을 통해 자신들을 알리기 시작했다. 방탄 멤버 모두가 스마트폰이 대중화되기 시작한 2010년대를 10대 청소년으로 보낸 소위 MZ세대로, 디지털 무선인터넷을 통한 자유로운 의사소통으로 사회적 관계망을 생성, 유지, 확장하며 성장한 세대이다. 자연스럽게 이들은 자신들이 만든 노래를 저작권 같은 것은 생각지도 않은 채 다양한 인터넷 방송에 올렸다. 노래뿐만 아니라 멤버들의 하루 일상생활, 잡담, 장난, 먹방, 취미, 고민, 심지어 반려견에 이르기까지 거의 모든 콘텐츠를 SNS에 그리고 인터넷 방송에 올렸다. 불특정 다수 개인들과의 소통 방식이 어떤 결과를 가져올지에 대한 예상이나 구체적인 계획 같은 것은 염두에 두지도 않았다. 무엇보다 이들의 소통 방식에 기획사는 어떤 관여도 하지 않았다.

　스마트폰 모바일 혁명으로 매스미디어에서 SNS와 인터넷 방송 같은 일인 소셜미디어 사회로의 이동은 음악시장의 생산 유통 분배에도 혁신적 변화를 가져왔다. 그 이전엔 음악 기획사와 음악 유통회사가 대중매체와 연합해 음악시장을 독과점했던 것을 이젠 누구든 이 모든 과정에 다양한 방식으로 참여할 수 있게 됐다. 2012년 8월 싸이는 〈강남스타일〉 뮤비를 유튜브에 공개해 2년 만에 조회 수 20억을 넘기면서 그야말로 세계적인 K-pop 선풍을 일으켰다. 이어서 전 세계 유튜버들은 수많은 자기만의 〈강남스타일〉 커버 영상을 유튜브에 올렸다. 이런 소셜미디어 혁명은 기존 대중매체를 기반으로 한 음악산업의 생산, 분배, 유통 시스템으로는 상상도 할 수 없는 변화를 가져왔다.

　싸이 〈강남스타일〉 뮤비 선풍이 유튜브를 통해 삽시간에 세계로 퍼졌다면, 그로부터 1년 뒤 방탄은 소리 없이 내리는 빗물처럼, 도도히 흐르는 강물처럼, 전 대륙을 감싼 바다처럼 퍼져나갔다. 싸이가 〈강남스타일〉 메가 히트 한 곡으로 한시적 인기를 끌고 사라져 버려 가수에 대한 팬덤으로 연결되지 못한 반면, 방탄은 팬덤이라는 굳은 뿌리를 내리며 퍼져나갔다. 〈강남스타일〉이 주로 영미권 중심으로 퍼졌다면, 방탄은 영미권 외에도 중남미, 동남아시아, 중동, 유라시아 등 세계 전역으로 퍼졌다. 그리고 마침내 방탄 '음악의 반'이라 할 수 있는 방탄 팬클럽 아미가 2014년 3월 29일 창단식을 열고 결성돼 본격적인 '방탄 팬덤'이 시작됐다.

3

승: ARMY에서 A.R.M.Y.로

서정주 〈자화상〉 속 시구를 빌려 표현하자면, '방탄을 키운 건 8할이 아미다'라고 말할 수 있다. 과장된 것 아니냐고 반문할 수도 있겠지만, 방탄은 모든 국내외 시상식에서 예외 없이 "모두 ARMY 덕분"이라고 서슴없이 고백한다. 이는 조금도 틀린 말이 아니다. '기록소년단'이란 별칭이 붙을 만큼, 유튜브 조회 수, 음반 판매량, 음원 스트리밍, 소셜미디어 리트윗 수, 빌보드를 비롯한 서구 유럽 국가들의 음악 차트 순위, 공연 관람객 수 등등에 전무후무한 신기록을 세우는 데는 전 세계 아미들의 조직적이고 헌신적이며 자발적인 참여가 절대적이었다. 더욱이 여타 팬덤과 아미가 현저하게 다른 점은 이들의 활동이 음악 분야로만 한정되지 않는다는 점이다. 전 세계 아미들은 사회·정치적 주요 이슈들에 자발적이면서도 조직적으로 참여해 선한 영향력을 행사한다. 가수와 팬 사이에 맺어진 이런 강한 유대감과 영향력에서의 확장성은 이전 방송국이나 대형 기획사를 중심으로 조직화된 팬덤에서는 거의 볼 수 없는 현상이다. 어떻게 이런 팬덤 형성이 가능했을까. 방탄과 아미는 어떻게 이런 '사랑'을 하게 됐을까. 이전에 볼 수 없었던 방탄 팬덤 아미 현상에 대해 국내외 언론과 학자들이 앞다투어 심도 깊은 연구 결과를 내놓았다. 그중 대략 공통적인 것을 요약해 본다.

첫째는 실력이다. 방탄은 국내 보이 밴드 중에서는 드물게 멤버 자신들이 작사, 작곡, 기획 능력을 갖춘 최고 뮤지션들이다. 특히 세 명의 랩 라인 RM, 슈가, 제이홉의 작사 능력과 비트 메이킹 그리고 각기 다른 개성의 래핑은 그야말로 톱 수준이다. 여기에다 메인 보컬 정국의 초고음역대 화려한 팔세토falsetto 창법, 지민의 여리고 부드러운 목소리, 뷔의 중저음 블루지한 음색 그리고 진의 말을 건네는 듯한 호소력이 결합돼 곡 하나에서 일곱 색깔 무지개같이 화려하면서도 다채로운 매력이 발산된다. 퍼포먼스는 어떤가. K-pop 아이돌 보이 밴드라면 기본인 칼군무는 말할 것도 없고, 독무에선 거리 댄서 출신인 제이홉의 힙합풍이면서도 밝은 기운과 무용과 출신 지민의 고전적 춤사위에서 우러나오는 우아함이 춤의 품격을 한층 높인다. 뮤비에서는 거대한 방탄 세계관에 기초해 음악과 가사에 다양한 학문과 미디어(영화, 소설, 미술, 철학, 조각, 무용)를 끌어들여 상징, 은유, 텍스트 간 대화를 유발한다. 이는 마치 한 편의 단편영화를 감상하는 듯해 감상자의 창조적 해석을 추동한다. 여기에 주로 국내보다 외국 언론이 주목하는 것이 미소년같이 잘생긴 외모이다. 미국 대중음악의 주류인 힙합 가수들의 외모와 스타일에서 풍기는 남성적이고 거친 것과는 사뭇 다른 부드럽고 곱상하며 중성적인 방탄의 외모에서 풍기는 매력에 세계 아미들은 빠져들었다. K-pop 아이돌에겐 외모도 실력이다.

둘째는 소통이다. 애초부터 방탄은 대중매체를 통해 화면으로 바라만 보는 아이돌이 아니라 소셜미디어나 유튜브로 매일 일상을 나누는

'친구'로 팬에게 다가갔다. 무대 위에서 발하는 오라로 신비화된 대중 스타가 아니라 지금, 여기 문제들을 함께 고민하며 서로 위로하고 격려하는 다정한 애인이나 친근한 벗으로 관계를 이어갔다. 물론 요즈음엔 다른 K-pop 아이돌들도 팬들과 소셜미디어를 통해 적극적으로 소통한다. 다만 방탄과 다른 점이 있다면 공감 능력의 차이다. 각 멤버들은 시시콜콜한 일상이나 자신들이 겪은 좌절과 실패, 의지와 희망뿐만 아니라, 자신이 읽은 책과 관람한 그림을 소개하며 다소 무거운 삶의 철학 등에 대해서도 진지하게 아미들과 나눈다. 아미들의 고민도 성실하게 경청하며 다른 아미들과 함께 풀어보려 한다. 방탄과 아미들 사이에 시작된 수평적 소통은 점차 아미들끼리의 소통으로 확장돼 갔다. 방탄과 아미 그리고 아미와 아미들 사이의 '감정과 가치'에 기반한 소통은 그 이전 어디서도 볼 수 없었던 새로운 공동체를 형성해 갔다.

셋째는 진정성이다. 방탄이 데뷔 때 한 "우리들의 이야기로, 10대, 20대들이 겪고 있는 세상의 억압과 편견으로부터 방패가 되자"는 서원을 그들은 그냥 말로만 하는 것에 그치지 않았다. 노래와 뮤비로 그 서원을 표현했고, 깊고 넓게 앨범에 담았으며, 공연장에서 관객 아미들과 함께 다짐하며 확인했다. K-pop 아이돌 보이 밴드로 세계 정상에 우뚝 섰을 때에도 그들은 인기에 도취되지 않았고, 자신들의 음악으로 표현한 가치를 몸으로 실천하는 데 누구보다도 앞장섰다. 무엇보다 음악과 팬을 대하는 자세에서 시종일관 진지했으며 겸손을 잃지 않았다. 멤버 어느 누구도 이렇다 할 스캔들 하나 없이 대중 스타로서 세계 톱에 오르고 유지하고 있다는 건 유례를 찾아보기 힘들 정도로 놀라운 일이다.

이렇듯 트렌디하고 세련된 곡에 화려한 춤과 매력적인 외모의 대중 스타가 우상(Idol)이 아니라 친구처럼 다가와, 일방향 수직적 대중매체가 아니라 쌍방향 수평적 소셜미디어로 팬이자 친구로서 일상을 나누었다. 음악을 통해 철학과 가치를 공유했으며, 이를 삶에서 실천해 자존감을 높이고, 더 나은 사회를 만들어 나가자는 세계관을 공유했다. 이렇듯 K-pop 보이 밴드 BTS와 전 세계 아미들은 사랑의 승, 전, 결을 거치며 방탄을 지키는 충성스런 군대 ARMY에서 A.R.M.Y.로 성장해 나갔다.

4

전: 선한 영향력과 탈문화제국주의

아미 자녀를 둔 부모들은 말한다. "우리 아이가 변했어요. 고전문학, 철학, 심리학 책을 읽어요. 세상 주요 현안에 대해 관심을 갖고 사회 활동에 적극적으로 참여하기 시작했어요. 무엇보다 자신이 얼마나 소중한 존재인가를 새삼 깨달았다고 해요." 물론 BTS처럼 음악을 매개로 청년세대에게 다양한 영향을 끼친 대중 가수는 많다. 대표적인 예로 기존 제도와 문화에 대한 저항을 기치로 내세운 록 음악의 비틀스와 롤링 스톤스 그리고 1960년대 반전사상을 시적 가사에 담은 포크 음악의 밥 딜런을 쉽게 떠올릴 수 있겠다. 하지만 영향 면에서 이들과 K-pop 보이 밴드 BTS와는 근본적으로 다른 무엇이 있다. 나는 그 다른 점이 BTS 음악에 뼛속 깊이 박혀 있는 '탈문화제국주의'라고 생각한다.

1945년 세계대전 후 아시아 아프리카 제3세계 국가들은 서구 열강 제국들로부터 공식적으로 독립한다. 그러나 이들 선진 자본주의 열강들은 신생 독립국들에 경제, 군사 분야에서 원조해 주고 이를 대가로 불평등 무역을 조장해 자원을 수탈했으며, 자신들에 호의적인 소수의 정치, 경제 엘리트를 지원해 자국에 유리한 정권을 세워 간접적인 방식으로 지배하는 '신식민주의'를 조장했다. 냉전 시기에 미국과 체제 경쟁을 벌였던 소련 또는 중국과 같은 산업화된 구舊사회주의 강대국들 또한 동유럽과 카스피해 주변과 아프리카 등 세계 여러 지역의 국가들을 상대로 정치, 군사, 경제 분야에서 통제력 확장을 꾀했다.

이런 정치·경제적 신식민주의 상태에 처한 신생 독립국에서 문화종속은 자연스럽게 따라왔다. 특히 20세기 중후반 미국 대중문화에 대한 종속도는 절대적이었다. 60-80년대 우리나라 라디오 음악프로그램의 과반수 이상에서는 종일 미국 팝송이 흘러나왔고, 티브이 주말의 명화 시간에는 대부분 할리우드 영화가 방영됐다. 그리하여 우리나라 60대 베이비부머세대는 사랑의 환희와 이별의 아픔을 미국 팝송에서 느끼고 공감하며 표현했다. 할리우드 배우를 보며 연인의 이상(ideal)을 상정했고 미美의 기준을 세웠으며, 할리우드 영화를 통해 전쟁의 참혹함과 평화의 절실함 그리고 정의正義에 대한 정의定義를 배우며 성장했다. 이렇게 '할리우드키드'로 성장한 우리 베이비부머세대의 (무)의식속에는 미국적인 것은 상당 부분 '절대 선'으로 자리 잡았다. 그로 인해쌓인 편견의 벽은 얼마나 두텁고 강고한지 세월이 흘러도 쉬 허물어지지 않는다.

21세기 뉴 밀레니엄 시대엔 더 이상 정치·군사적으로 이들 신생 독립국들을 직간접으로 미국이나 서구 열강들이 지배하는 예는 거의 사라졌다. 더불어 문화 의존도도 지난 세기 후반부와 비교하면 훨씬 옅어졌다. 하지만 21세기 선도산업이라 할 수 있는 ICT 정보 통신 기술 분야에서의 독점적 지위로 미국은 또 다른 형태의 문화 제국으로 등장한다.* ICT 기술과 막대한 자본을 기반으로 한 21세기 미국의 초국적 미디어기업들은 현대 엔터테인먼트 환경의 중요한 부분인 TV, 라디오, 출판, 영화, 인터넷 등의 플랫폼을 통해 전 세계에 '지식, 교육, 문화, 언어, 예술' 분야의 콘텐츠 생산, 유통, 소비망을 조직하고 홍보하며 관리한다. 그리하여 21세기 거대 초국적 미디어 문화 제국 미국이 탄생한다.

미국의 초국적 미디어 제국의 자본과 투자에 의한 대중문화 예술의 생산, 유통, 소비 및 홍보와 관리 시스템에서 벗어난 세계적 대중 스타를 상상하기 힘들다. 아카데미와 오스카 그리고 그래미와 빌보드라는 등용문을 거치지 않고선 세계적 영화배우나 감독, 가수나 뮤지션으로 인정받거나 발돋움하기가 힘들다는 것이다. 마치 미국의 3대 신용평가 회사인 무디스Moody's, S&P(Standard and Poors), 피치(Fitch Ratings)가 세계 국가와 회사들의 신용을 평가하듯, 미국 최대 영화상과 음악상은 세계 영화와 음악에 절대 등급을 매긴다. 이렇게 세계 대중문화 예술의 거대한 판을 움직여 온 게 미디어 제국 미국이다.

1990년 현실 사회주의 국가 소련이 붕괴된 이후 세계 시장은 신자유주의라는 무한 경쟁 체제하에서 국경을 초월한 단일시장이 되어 엔터테인먼트 분야에서 미국에 본사를 둔 초국적 미디어기업의 사업 영역은 더욱 확대되었다. 직접투자나 현지 기업과 합작 형태로 초국적 미

---

*   2022년 6월, 전경련이 시가총액 기준으로 뽑은 세계 100대 ICT 기업 국가별 보유 현황에 따르면 미국이 56개 기업을 보유해 점유율이 50%를 넘었고, 우리나라는 삼성전자(9위)와 SK하이닉스(56위) 2개를 보유하고 있다.

7장. 선한 영향력과 아미

디어기업들은 미국 국기를 떼고 전 세계 대중문화 소비시장을 장악했다. 이 과정에서 현지 문화와 미디어 산업 구조는 '주체적 발전'을 하지 못하고 미디어 제국 기업의 주변부나 하부구조로 편입되고 만다. 이렇게 됨으로써 주변부는 중심부인 서구 백인의 가치, 정서, 이념이 문화 상품에 담겨 여과 없이 소비되어 정서적으로 동화되고 내면화하게 된다. 이것이 이른바 '문화제국주의' 이론이다.

물론 문화제국주의에 반대하는 이론도 만만치 않다. 그 대표적 반론이 문화엔 일방적 한 방향 유동이란 없다는 '문화상호주의' 이론이다. 모든 문화는 외부 세계로부터 흘러 들어오는 것이고 수용과정에서 그 지역의 시대 상황과 정치 문화 사회 환경에 맞게 선택되며 새로운 형태로 변형된다는 것이다. 이 주장은 문화 수용자의 능동적이고 창조적인 역할에 기반을 둔다. 일리 있는 주장이다. 결국 문화전파와 수용과정은 문화제국주의와 문화상호주의 어느 한쪽 관점으로만 설명될 수 없고, 각 나라가 처한 시대와 환경에 따라 여러 상이한 구성 요소가 복잡하게 얽힌 문제로 보아야 할 것이다.

아무리 강력한 문화 제국이라 하더라도 과거 정치적 제국주의나 신식민주의와는 다르게 물리적 강제력을 동원할 수 없다. 반드시 문화상품으로 탈바꿈해 소비자의 자발적 선택 과정을 거쳐야 한다. 이 과정에서 소비자가 거부하면 아무리 거대하고 정교한 제국 시스템이라도 작동이 멈춰버린다. 문제는 질적 양적으로 비교가 안 될 정도로 지배적 위치에 있는 중심부 공격에 주변부 소비자가 얼마나 주체적인 선택을 할 수 있느냐일 것이다.

이윤추구를 위해서라면 자본이 못 할 것은 없다. 소비자의 심리를 예리하고 정확하게 꿰뚫을 뿐만 아니라 심지어 없는 욕망까지 만들어 소비를 창조하는 게 자본의 생리다. 게다가 대중문화 예술에 투자되는 문화제국주의 자본은 그 어떤 분야보다도 부드럽고 섬세하게 소비자의 가슴을 파고든다. 이것을 막는 방법은 국가적 차원에서 물리력을 동원해 강제로 막든가, 아니면 주변부 대중문화 예술이 질과 양에서 중심부와 대등하거나 그 이상의 경쟁력을 갖추어야 한다. 전자의 방식은 전체주의국가에서나 가능할 것이기에 결국 후자 방식을 따를 수밖에 없을 것인데, 현재 지구상에서 이 방식으로 성공한 가장 대표적인 나라가 한국이다.

K-pop, K-drama로 대변되는 한류는 적어도 엔터테인먼트 부분에서는 더 이상 주변부가 아니다. 콘텐츠의 양이나 질적인 면에서 이미 중심부 미디어 문화 제국에 전혀 밀리지 않을 뿐 아니라, 시장 경쟁력에서도 가장 빠르게 성장하고 있다. K-pop 한류를 선도하고 있는 BTS는 아마도 초국적 미디어 문화 제국의 스타 제조 시스템을 거치지 않고 세계적 스타로 우뚝 선 첫 사례일 것이다. 방탄 팬덤 아미는 인종, 종교, 민족, 이념, 국가, 문화의 차이를 뛰어넘어 BTS 음악의 가치와 철학에 공감해 어떤 초국적 미디어기업의 개입 없이 자발적으로 형성된 커뮤니티이다. 방탄을 처음 알아보고, 그들 음악을 세상에 널리 퍼트리며, 오히려 서구 백인 중심의 미디어 문화 제국에 침투해 강고한 중심부의 이념을 깨뜨리려 투쟁한 이들이 아미들이다. 그러니 방탄은 출세하려 아부해야 할 방송국 관계자도, 초국적 미디어기업의 사장도 필요

치 않았다. 오로지 아미들만 바라보고 달려왔다. 결과적으로 음악의 생산 소비 유통과 활동, 팬덤 아미와 맺은 관계 양상과 미친 영향 등등, 이 모든 과정과 성격에서 BTS는 철저히 탈문화제국주의적 양상을 띠게 되었다. 그 결과 놀라운 현상이 벌어졌다.

BTS는 2017년 11월 유니세프한국위원회와 빅히트 뮤직의 사회 공헌 협약을 체결하여 전 세계 아동·청소년 폭력 근절을 위한 'Love Myself' 캠페인 활동을 펼치게 된다. 이 캠페인을 통해 기부된 기금 및 상품, 앨범 수익금 등 총 59억을 유니세프에 전달한다. 이와 연장선에서 2018년과 2020년 UN총회 연설에서 RM 남준은 자신을 사랑하는 가치에 대해 말하면서 전 세계 아동·청소년들에게 희망과 용기의 메시지를 전했다. 2020년 미국 내 흑인 인권 운동 'Black Lives Matter(흑인 생명은 중요하다)'에 동감하며 BTS는 약 100만 달러(약 12억)를 기부하고, 2021년 3월 코로나 팬데믹으로 공황 상태에 빠진 미국인들 사이에서 아시아인에 대한 증오와 범죄가 늘어나자, 방탄은 '#StopAsianHate' (아시아인에 대한 증오를 멈춰라)라는 해시태그를 달고 아시아인 차별에 반대하는 입장을 표한다.

세계인을 상대로 한 방탄의 사회봉사와 현실 참여에 대해 '웬 K-pop 아이돌 가수가?'라며 의아해하거나 비아냥대는 사람도 있었다. 하지만 방탄의 이런 활동은 뜬금없이 시작된 게 아니다. 아동·청소년 폭력 근절을 위한 'Love Myself' 캠페인은 방탄《LOVE YOURSELF》 시리즈 앨범의 일관된 주제요, '#StopAsianHate'는 세상의 모든 억압과 편견으로부터 청소년을 지키는 방패가 되겠다는, 데뷔 초부터 방탄이 줄곧 노래해 온 메시지의 연장이다. 다시 상기하건대 방탄 음악의 고갱이는 '정직(honesty)'이다. 《O!RUL8,2?》 앨범의 3번 트랙 〈We On〉에서 RM이 내뱉는 "I am real for my music, here for my music." 방탄은 어떤 장르의 음악을 하든 그 내용은 '여기 here'에 대한 이야기이고, 그건 내가, 우리 세대가 겪고 있는 '실상 real'에 대한 것이며, 그럴 때 나(방탄)는 비로소 'real 나'가 된다는 '정직'. 그러니까 방탄이 펼친 'Love Myself' 캠페인이나 '#StopAsianHate' 해시태그는 방탄 노래와 뮤비 속 소망(wish)이 튀어나와 그대로 현실(real)이 된 'Magic Shop'이다.

이런 방탄 음악이 담고 있는 철학을 공유한 전 세계 아미들은 방탄이 몸소 보여준 실천에 적극 동참하고 나섰다. 지금 여기 우리 시대의 약자를 보호하고 어떤 차별에도 반대한다는 운동으로 전 세계 아미들이 조직적으로 연대한 것이다. 하지만 형태는 이슈에 따라 그리고 각 지역의 특수한 상황에 따라 다양하게 나타났다.

아미들의 조직적인 연대는 주로 SNS 해시태그를 통해 운동으로 번졌다. RM이 UN에서 연설을 한 후 SNS에선 해시태그 '#GotARMY RightBehindARMY'(아미 뒤엔 아미가 있다)가 번졌다. 이를 계기로 방탄이 벌이는 모금 운동에 전 세계 아미들은 기부로 동참했다. 2020년 흑인 인권 운동 BLM이 번졌을 때나 2019년 아마존 열대우림 곳곳이 숯 더미가 됐을 때도 전 세계 아미는 해시태그로 뭉쳐 모금 활동을 벌였다. 2021년 3월 애틀랜타에서 백인 남성의 총격으로 한국계를 포함한 아시아계 8명이 사망했을 때, 방탄이 '#StopAsianHate'(아시아인에 대한 증오를 멈춰라) 해시태그를 달고 아시아인 차별에 반대하는 입장을 표하자, 전 세계 아미들이 이 해시태그로 뭉쳤다. 이들의 운동은 탈인종, 탈민족적이다.

방탄의 선한 영향력은 지역적, 개인적 차원에도 미쳐 사회운동으로 발전되기도 한다. 남아프리카공화국 아미 리더이기도 한 제시카 듀허스트는 2013년에 창립한 아프리카 인권을 위한 비영리단체 '더 저스티스 데스크The Justice Desk' 대표이다. 그녀는 RM의 2018년 유엔 총회 연설 "당신의 목소리를 들려달라"에 영감을 받아 '음보코도 프로젝트'를 꾸린다. 이 프로젝트는 강간과 성별 차이에 기반한 폭력으로부터 생존한 소녀들의 트라우마 극복을 돕는 정신 건강 상담과 자기방어 훈련을 지원하는 운동이다. 특히 방탄소년단의 노래 〈낫 투데이Not Today〉에서 세상 모든 약자를 향해 외치는 "우리가 지는 날이 올지도 모른다. 하지만 그날이 오늘은 아니다"라는 노랫말에 큰 영감을 받았다고 한다. 이런 듀허스트의 운동에 연대해 전 세계 아미들은 음보코도 클럽 설립을 위해 기부하고 봉사활동도 펼쳤다. 듀허스트는 "음보코도 클럽으로 2,000명 넘는 여자아이들의 삶이 바뀌었다"며 "향후 아프리카 전역의 다른 10개국으로 프로젝트를 넓힐 계획"이라고 말했다. 백인인 듀허스트의 이런 운동 또한 탈인종, 탈민족, 탈국가적이다.

방탄과 아미 사이의 소통에서 아미와 아미 사이의 소통으로 확산되는 선한 영향력은 종종 우리의 예상을 뛰어넘는다. 유튜브엔 한 이스라엘 아미가 인종, 민족, 종교적 편견을 훌쩍 뛰어넘어 팔레스타인 아미와 친구가 됐다는 영상이 올라왔다. 과거 소비에트연방 소속으로 아시아와 유럽의 경계인 코카서스산맥의 남쪽에서 서로 국경을 맞대고 영토와 종교, 자원을 이유로 아제르바이잔과 아르메니아가 계속 갈등을 빚어오다, 급기야 2020년 10월 국지전으로 번졌다. 이에 아르메니아 소녀 아미들이 한글로 쓴 '우리는 평화를 원한다' '전쟁을 멈춰라' '역사가 되풀이되도록 놔두지 말라' 등의 손 팻말을 든 영상을 SNS를 통해 세계 BTS 아미들에게 알렸다. 세계 제일 국제 공용어인 영어가 아니라 '한글'로 쓴 손 팻말을 들고서 말이다. 이들 운동 또한 인종, 종교, 민족, 국가를 뛰어넘고 있다.

이렇듯 방탄 팬덤은 가수와 팬 사이의 단순한 관계를 넘어 적극적인 사회 활동으로 이어졌다. 전혀 정치집단이 아니면서 이들의 사회 활동은 결과적으로 정치성을 띠게 되었다. 하지만 이들의 연대는 현실 정치집단을 한데 묶은 민족, 인종, 종교, 국가, 이념을 뛰어넘어 '가치 공동체'를 이룬다. 그들을 한데 묶는 건 오로지 사회 약자의 편에 서서 세상 온갖 억압과 편견에 맞서 싸우는 '방탄의 가치'뿐이다. 자신들을 더 나은 사람으로 만들었던 방탄의 선한 영향력을 이제 세상을 보다 더 나은 사회로 만드는 데 발휘하려 한다는 것이다. 이런 아미들의 사회 활동이 앞으로 어떤 모양으로, 어디까지 발전하게 될지, 시민 또는 국민이라는 어느 한 지역에 갇힌 공동체를 넘어 인류가 꿈꿔왔으나 아직 이루지 못한 '세계 시민사회'로까지 발전하게 될 수 있을지.

그냥 지켜보고만 있기에는 너무 놀랍고 궁금했던 전 세계 BTS 연

구자들은 한자리에 모여 벌써 세 차례 학제 간 국제학술대회를 열었다.[*]

[*]   방탄소년단과 팬덤 아미ARMY가 만들어 낸 현상을 연구, 발표, 토론하는 글로벌 학술
     회의로서, 제1회 'BTS: 국제학술회의(BTS: A Global Interdisciplinary Conference)'는
     2020년 영국 킹스턴대학교에서 개최되었다. 2022년 7월 14일–16일, 한국외국어대학교
     에서 열린 제3회 대회에서는 '포스트 팬데믹 시대, 새로운 휴머니티와의 조우'라는 주제
     로 국내외 25개국 학자 165명이 참석해 '왜 아미들은 정치·사회 활동에 참여하는가'를
     화두로 발표와 토론을 했다. 특별히 아미이자 『연금술사』의 저자인 파울로 코엘료와의
     대담회도 열렸다.

결: 한류의 내용과 방향

'문화는 부드러운 혁명'이다. 변화를 불러오되 물리력으로 강제하는 것
이 아니라 바람, 햇빛, 빗물처럼 부드럽고 자연스럽게 스미어 스스로
변화하도록 하는 것이 문화라는 의미이다. 인류 문화의 발자취를 돌아
보면 한 지역의 문화가 차고 넘치면 자연스럽게 주변으로 흘러 들어갔
음을 볼 수 있다. 우리나라의 경우 중국을 거쳐 흘러 들어온 인도 불교
문화가 그렇고 중국에서 차고 넘쳐 흘러 들어온 유교문화가 그렇다. 하
지만 흘러 들어왔다고 해서 원형 그대로 유지·계승되는 것이 아니라
우리 땅의 풍토와 역사, 사상과 문화와 섞이면서 변화해 왔다. 그래서
한·중·일 사찰 양식, 불교예술, 불교 의식이 서로 사뭇 다르다. 중국에
서 흘러 들어온 도자기와 회화도 마찬가지로 자연스런 문화적 변용을
겪었다.

　그런데 이렇게 자연스런 문화의 습합과 변용 과정에 강제적인 물리
력이 동원되는 경우가 있다. 대표적인 예가 19세기 서방 제국에 의한
제3세계 식민지 침탈이다. 19세기 산업혁명과 과학기술 혁명으로 생
산력이 월등해진 서방국가들은 강력한 군사력을 앞세워 자원 수탈과
시장 개척을 위한 식민지 쟁탈에 나섰다. 제국의 식민지로 전락한 제

3세계엔 제국의 문화가 물밀듯 밀려왔다. 총칼을 앞세워 따라 들어온 정복자의 문화엔 '문명'이라는 제국의 직인이 찍혀 있었다. 이는 곧 제국의 문화는 무엇이든 '우수하고, 멋지고, 세련된' 개화 문명이요, 식민지 문화는 '열등하고, 촌스러우며, 시대에 뒤떨어진' 미개 문명으로 차별화됨을 의미했다. 이는 문화 전파자는 우월감으로 수용자는 열등감으로 사실인 양 공유된 인식이었다. 명치유신으로 서구화된 일본 제국에 강제 병합돼 식민지로 전락한 백성이 반세기 동안 우리 문화에 대해 가졌던 인식과 태도가 그랬고, 해방 후 반세기 동안은 미국을 중심으로 한 서구문화에 대한 우리 국민의 인식과 태도가 그랬다. 근 한 세기 동안 식민지, 근대화, 서구화 콤플렉스는 우리 안에 트라우마처럼 자리하고 있었다. 적어도 1990년 중반부터 우리 반도 땅 밖에서 '한류'라는 말이 들려오기 전까지는.

2021년 7월 유엔무역개발회의(UNCTAD)는 우리나라의 지위를 개발도상국에서 선진국 그룹으로 변경했다. 60년 전 아프리카 국가들보다 가난했던 국가가 이렇게 단시간 내에 선진국으로 진입한 예는 세계에서 그 유례를 찾아볼 수 없다고 한다. 60년대 말 초등학교를 다녔던 필자로서는 우리나라가 구미 선진국과 같은 반열에 들었다는 국제적 공인이 아직도 어리둥절하기만 하다. 그보다 더 낯선 것은 지난 수년간 국내외 매스컴에 연일 보도되는 K-drama, K-pop, K-beauty, K-food, K-fashion, K-clinic 등등의 'Korean Wave'에 세계가 출렁인다는 소식이다. 나 같은 근대화, 서구화 콤플렉스를 숙명으로 안고 성장한 베이비부머세대에게 한류 현상은 무슨 판타지 속 이야기인 것

BTS, 인문학 향연

만 같다. 근대화 콤플렉스와는 전혀 무관하게 태어나고 성장한 MZ세대는 아버지 세대가 지닌 콤플렉스를 이해하기 힘들 것이다.

19세기에 이르기까지 오랜 기간 동안 이 반도 땅에는 대륙으로부터 중국 선진 문물이 흘러 들어왔다. 20세기에 들어서는 일본을 통해 해양으로부터 구미 선진 문물이 들어왔다. 21세기 들어 이제 우리가 인정하든 인정하지 않든 한국 문물은 세계로 흘러 나가고 있다. 오천 년 역사에서 우리가 이렇게 세계의 주목을 받아본 적은 없었다. 우리 안의 문물이 차고 넘치고 있는 게 분명하다. 백범 김구 선생이 그렇게 꿈꾸었던 '높은 문화의 힘'이 우리 내부에서부터 뿜어져 나오고 있는 것이다.

1. 함석헌『뜻으로 본 한국역사』

우리 민족사에 처음으로 날아든 이 기적 같은 천운을 어떻게 붙잡아 발전시켜 나가야 할까. 그건 두말할 나위 없이 한류의 '내용과 방향'일 것이다. 우리나라 어느 누구도 한류의 태동이나 기미조차 눈치채거나 관심조차 갖고 있지 않던 때에 사상과 미학적 관점에서 이를 분석하고 예언한 선각자가 있었다. 나는 그 대표적인 선각자가 함석헌(1901-1989)과 김지하(1941-2022)라고 생각한다. 이 둘은 비록 한류라는 말은 쓰지 않았지만, 오늘날 한류가 담고 있는 혹은 담아내야 할 내용과 방향을 통시적으로 고찰했다. 함석헌은『뜻으로 본 한국역사』(1965년)에서 사상적으로, 김지하는『흰 그늘의 미학을 찾아서』(2005년)에서 미학적으

223

로, 각각 선각적 통찰을 했다. 한류의 기원으로서 이 둘의 통찰을 개괄적으로나마 살펴보려 한다.

함석헌은 독립운동가, 교육자, 작가, 언론인, 사회운동가, 군부독재에 항거한 민주화 투쟁의 화신으로 노벨평화상 후보로 두 번이나 이름을 올렸던 한국의 대표적인 사상가이다. 함석헌의 대표작이자 그의 사상이 집대성된 『뜻으로 본 한국역사』에서, 그는 "역사는 사실에 대한 기술이 아니라 사실에 대한 해석 즉 뜻을 밝히는 데 있다"고 자신의 역사관을 밝히고 있다. 그는 한국 역사를 '고난의 역사'라고 정의하면서, 그 고난에 깃든 하느님의 '뜻'을 깨달아야 한다고 역설한다.

함석헌은 한국을 로댕이 조각한 '늙은 창녀'로 비유하면서 고난의 역사에 깃든 뜻을 간접적으로 설명한다. 한국은 아시아 대륙에서 태평양으로 나가는 길목에 늙은 갈보처럼 앉아 대륙과 대양에서 들어오는 강대국들에 짓밟히며, 그들의 온갖 사상, 종교, 이념을 제 품으로 다 끌어안아, 그 여파로 슬픔과 아픔의 기억밖에 없는 민족이라는 것이다. 그러나 유대 민족이 겪은 고난의 역사에서 메시아가 탄생하듯, 하느님의 메시지가 마치 연꽃 봉오리처럼 이 반도 땅 고난의 역사 속에 담겨 있다고 역설한다. 그 메시지란 수난자만이 알 수 있는 '억압과 고통'의 그리고 수난자만이 외칠 수 있는 '용서와 평화'의 참된 의미이다. 연꽃 봉오리를 열어 세계에 그 하느님의 메시지를 알리는 것이 우리 민족의 도덕이요, 우리 민족에게 내린 하느님의 사명이란 것이다. 이것이 로댕이 '늙은 창녀'에게서 발견한 '엄숙미'와 같은 것이라고 함석헌은 비유적으로 말하고 있다.

민족 역사학자 신채호는 "역사를 잊은 민족에게 미래는 없다"고 말했다. 함석헌은 거기에 한 걸음 더 나아가 '고난의 역사에 깃든 뜻을 깨우치지 못한 백성에겐 미래가 없다'고 말한 것이라고 나는 이해한다. 이 고난의 역사 속 주체를 함석헌은 '씨알'이라고 불렀다. 그의 역사관인 민중사관의 핵심이 되는 씨알은 역사 과정에서 늘 고통받는 백성이며, 그 고통의 시대적 의미를 깨우친 민중이다. 이 씨알들이 21세기 뉴 밀레니엄 시대에 문화적으로 발흥한 것을 나는 '한류'라고 이해했다. 한류엔 고통을 미로 승화해 다른 고통을 치유하라는 시대의 메시지가 들어 있다. 한류의 내용과 방향은 수난을 당한 역사와 민중에게서 발흥한 숭고미이어서 본질적으로 탈(문화)제국주의일 수밖에 없다.

2. 김지하 『흰 그늘의 미학을 찾아서』

김지하는 1970년대 유신 독재 체제하에서 민주화 투쟁의 중심이자 민족문학의 상징인 시인이었다. 도피, 유랑, 체포, 투옥, 고문, 사형 선고, 무기 징역, 사면 석방, 다시 투옥으로 이어지는 형극의 길에서 그는 민중 민족 사상에 바탕을 둔 주옥같은 시와 희곡을 발표했다. 전 세계 문화 예술인들이 그의 구명을 위해 힘썼으며, 그의 삶과 예술에 감복해 제3세계 노벨문학상으로 일컬어지는 로터스상 특별상을 수여했다. 하지만 1980년대 말부터 그가 변혁운동에서 몸을 빼 생명운동을 주창하기 시작하면서 그는 변혁운동 진영으로부터 '변절자'라는 비난을 받았고, 그를 숭앙하고 따랐던 진보세력들과 끝내 화해하지 못한 채 세상을 뜨고 말았다.*

『흰 그늘의 미학을 찾아서』는 김지하가 평생 화두 삼아 편력해 온 '생명사상·민족 민중 미학·문명 담론'을 집대성한 것으로, 체계적인 미학 이론서라기보다는 다방면으로 자유롭게 모색한 에세이집이다. 그는 '흰 그늘'이라는 모순된 말 조합에서 우리 전통 정서의 두 축인 '한과 흥'의 대립과 결합을 꾀한다. 그늘로 비유된 '한恨'은 고난으로 점철된 우리 민족의 대표적인 정서이다. 하지만 우리 민족은 그 한恨에 눌리지 않고 그것을 뚫고 올라온 '흰'으로 비유된 '흥興'으로 승화시켰다. 이를 '신명' '신바람'이라고 하며, 우리 민족 민중 미학의 밑바닥에서 도도히 흘러온 '풍류風流'라고 그는 말한다.

김지하는 이 '흰 그늘의 미학'을 문명 담론으로도 풀어낸다. 그는 지난 세기의 단절과 대립, 물질과 폭력, 차별과 분열의 이원론적 세계에서 '평화, 친교, 평등, 사랑, 용서, 자비'가 다스리는 일원론적 대동 세계가 열리는 후천개벽의 시대가 우리 앞에 도래했다고 예감한다. 이는 남성적인 힘을 중시하는 양陽의 시대에서 여성적인 부드러움과 너그러움을 중요시하는 음陰의 시대로 대변환이다. 그것은 물질과 무력의 시대에서 문화와 예술의 시대로 대전환이기도 하다. '흰 그늘의 미학'은 바로 그 변환기에 요구되는 우리 고유 미학이다. 모든 차별과 분열을 넘

---

* 1991년 5월 5일 자 조선일보에 '죽음의 굿판을 걷어치우라'라는 김지하 시론이 게재됐다. 당시에는 명지대생 강경대를 비롯해, 노태우 정권에 저항하는 젊은이들의 투신·분신이 잇따랐고, 지식인들의 시국선언이 뒤를 이었다. 김지하는 이 글에서 이들 모두가 생명 경시 악령에 사로잡혀 있다고 싸잡아 비판했다. 이 필화사건을 계기로 김지하와 그를 사표 삼아 숭앙하고 따르던 진보 변혁 세력은 영구 결별하고 말았다.

어서 해방과 평등이 성취되는 인류 '동서 화합'의 새 길을, 참 메시지 민족에게서 발현된 '흰 그늘의 미학'에서 찾아야 한다고 역설한다. 그는 이 미학이 21세기에 세계 곳곳에서 불기 시작한 한류 현상을 뒷받침할 우리 고유 미학으로 자리매김되기를 희망한다고 소회를 밝혔다.

지금 세계인들에게 스며드는 한류에는 지난 세기 서구 열강들이 무력과 물력을 앞세워 제3세계에 밀어닥친 문화제국주의 색깔이 없다(없어야 한다). 본질적으로 우수하다거나, 문명화됐다거나, 은근히 내세우는 어떤 인종, 민족, 종교, 이념에 대한 우월감 같은 게 없다(없어야 한다). 한마디로 제국주의 '뻐김'이 없다(없어야 한다). 있다면 세계인들이 그동안 보지 못한 '매력'과 '흥'이 있을 뿐이다(있어야 한다). 우리보다 10-20년 앞서 국가 차원의 문화 브랜드를 만들려고 시도했던 일본의 '쿨 재팬Cool Japan'이나 중국의 '화류華流'가 뜨지 못했던 근본적인 이유를, 나는 그 의도 속에 '제국적인 뻐김'이 담겨 있기 때문이라고 생각한다. 모든 걸 중화 속으로 빨아들이려 하는 문화 공정의 화류, 아시아면서 구라파라고 우기고 싶은 쿨 재팬. 그 속엔 숨길 수 없는 제국에 대한 추억과 야망이 도사리고 있다. 그런 (문화)제국주의 파도로는 이 문명 전환기에 세계를 출렁거리게 할 수 없다. 세계인들을 자유롭고 평화롭게 흥에 겨워 춤추게 할 수 없다.

한류는 우리 안에 오랫동안 묵혀 있던 휴머니즘이 발현된 현상이다. 고난으로 점철된 그늘진 역사지만, 밝은 흥으로 승화시킨 휴머니즘 DNA를 인내와 투쟁으로 지키고 전승해 온 '흰 그늘' 미학이 신바람 나게 발현된 현상이다. 우리는 지정학적으로 세계 4대 강대국에 둘러싸여 수많은 외침에 시달리며 온갖 외래 문물과 사상을 받아들였지만, 우리 풍토와 성정에 맞게 순화하여 발전시켜 온 슬기로운 민족이다. 21세기 새천년 문명 변혁기에 마침내 '꽃망울' 터트리기 시작한 한류의 뿌리는 널리 세상을 이롭게 한다는 단군 시조의 '홍익인간' 사상이요, 줄기는 하느님을 내 안에 모신 '시천주侍天主' 동학의 생명사상이며, 가지는 민족자결, 자유 독립을 바탕으로 한 인류 평화 공영을 선포한 3·1운동 정신이다. 그 가지 위에 마침내 '21세기 한류 꽃망울'을 터트리기 시작한 것이다.

이제 막 일기 시작한 문화 한류를 따라 한국의 문물도 함께 실려 갈 것이다. 그 과정에 자연스레 '힘'도 따라붙게 될 것이다. 혹여 나는 그 힘이 정치적이든 경제적이든 그리고 문화적이든 과거 제국주의가 보여주었던 침탈과 정복의 도구로 쓰이지 않기를 소망한다. 다만 소망하기는 한류에 담긴 '맛과 멋 그리고 흥'이 물처럼 공기처럼 스며들어 모두의 삶이 신바람 나고, 하늘땅 사이 모든 생명이 똑같이 존중받는 자유롭고 평화로운 세상이 되기를 바랄 뿐이다. 그리하여 나는 BTS 리더 RM이 UN에서 한 연설을 다시 한번 상기한다.

당신의 이름은 무엇입니까? 무엇이 당신의 심장을 뛰게 합니까? 당신의 이야기를 들려주십시오. 당신의 목소리와 신념을 듣고 싶습니다. 당신이 누구든, 어디 출신이든, 피부색이 어떻든, 성 정체성이 어떻든, 당신 자신에 대해 말해주십시오. 자신에 대해 말하면서 자신의 목소리를 찾고 자신의 정체성을 찾으십시오.

이것이 한류의 선두에서 바람잡이를 하고 있는 방(홍)탄소년단 음악의 내용이고 방향이다. 누가 알겠는가? 분단이 돌이킬 수 없는 체제로 굳어졌다고 판단한 양쪽 기득권세력들이 허리띠를 풀어놓고 있을 때, 남한 아미들과 북한 아미들이 어깨동무를 하고 38선 철조망을 걷어내고 통일의 물꼬를 틀지.

BTS

Life goes on
Like an echo in the forest
Like an arrow in the blue sky
On my pillows on my table
Life goes on like this again

———————— 8장 ————————

Map of The Soul : Persona

2019년 4월 19일, 미니앨범 6집《MAP OF THE SOUL : PERSONA》가 출시됐다. 2013년 6월 싱글앨범《2 COOL 4 SKOOL》로 데뷔한 지 5년 8개월 만이다. 지금까지 방탄은 리패키지 앨범과 스페셜 에디션을 제외하고도 싱글앨범 1개, 미니앨범 6개, 정규앨범 3개를 세상에 내놓았다. 평균 6개월에 앨범 하나를 제작한 것이다. 거기에다 40여 편에 이르는 뮤직비디오까지. 전 세계 가요사에서 이렇게 짧은 기간에 이만한 음악 생산력을 보인 뮤지션을 나는 보지 못했다. 놀라운 건 음악 생산의 양적인 측면만이 아니다. 소비시장에서 이룬 기록 또한 당대 최고다. 거의 모든 앨범이 출시와 더불어 앨범 판매 수, 전 세계 각종 음악 오피셜 차트 순위, 뮤직비디오 조회 수, 앨범 스트리밍 수, Billboard Hot 100, Billboard 200 등에서 엄청난 기록을 달성했다. 거기에다 2018년 8월부터 시작돼 2019년 10월까지 1년 2개월에 걸쳐 전 세계 23개 도시에서 개최된 공연 'Love Yourself'와 'Love Yourself : Speak Yourself' 월드 투어 대장정에서 거둔 성공까지. 데뷔한 지 5년 8개월 만에 이젠 그들이 더 오를 곳은 없어 보인다. 이는 아시아는 물론이고 팝의 본고장인 영국 미국의 어느 뮤지션도 달성하지 못한 대기록이다.

상전벽해라 해도 강산이 변하려면 아무리 빨라도 10년은 걸리는 법이다. 그런데 그 반인 5년 8개월 만에 세계 대중음악 시장에서 K-pop 위상은 BTS 이전과 BTS 이후로 나뉠 정도로 극적으로 변화했다. 아시아 몇몇 나라에서만 일고 있던 K-pop 잔물결에 BTS는 태풍을 일으켜 오대양 육대주를 한류 물결로 푸르게 뒤덮은 것이다.

그런데 놀랍게도 이 시점에서 BTS는 또 한 번 우리의 '허'를 찌른다. 세계 대중문화 시장에서 K-pop 한류의 엄청난 '팽창'으로 우리 모두가 국뽕에 취해 있는 동안, BTS는 내면의 영혼 속으로 들어갈 준비를 하고 있었던 것이다. 방탄은 자신들의 공식 SNS에 "2018 겨울, 영혼과 사랑 그리고 성장을 이야기하다"란 문장과 함께 3권의 책 ─ 헤르만 헤세의 『데미안』, 에리히 프롬의 『사랑의 기술』, 머리 스타인의 『융의 영혼의 지도』─ 을 올렸다. 『데미안』과 『사랑의 기술』은 이미 《WINGS》와 《LOVE YOURSELF》 시리즈 앨범의 기본 콘셉트가 된 책들이다. 그렇다면 'Love Yourself : Speak Yourself' 대장정 중에도 방탄은 머리 스타인Murray Stein 『융의 영혼의 지도』를 콘셉트로 새로운 앨범 작업을 하고 있었다는 얘기다. 자신들의 커리어에서 가장 높이 올라간 시점에서 가장 깊은 곳으로 내려가는 '영혼 속으로의 여행'. 그렇다. 그로부터 반년 후 방탄은 머리 스타인 『융의 영혼의 지도』를 콘셉트로 미니 앨범 6집 《MAP OF THE SOUL : PERSONA》를 내놓는다.

융의 영혼의 지도

방탄 이전 앨범들이 출시될 때마다 미처 '예상치 못했음'에 늘 놀랐지만, 《MAP OF THE SOUL : PERSONA》 앨범의 경우엔 그 안을 들여다보기도 전에 제목에서부터 압도되었다. 문학평론가로 그리고 인문학자로 반평생을 살아온 내게 '칼 융Carl Jung'이라는 이름은 미로같이 난해한 문학작품에서 길을 잃었을 때, 빠져나올 수 있는 유일한 단서로 아리아드네의 실타래* 같은 것이었다. 미로 같은 영혼 속으로 들어가 음악으로

---

* 아테네의 왕자 테세우스는 머리는 소이고 몸은 사람인 괴물 미노타우로스를 죽이기 위해 그 괴물이 갇혀 있는 미노스섬의 미궁으로 들어간다. 첫눈에 테세우스에게 반한 크레타의 공주 아리아드네는 그에게 붉은 실타래를 주어 미궁에서 빠져나올 수 있도록 도와준다.

영혼의 지도를 그리겠다는 의도일까? 그 미로에서 어떻게 빠져나오려나? 혹 Persona가 아리아드네의 실타래 같은 걸까? 궁금했고 설렜다.

칼 융과 그의 스승 지크문트 프로이트는 심리학(psychology)이라는 학문을 창시한 선구자다. 이 둘은 이전엔 인식하지 못했던 인간 정신(psyche)세계에 '무의식' 층위가 존재한다는 걸 발견해 정신질환의 정체를 규명하려 했다. 하지만 이런 공통점에도 불구하고 무의식의 작동원리에 대해서는 서로 생각이 달랐다. 프로이트는 인간 무의식은 '성욕(리비도Libido)'이라는 본능적 충동으로만 생성·구조화된다고 생각한 반면, 융은 리비도를 성욕만이 아니라 모든 지각·사고·감정·충동의 원천이 되는 '에너지'로 보다 넓게 해석했다.

둘 사이의 또 다른 중요한 차이점은 프로이트가 무의식의 세계를 순전히 개인적인 차원으로만 생각한 반면, 융은 개인무의식 외에 '집단무의식'이 존재한다고 보았다. 개인 영혼의 심층에는 민족과 조상으로부터 물려받은 공통된 기억이나 원형 이미지가 잠재해 있다는 것이다. 여기에 '콤플렉스, 그림자, 페르소나, 아니마와 아니무스' 등의 개념을 발전시켜 융은 개인무의식이 집단무의식과의 상호 교류를 통해 영혼의 조화를 이루어 자기실현(self-realization)에 도달할 수 있다고 생각했다. 이런 칼 융의 분석심리학 개념을 소개한 책이 바로 머리 스타인의 『융의 영혼의 지도』이며, 이 책을 기본 콘셉트로 방탄이 제작한 싱글앨범이 《MAP OF THE SOUL : PERSONA》이다. 머리 스타인 책 제목에다가 'Persona'를 첨가한 건, 이 앨범 콘셉트가 융의 분석심리학 개념 중 특별히 '페르소나'에 중점을 두었다는 걸 표시하기 위함일 것이다.

1. Persona

칼 융은 자아(ego)의 개성 혹은 정체성을 형성해 가는 과정에서 '페르소나Persona'와 페르소나에 의해 억눌린 '그림자(Shadow)' 사이에 발생하는 역동성에 대한 이해를 중요하게 여겼다.* 페르소나는 라틴어로 고대 그리스 배우들이 무대에 오를 때 쓴 '가면'을 말한다. 칼 융은 '인생을 연극'으로 생각한 고대 그리스인들처럼 인간은 살아가면서 인생이란 무대에서 수많은 가면을 써야 한다고 생각했다. 인간은 자신을 둘러싼 수많은 물리적, 사회적 환경에 적응해야만 살아갈 수 있는 사회적 동물이다. 따라서 자신이 처한 상황과 위치 그리고 직업과 일에 따라 그에 걸맞은 말과 행동, 사고와 표정, 처신 등을 의식적으로 바꿔야 한다. 마치 맡은 배역에 따라 배우가 각기 다른 성격을 연기하듯, 우리 각자도 사회적 관계에 따라 그에 알맞은 성격적 외양, 페르소나를 지녀야 한다는 것이다. 가령 남자가 직업군인일 경우, 부대에서는 엄격한 군인의 가면을, 집에서는 자식과 아내에게 자상하고 믿음직스러운 아빠와 남편의 가면을, 고향 친구 모임에서는 다정한 벗의 가면을 각각 써야 한다는 것이다. 이런 가면들은 외부의 시선에 응대하며 자연스럽게 자신의 개성과 정체성의 한 부분으로 수용되는 '사회적 가면'이라고 융은 말한다.

---

* 칼 융은 자아(ego)와 자기(self)를 각기 다르게 보고 있다. 자아는 '의식'의 중심부에서 감각을 통해 정보를 받아들여 사고하는 '나라고 의식하는 나'를 의미한다. 반면에 자기는 '무의식'의 영역에서 잠재돼 있어, 발견하고 수용되며 실현되어야 하는 인간 영혼의 중심이다.

하지만 이런 사회적 가면이 곧 진정한 자기 자신일 수는 없다. 사회적 가면인 페르소나가 팽창될수록 나의 본성적인 어떤 욕망은 억눌릴 수밖에 없기 때문이다. 융은 이 억눌린 욕망을 '그림자(Shadow)'라고 명명한다. 이 그림자 자체로는 특별히 문제가 되지 않지만, 자아가 어느 한쪽으로 치우치거나 집착할 때 '분열'이 발생한다고 보았다. 이 분열은 배우가 무대의 배역에 집착해 현실에서도 그 배역 인물로 살아가려고 할 때 발생하는 일종의 정신분열 현상 같은 것이다. 융은 이같이 다양한 페르소나들로 인해 억눌릴 수밖에 없는 그림자들을 거부하지 말고 자신의 일부로 온전히 받아들여 자기(self)의 스펙트럼을 최대한 확장하고, 둘 사이 충돌 시 발생하는 '갈등, 곤경, 슬픔, 고뇌, 고통, 좌절' 등의 원초적 감정 에너지를 창조적 분야에 활용할 때, 개성화 또는 자기실현(self-realization)에 도달할 수 있다고 보았다.

이 앨범의 1번 트랙인 RM의 랩 솔로 〈Persona〉는 인트로로 《MAP OF THE SOUL : PERSONA》 앨범의 서론일 뿐만 아니라, 이 앨범의 기본 콘셉트가 된 머리 스타인 『융의 영혼의 지도』의 서론이기도 하다. 동시에 5년 8개월 만에 방탄 커리어의 정점에서 리더 RM이 그린 방탄 '영혼의 지도' 서문이다.

〈Persona〉는 다짜고짜 "나는 누구인가" 물음으로 시작된다. 그 물음은 "말 몇 개로 답할 수 없기에" "아마 평생 찾지 못할 것이다"로 이어진다. 융 또한 한 개인의 정체성을 의미하는 '개성화'란 장구한 기간에 걸쳐 의식적이고 역동적인 정신활동으로 피워내는 '꽃'과 같은 것이라고 말한다. 이어지는 가사는 RM의 페르소나와 그림자 사이에 펼

처지는 일종의 '갈등 드라마'이다. "남들이 와서 진주 목걸일" 걸고, "누군 달리라 하고, 누군 멈춰 서라 해", "애는 숲을 보라고, 걔는 들꽃을 보라 해" 등등은 무대 위 superhero에게 쏟아지는 수많은 눈빛과 바람과 욕망의 전언들이다. 이같이 '사람들이 원하는 나'의 전언들에 응대하면서 형성되는 게 바로 나의 페르소나가 된다. 내가 소원했던 '진짜 superhero'가 된 것은 나를 발전시켜 내 자신의 한 부분으로 통합시킨 페르소나 덕분이다.

그러나 페르소나가 한껏 팽창한 시점에 내가 '망설임'이라 불렀던 '그림자(shadow)'가 나의 정체성 문제에 끼어들기 시작한다. 페르소나가 팽창되는 시점엔 억눌려 있어야만 했기에 나의 본성적 욕망 그림자는 '망설일 수밖에' 없다. 그러나 페르소나가 팽창의 정점에 이르러 superhero가 된 시점에서 억눌렸던 그림자는 더 이상 망설일 수가 없다. 자칫 자아를 페르소나와 일치시켜 버렸다가는 자아분열이 일어나 정신질환으로 발전될 수 있기 때문이다. 그리하여 그림자는 무대 아래, 조명 아래 어디든 나타나 나의 어떤 본성을 상기시킨다. "넌 단지 누가 들어 주기만을 바랬잖아." 그런데 이게 다 뭐야? "무슨 music, 무슨 truth, 무슨 소명, 무슨 muse." 왜 이렇게 거창해진 거야? 이를 융의 분석심리학의 관점으로 보면 자아가 한쪽으로 지나치게 쏠리려고 할 때 자동적으로 발동되는 '그림자의 경고'로 볼 수 있다.

다음 전개되는 가사는 페르소나와 그림자 사이의 갈등으로 발생한 원초적 에너지가 어떻게 창조적 정신활동으로 활용되는지를 보여준다. "나의 서툶", "질리지 않는 후회", 아무리 비틀어도 내가 꼿꼿이 일어나도록 묻는 질문, 도대체 나는 누군가? "죽고 싶은 거야?" "가고 싶은 거야?" "날고 싶은 거야?" "네 영혼은, 네 꿈은 어디 있는 거야?" "살아 있다고 생각하는 거야?" "제기랄, 난 모르겠어." 융에 의하면 이렇게 둘 사이의 갈등으로 인해 '곤경, 고뇌, 고통, 좌절' 같은 원초적 감정 에너지가 발생한다고 한다. 이런 감정 에너지 없이는 자아의 개성화 또는 자기실현(self-realization)은 이뤄질 수 없다.

이후 마지막까지 전개되는 가사는 갈등을 겪은 자기(self)의 개성화 과정을 보여준다. "내가 되고 싶은 나", "사람들이 원하는 나", "니가 사랑하는 나", "내가 빚어내는 나", "웃고 있는 나", "울고 있는 나", "지금도 매 분 매 순간 살아 숨 쉬는 나" 등등, RM은 이 모든 '나'들을 '참나'로 수용해 사회적 가면 페르소나와 그로 인해 억눌린 그림자 사이의 역동적 관계를 통합 수용하여 자아의 스펙트럼을 최대한 확장하고, 둘 사이 충돌 시 발생하는 감정 에너지를 창조적으로 활용하려 한다. 그래서 RM은 네게 들려줄 수 있는 모든 '목소리(음악)', 네가 기댈 수 있는 모든 '어깨(역할)'가 되려 한다고 노래한다. 이것이 살아가야 할 방향의 척도로 방탄 리더 RM이 〈Persona〉에서 그린 '영혼의 지도'이다.

2. 소우주

〈페르소나〉가 자기실현에 이르는 과정에서 겪게 되는 페르소나와 그림자 사이의 갈등과 투쟁 그리고 수용과 포용을 랩으로 표현한 곡이라면, 〈소우주〉는 페르소나를 통한 자기 확장, 또는 자기실현 이전의 '나'에 대한 가치를 선포하는 노래이다. 성장하면서 인간은 필연적으로 다른 사람의 시선과 평가를 통해 자신의 가치를 인지하게 된다. 하지만 타인의 시선과 평가에만 지나치게 의식, 의존하다 보면 자신을 페르소나와 일치시켜 버리는 위험에 빠지고 만다. 그렇게 될 경우 태양이 없으면 스스로 빛을 내지 못하는 위성처럼, 남들의 시선을 받지 못하면 스스로 에너지를 발생하지 못해 사그라지고 마는 존재로 퇴락하고 만다. 그렇게 되지 않기 위해선 우리 각자는 밖으로부터 어떤 빛(시선과 평가) 없이도 우리 스스로가 빛나는 소중한 별, '소우주'라는 사실을 깨달아야 한다. 〈소우주〉는 바로 "우리는 그 자체로 빛나는 하나의 별"이며, 한 사람은 "하나의 역사"로 지구는 "70억 개의 빛으로 빛나는 70억 가지의 world"라는 사실을 선포하는 노래이다.

방탄의 이런 선포 안에는 《LOVE YOURSELF》 앨범 시리즈에서

성찰한 깨달음 – '무엇보다 먼저 나를 사랑할 줄 알아야 나를 사랑하는 것처럼 너를 사랑하게 되고, 다른 모든 사람을 사랑하며, 나의 삶 자체를 사랑하게 된다' – 이 담겨 있다. 나를 사랑한다는 것은 '내 모습 이대로 소중한 존재(소우주)'라는 것을 진정으로 받아들이는 것이다. 이 'Love Myself'를 바탕으로 다른 사람과의 관계, 즉 자신의 사회적 자아인 페르소나를 발전시켜 자기실현을 달성할 수 있다는 전언이 《LOVE YOURSELF》에서 《MAP OF THE SOUL : PERSONA》로 발전된 방탄의 성장 서사다.

그리고 놀랍게도 방탄이 우리 자신을 '소우주'로 선포한 데서 나는 우리 조상으로부터 공통으로 내려오는 집단무의식과 가슴 벅차게 마주했다. 동학 교조 최수운 선생이 선포한 '사람은 하느님을 내 안에 모신 시천주侍天主' 같은 존재라는 것. 동학 3대 교조 손병희 선생이 선포한 '사람이(人) 곧(乃) 하늘(天)이라는 인내천人乃天' 같은 존재라는 것. 이런 깨달음을 바탕으로 '이 세상의 조화가 절로 내면화된다(조화정造化定)'는 동학사상. 우리 민족의 집단무의식으로 전해 내려온 동학사상은 100여 년 전 "가장 깊은 밤에 더욱더 빛나는" 우리 안에서 우리의 방식으로 빛난 '동학東學 별빛'이었다. 그 별빛이 방탄 한류를 타고 전 세계로 흘러 70억 개의 은하수로 빛난다고 선포하는 노래가 〈소우주〉라고 나는 가슴속으로 뜨겁게 느꼈다.

3. Make it Right

데뷔 5년 8개월 만에 슈퍼히어로가 된 방탄의 일거수일투족은 이젠 세상의 톱뉴스거리가 됐다. 일상에서 무심히 던진 말 한마디, 행동 하나하나에 세상의 눈이 쏠리고 의미와 해석이 덧붙여진다. 일상까지도 또 다른 무대가 돼버려 잠시라도 '무대 가면 페르소나'를 벗어 내려놓을 수 없는 현실. 그렇다면 도대체 '나는 누구인가'를 물은 게 RM의 독백 같은 외침 〈Persona〉였고, 이렇게 변해버린 "날 눈치챘던 순간" 참나를 찾아 떠나는 영혼의 순례를 노래한 곡이 4번 트랙 〈Make It Right〉이다.

특별히 이 곡은 뮤비와 함께 분석해야 가사에 담긴 의미를 더욱 잘 이해할 수 있다. 〈Make It Right〉 뮤비는 《화양연화 pt. 2》에서 슈가 솔로 곡 〈Never Mind〉 뮤비처럼, 무대 공연 장면을 바탕에 깔고 그 위에 애니메이션을 입힌 구성이다. 차이점이라면 〈Never Mind〉 뮤비에선 처음과 끝의 배경 화면으로만 처리됐던 무대 공연 실황 장면이 〈Make It Right〉 뮤비에서는 애니메이션과 분량이 거의 같을 정도로 중요하게 처리됐다는 점이다. 게다가 〈Make It Right〉 원곡에는 없는 미국 싱어송라이터 라우브Lauv의 피처링이 뮤비에는 실려 있다. 이 점을 염두에 두고 살펴보면 가사의 행간과 구성에 담긴 다층적인 의미를 더욱 깊게 유추해 감상의 폭을 넓힐 수 있다.

뮤비가 시작되면 방탄 일곱 멤버는 모두 흰색 정장 슈트 차림으로 한 명씩 무대로 등장한다. 무대는 스타디움을 꽉 채운 객석에서 밝히는 아미밤들로 밤하늘의 은하수처럼 반짝인다. 관객 중 한 명이 들고 있는 응원 문구 '빛나는 나의 별자리 늘 함께하게 영원히'와 큰 글씨로 'ARMY TIME'이란 자막이 노래의 서막을 알린다. 라우브Lauv 피처링 파트와 함께 장면이 애니메이션으로 바뀌면, 혼자 외롭게 앉아 있는 소년 등 뒤로 한 소녀가 다가와 손을 내민다. 소년은 소녀가 내민 손을 맞잡고 함께 들판을 향해 달려간다. 이렇게 시작되는 애니메이션 장면에 입혀진 라우브 노래를 우리말로 옮겨본다.

난 길을 잃었어. 주변 세상에서 답을 찾으려 했지. 난 낮과 밤 종일 미쳐갔어. 너는 나를 이해하는 유일한 사람이야. 해서 내가 겪은 모든 걸 네게 말하려 해. 오! 베이비. 더 나아질 거야. 너를 더욱 꼭 안을 수 있을 거야. 너는 날이 밝을 때까지 내 빛이었으니까. 거의 너를 잃을 뻔했지만 잊을 수는 없었지. 넌 내가 살아남을 이유였고, 우는 내내 나를 위해 거기에 있었으니까. 나도 너를 위해 거기에 있었지만 그땐 정신이 없었어. 내가 엉망이었다는 걸 알아. 하지만 약속할게. 더 나아질 거야.

노래 서막을 알리는 응원 문구와 ARMY TIME 자막 그리고 애니메이션 시작 부분과 라우브의 피처링 가사를 종합해 살펴보면, 이 노래가 그동안 쉼 없이 달려온 방탄과 아미와의 관계에 대한 성찰이라는 걸 쉽게 짐작할 수 있다. 그러니까 애니메이션에 등장하는 소년은 방탄이고 소녀는 아미를 상징하며, 소년의 등 뒤에서 소녀가 손을 내민 첫 장면은 그들을 알아본 아미로부터 방탄이 탄생했다는 걸 암시한다고 유추해 볼 수 있다.

이어지는 애니메이션 장면은 무대 실황 공연 장면과 토막토막 연결되며 펼쳐진다. 둘이 손을 잡고 들판을 달리다 밤이 되자 모닥불을 피워놓고 잠든 사이, 소녀는 자신의 망토를 소년에게 덮어주고 사라진다. 이 장면은 〈Make It Right〉 가사 "then I lost my mind(그때 난 정신이 없었어)" "I almost lost ya(너를 거의 잃을 뻔했지)"를 상기시킨다. 잠에서 깬 소년은 사라진 소녀를 찾아 소녀의 망토를 걸치고 기나긴 방랑길을 떠난다. 이 방랑길은 이 곡의 타이틀 〈Make It Right〉의 주제인 동시에 나를 찾아 떠나는 영혼으로의 여행《MAP OF THE SOUL : PERSONA》의 주제이기도 하다. 이 여행이란 방탄의 외적 자아 '페르소나(영웅, 환호, 트로피와 금빛 마이크)'가 발하는 빛(明)으로 인해 드리워진 그림자(暗)인 내적 자아 속으로의 여행이며, 방탄 자아(ego) 속 잠재된 빛의 씨앗을 처음 발견해 준 뮤즈를 찾아 떠나는 여행이다. 칼 융의 이론에 의하면 이 뮤즈는 남성 무의식 속에 잠재해 있는 여성적 요소인 '아니마(감성, 예감, 에로스, 기분)'로, 방탄의 또 다른 에고(Alter Ego)인 '아미'를 의미한다. 방탄의 그림자이자 내적 자아이며, 뮤즈이자 아니마인 아미를 찾아 떠나는 여행은 곧 방탄 내적 영혼 속으로의 여행이며 자기실현의 과정이다.

뮤즈이자 아니마인 아미를 찾아가는 여정에서 〈Make It Right〉 뮤비는 유럽 중세 게르만 서사시이자 중세 기사도문학을 대표하는 『니벨룽의 노래』와 바그너의 오페라 〈니벨룽의 반지〉에서 등장하는 '지크프리트' 영웅담을 차용한다. 지크프리트는 아름다운 여인 브른힐트를 아내로 맞아들이기 전 보물을 지키고 있는 동굴 속 악룡惡龍 파프니르를 그의 보검 노퉁으로 찔러 죽이고, 용의 피로 목욕을 해 불사不死의 육체를 얻는다. 〈Make It Right〉 뮤비 애니메이션 속 소년은 바로 방탄 기사 지크프리트가 된다. 다만 소년이 용을 물리치러 가는 길 중간중간에 무대 공연 장면 중 멤버들이 마이크를 손에 쥐고 노래하거나 또는 관객을 향해 흔드는 장면이 교차편집 되고, 소년이 칼을 들고 용을 찌르는 결정적 장면 직전에 마치 칼을 빼어 들듯 슈가가 마이크를 손에 쥐고 뻗는 장면을 끼워 넣음으로써, 방탄 기사 지크프리트가 절대 악을 물리치는 도구는 칼이 아니라 '마이크', 즉 자신들의 예술이라는 걸 암시하도록 치밀하게 교차편집하고 있다. 용을 물리친 후 지쳐 쓰러지자 소년에게서 벗겨진 망토가 다시 소녀로 변신해 마침내 둘은 감격스런 재회를 하게 된다. 동시에 무대 실황 공연 속 방탄 또한 아미 관객들에게 인사를 하며 공연이 끝나고 뮤비도 끝이 난다.

그렇다면 이 영혼의 여정을 통해 방탄은 '무엇을 낫게(개선) 하겠다는 걸까(Make It Right)?' 그건 여러 가지로 유추해 볼 수 있다. 우선은 인격적으로 한층 성숙해지고 "전보다 조금 더 커진 키에" 음악적으로도 더욱 발전된 "좀 더 단단해진 목소리"로 성장하겠다는 의미가 담겨 있다고 해석할 수 있다. 앨범의 전체 주제 콘셉트 'Map of the Soul : Persona' 관점에서 유추해 본다면, 인기 절정에서 자칫 팽창된 사회적 자아 '페르소나'와 자기(self)를 동일시해 버릴 위험에 빠졌을 때, 방탄을 구출해 줄 '재생(My rehab)'이자 뮤즈이며 아니마인 아미의 의미를 되새기고 포용함으로써 더욱 성장하겠다는 의미로 'Make it Right'를 유추해 볼 수도 있다.

이런 다층적 의미가 지닌 함의는 음악과 뮤비 구성의 세밀함에서도 엿보인다. 〈Make It Right〉 반주 편성으로 가장 특징적인 점은 처음부터 끝까지 리듬을 이끌면서 노래의 각 마디와 프레이즈 사이를 앞서거니 뒤서거니 하며 주고받는 '트럼펫 연주'이다. 이는 마치 아미와 방탄이 앞서거니 뒤서거니 하며 함께 걸어온 음악 여행 같은 느낌을 준다. 그리고 뮤비에 삽입된 방탄 무대 실황 공연 장면 컷들을 유심히 살펴보면 모든 무대 의상이 흰색(明)과 검은색(暗)뿐이란 걸 알 수 있다. 이는 마치 그동안 방탄이 걸어온 무대 여정엔 명(페르소나)과 암(그림자)이 동시에 존재했다는 걸 암시하는 듯하다. 아미는 줄곧 방탄의 빛("Oh you're the light")이었지만 방탄이 아미를 거의 잃어버릴 뻔한 순간("I almost lost ya")도 있었다. 그럼에도 결코 잊을 순 없었다("I can't forget ya")는 것을 악기 편성과 뮤비의 디테일한 구성을 통해 표현한다. 그리하여 방탄과 아미가 함께 성장하자고 노래하는 게 〈Make It Right〉라고 나는 이해하며 감상했다.

4. Persona 덫에서 벗어나기

2, 5, 6번 트랙은 각각 팽창한 방탄의 사회적 자아인 페르소나와 그로 인해 억눌린 자신의 본능, 개인적 삶, 이기적 욕망 사이의 균형을 이루려는 몸부림을 표현한 곡이다. 방탄에게 균형의 추는 바로 '아미'이다. 아미는 방탄 무의식의 아니마이자 방탄 음악의 뮤즈이다. 이들 노래들

에서 방탄은 아미의 존재 이유에 대해 성찰하면서 팽창할 대로 팽창한 페르소나의 덫에서 벗어나는 길을 모색한다. 요약하면 이렇다.

2번 트랙 〈작은 것들을 위한 시〉; 네(아미)가 달아준 날개로 난(방탄) 지금 하늘 높이 날고 있다. 하지만 진정한 사랑이라는 발디딤 없이 그 높은 곳에서 "세계의 평화" "거대한 질서" 같은 거창한 사회문제에 대해 얘기하는 나의 페르소나는 공허할 뿐이다. 난 네 눈높이로 내려와 먼저 널 지키고 싶다. '작은 것들을 위한 시'를 짓고 싶다. 이것이야말로 가장 강하고 진정한 사랑이며, 나는 그런 사랑을 지닌 '참나'(Boy with love)가 되고 싶다.

5번 트랙 〈HOME〉; 팽창한 페르소나로 나(방탄)의 겉을 치장한 것들(big house, big cars, big rings)에도 불구하고, 네(아미)가 없으면 내 속은 텅 빈 것이나 다름없다. 왜냐하면 너는 '나의 집, mi casa'이니까.

6번 트랙 〈Jamais Vu〉; 늘 반복해서 저지르는 실수, 처음인 것처럼 아픈 고통, 모두 낯설어 보이는 노래·가사·춤. 나(방탄)이면서도 내가 아닌 것 같은 이런 '미시감'에 놀라 나는 나로부터 도망가려 한다. 이런 멈춰버린 것 같은 내 심장을 다시 뛰게 해줄 사람은 오직 '아미' 너뿐이다. 너는 '나의 remedy(치료제)'.

5. Dionysus

《MAP OF THE SOUL : PERSONA》 앨범 콘셉트는 영혼 속으로 떠나는 방탄의 심리 여행이다. 1번 트랙 RM 〈Persona〉가 "나는 누구인가?"

물음으로 시작된 여행의 출발점이라면, 마지막 7번 트랙 〈Dionysus〉는 여행의 마지막 도착지이다. RM 〈Persona〉가 개인의 정체성에 대한 물음으로 여행을 시작했다면, 〈Dionysus〉는 개인에서 예술가로 재탄생한 얘기를 들려주며 영혼을 찾아 떠난 심리 여행을 마친다. 종착지에서 예술가로 재탄생한 얘기를 들려주되, 칼 융이 인간의 영혼을 이해하기 위해 차용한 고대 그리스 디오니소스 신화를 빌려 비유적으로 들려준다. 술에 취한 듯, 흥에 취한 듯, 난장 속 취중 진담처럼 들려준다. 그리하여 진의를 파악하려면 정신 차리고 귀 기울여 들어야 한다.

"쭉 들이켜"로 시작해서 "다 마셔, 마셔, 마셔, 마셔 내 술잔 ayy/다 빠져, 빠져, 빠져, 미친 예술가에" 훅으로 되풀이되는 〈Dionysus〉의 신나는 비트에 정신 줄 놓고 듣다 보면, '모든 신경 다 끄고 밤늦도록 함께 술 파티를 즐겨보자'쯤으로 단순하게 이 곡을 이해하기 십상이다. '그래, 이게 바로 로마에서 바쿠스Bacchus로 대응되는 고대 그리스의 주신酒神 디오니소스(축제)의 모습이지'라고 확신하면서 말이다. 하지만 이런 감상은 '술'에만 빠졌지 술을 매개로한 '예술'에는 빠지지 못한 감상이다. 그건 고대 그리스인들뿐만 아니라 칼 융이 이해하고 방탄이 차용한 디오니소스(축제)의 정신을 놓친 감상이다.

고대 그리스인들이 가장 중요하게 생각한 신은 고대 그리스 심장부인 델포이에 신전을 세워 경배한 태양의 신 아폴론이었다. 아폴론은 햇빛과 낮의 상징으로 고대 그리스인들의 개별성·합리성·질서 의식에 대한 소망과 의식이 반영된 신이다. 하지만 그들은 이런 아폴론적 합리와 질서 의식만으로는 어둠으로 상징되는 인생의 심연·우연·고통·모순 등을 이해할 수 없었다. 그리하여 그들은 일찍이 그리스에서 쫓겨나 이방을 떠돌던 디오니소스 신을 받아들였는데, 그는 포도주 빚는 법을 이방인들에게 전수해 '술의 신' '풍요의 신' '축제의 신'으로 칭송받던 신이었다. 고대 그리스인들은 인간 의식의 심연에 자리한 '어둠·광기·자유·해방' 같은 생명력이 넘치지만 동시에 파괴적인 감정이 주신 酒神 디오니소스의 '술의 힘'에서 나오는 것으로 이해해, 아폴론적인 것과 대척점에 놓았다. 그들은 디오니소스 극장을 짓고 그를 '비극의 신'으로 추대해 이곳에서 고대 그리스 문화의 최대 축제인 비극 경연 대회를 열었다.

칼 융은 상반되고 대조된 인간 (무)의식의 두 유형인 내향성/외향성의 원형을 바로 아폴론/디오니소스에게서 찾아 자신의 분석심리학에 적용했다. 이를 정리한 책이 머리 스타인의 『융의 영혼의 지도』이고, 이 책을 바탕으로 만든 앨범이 《MAP OF THE SOUL : PERSONA》이다. 융은 특히 아폴론과 디오니소스의 대조를 두 상반된 예술적 기질로까지 발전시킨 니체의 『비극의 탄생』(1872년)에서 영향을 받았다. 아폴론적 기질이란 구별과 개별화의 원리가 작동되는 비전·환영·환상·꿈을 표현하며 관념·형식·균형을 강조하는 '조각'과 '미술'의 영역을 관장한다. 반면에 디오니소스적 기질은 모든 개체화·구별(이성과 광기, 여성과 남성, 신과 인간, 인간과 자연, 현실과 허구)과 구속으로부터 해방을 추구하고 도취와 망각으로 감각이 최고조로 발휘되는 기질이다. 그러나 동시에 광기로 인한 파괴적 고통이 뒤따르는데, 이는 '무용'이나 '음악'의 영역이다. 융의 이런 Dionysus에 대한 이해를 바탕으로 방탄

〈Dionysus〉 곡이 만들어진 것이다.

'한 손에 술잔'을 들고 다른 손엔 디오니소스가 들고 다니던 지팡이 '티르소스'를 들고 방탄은 "마셔 마셔/ 빠져 빠져"라며 디오니소스 축제로 우리를 인도한다. 하지만 내가 이걸로 무얼 하려는지 당신들은 모를 거라며("You dunno, you dunno, you dunno what to do with") "난 전혀 다른 걸 추진"한다면서 "아이비와 거친 나무로 된 mic"를 보여준다. 주신 디오니소스 '술'의 힘을 빌려 지팡이를 마이크 즉 '예술'로 변신시킨 것이다. 이렇게 방탄은 예술가로 다시 태어난다("우린 두 번 태어나지" "K-pop 아이돌로 태어나 다시 환생한 artist, ayy").*

술의 힘으로 예술가로 다시 태어난 방탄은 예술에 취해 "창작의 고통 (한 입)/ 시대의 호통/ 나와의 소통 (한 입)"을 겪는다. 이는 예술 창작 과정으로 안으로는 그림자·아니마와 대화하고, 밖으로는 시대의 호통(페르소나)과 소통할 때 겪는 '창작의 고통'을 표현한다. 음악 창작 과정에서 "절대 단 한 숨에 나오는 소리 따윈 없다." 이렇게 "다시 환생한 artist"는 "내가 아이돌이든, 예술가이든 뭐가 중요해?"라며 음악 예술에 인위적으로 그어진 경계를 지워버린다. "예술에 취해 불러 옹헤야", "꽹과리 치며 불러 옹헤야"는 바로 그 경계를 지워버릴 때 흥에 겨워 나오는 우리나라 고유의 '신바람 소리' 같은 것이다. 신바람 소리는 신이 바람나 인간과 흥으로 한데 어우러질 때 나오는 소리이다. 우리말에 '신바람 난다'는 우리나라 무속에서 (귀)신이 인간의 육체나 혼 속으로

---

*   디오니소스라는 이름은 두 번(Dio) 태어난 자(nysos)를 의미한다.

들어온 '신명神明'에서 유래된 것으로, 아주 흥겹게 논다는 뜻의 '신명
난다'와 같은 뜻으로 쓰인다. 이 흥에 겨운 무아지경의 신명(신바람) 나
는 도취 상태야말로 한국판 디오니소스 축제의 고갱이다. 이것이 방탄
이 떠난 심리 여행《MAP OF THE SOUL : PERSONA》의 종착지이며,
궁극적으로는 방탄이 지향하는 음악 예술일 것이다.

8장. Map of The Soul : Persona

BTS

Life goes on
Like an echo in the forest
Like an arrow in the blue sky
On my pillow, on my table
Life goes on like this again

——————— 9장 ———————

MAP OF THE SOUL : 7

미니앨범《MAP OF THE SOUL : PERSONA》가 출시된 지 8개월 만
인 2020년 2월 21일 방탄은 'MAP OF THE SOUL' 시리즈의 두 번째
앨범으로 정규 4집《MAP OF THE SOUL : 7》을 세상에 내놓는다. 정
규앨범이지만 리패키지 앨범으로《MAP OF THE SOUL : PERSONA》
에 실린 5곡과 신곡 14개를 더해 총 19곡을 음반에 수록했다. '7'이
란 부제는 7명의 멤버와 데뷔 7주년을 기념하기 위해 붙였다고 방탄
은 인터뷰를 통해 설명했다. 그런 이유에서인지《WINGS》처럼 이 앨
범엔 멤버 모두의 솔로 곡이 포함되어 있다.《MAP OF THE SOUL :

PERSONA》처럼 각 노래를 유기적으로 이어주고 앨범을 구성하는 콘셉트는 '영혼의 지도'이다. 다만 이 지도는 한편으로는 일곱 멤버 각자의 경험과 관점에서 그리고 또 다른 한편으로는 뮤지션 밴드로서 함께 그려가는 영혼의 지도이다. 이렇게 그려진 영혼의 지도에는 판독에 필요한 세 가지 중요한 부호 같은 개념 – shadow, persona, ego – 이 있다. 이 부호 같은 개념을 중심으로 〈Shadow〉 〈Black Swan〉 〈ON〉 〈Ego〉 네 곡을 분석함으로써 방탄 7멤버가 각자 그리고 함께 그려가는 '영혼의 지도 7'을 판독해 보려 한다.

1

윤기 Shadow

〈Shadow〉는 슈가 솔로 곡으로 이 앨범의 6번 트랙에 실려 있다. 'Shadow' 앞에 막간곡 또는 간주라는 의미의 'interlude'를 붙인 의도는 일차적으로는 1번부터 5번 트랙까지가 모두 이전 앨범《MAP OF THE SOUL : PERSONA》에서 재수록한 곡들이어서 이와 구분을 표시하기 위함일 것이다. 동시에 Interlude의 사전적 의미처럼 이전 앨범과 주제 관점에서 유기적으로 이어지고 있다는 것을 암시한다.《MAP OF THE SOUL : PERSONA》의 첫 곡이 RM이 'persona 관점'에서 '나는 누구인가'를 물은 '영혼의 지도 Intro'라면,《MAP OF THE SOUL : 7》의 막간곡은 슈가가 'shadow' 관점으로 같은 물음을 던진 '영혼의 지도 Interlude'라고 할 수 있다.

〈Shadow〉는 크게 다섯 파트로 구성돼 있다. 첫 번째는 시작부의 영어 랩 파트("I wanna be a rap star ~ ~ I got a big dream yeah")인데, 랩이라기보다 연극 독백에 가깝다고 할 정도로 읊조리는 가사이다. 이에 알맞게 반주는 낮은 볼륨에 어둡고 무거우며 을씨년스러운 단선율 톤의 신시사이저로만 이루어져 있다. 두 번째는 한글 랩 파트("Woo 매일 설렜지 내가 어디까지 갈지 ~ ~ 나 무사하길 빌어 빌어")로 첫 번째 신시

반주에 드럼이 추가된다. 박자는 앞 파트의 느린 템포를 그대로 이어간다. 세 번째는 싱잉 랩singing rap 파트("나의 바람대로 높게 날고 있는 순간 ~ ~ 이제는 무서워/ Don't let me shine")로 반복되는 훅송("Please don't let me shine/ Don't let me down/ Don't let me fly")이 절규하듯 마음을 사로잡는다. 네 번째는 독백 형식의 읊조림과 랩이 합성된 파트("웃어 봐 뭘 망설여 ~ ~ 이제야 알겠니 매번 최선이 최선이란 걸")로 드라마적인 느낌이 물씬 풍긴다. 마지막 다섯 번째는 반전의 rocking trap 파트("그래 나는 너고 너는 나야 이젠 알겠니 ~ ~ 우린 너고 우린 나야 알겠니")로 드럼 비트가 갑자기 빨라지고, 이전 파트와는 완전히 다른 록 스타일의 거칠고 강렬한 사운드가 폭발하면서 절정으로 치닫는다.

〈Interlude : Shadow〉는 이렇게 음악적으로 구성을 달리한 다섯 파트가 마치 5장으로 구성된 단막극처럼 서사를 발전시켜 나가는 곡이다. 첫 번째 영어 랩 파트에서 슈가의 자아(Ego)는 7년 전 방탄 결성 시 가졌던 큰 꿈(a big dream)을 독백처럼 읊조린다. 'I wanna be a rap star(the top, a rockstar, rich, the king, go win, me, a big thing).' 뮤비는 슈가가 이 꿈들을 독백처럼 읊을 때, 머리에서 발끝까지 온통 검은 복장을 한 일곱 명의 남자가 복도 좌우로 나뉘어 방문을 향해 서 있는 장면을 연출한다.

두 번째 한글 랩 파트는 무대 위에 선 자아가 느끼는 현기증을 표현한다. 슈가는 정신없이 달리다가 무대 위에 서 있는 자신을 발견하고는, 홀로 선 무대 위는 빛으로 환하지만 발밑까지 따라온 그림자는 자신을 삼켜 괴물이 되게 하려 한다고 말한다. 뮤비에선 첫 파트에 등장한 검은 옷의 남자들이 복도를 빠져나가려는 슈가를 쫓아가 손을 뻗어 잡으려 하고, 유리 무대 밑에는 검은 옷의 남자들이 추락하는 장면이 연출된다. 이 두 파트를 연결 지어 추론해 보면, 검은 옷의 남자들은 슈가의 자아가 꾸었던 꿈들을 달성하기 위해 어쩔 수 없이 억압해야만 했던 슈가 영혼의 그림자(Shadow)들로 유추할 수 있겠다.

세 번째 싱잉 랩 파트는 그림자가 자아를 압도하는 현재 상황을 표현한다. 슈가가 오른 무대 위로 빛이 비칠수록 바닥에 비친 슈가의 그림자는 더욱 커진다. 슈가가 밑바닥 자신의 그림자를 마주하는 순간 슈가의 자아는 창공에 떠 있다. 이런 현재의 상황을 슈가는 "나는 무서워, 더 이상 나를 빛나게 하지도, 날게 하지도, 추락시키지도 말라"고 절규한다. 이 가사에 대한 뮤비 장면은 슈가가 서 있는 무대 위로 쏟아지는 빛의 밝음과 그 아래 검은 남자 관객들의 어둠이 대조를 이루는 가운데, 마이크가 검은 유리 바닥에 떨어져 깨지는 장면으로 연출된다. 이는 마이크로 상징되는 성공한 예술가의 자아를 그림자가 잡아당겨 추락하는 것을 은유하는 듯하다.

네 번째 한글 독백과 랩 파트는 슈가 그림자의 독백과 랩으로 이루어져 있다. '네(자아, Ego)가 원하는 걸 다 이루었으면서 왜 두려워하니? 정말 이렇게 될지 몰랐단 거니?'라며 연극에서 대사를 읊는 듯한 말투와 힙합 랩이 드라마틱하게 결합된다. 하지만 공식 뮤비에서 이 파트는 제외됐다.

마지막 다섯 번째 파트는 음악적으로 앞의 파트들과는 색깔이 완전히 다른 rocking trap으로 그림자의 절규 – '이젠 어딜 가든, 무얼 하든, 실패하든 성공하든, 때론 부딪혀도, 너(자아)와 나(그림자)는 떼어낼 수 없는 한 몸'이다 – 를 표현한다. 하지만 그걸 인정하는 과정이 결코 쉽지 않다는 걸 암시하듯, 반주는 강렬하고 드럼 비트는 빨라진다. 뮤비는 밝은 무대에서 어두운 관객석으로 내려온 슈가가 검은 옷의 남자들 사이에 둘러싸이는 장면을 연출한다. 이는 빛(자아)과 어둠(그림자)이 섞이는 과정을 은유하는 장면으로 추론된다. 이렇게 슈가의 〈Shadow〉는 드라마 같은 구성으로 자아가 그림자를 수용해 가는 과정을 노래한 '영혼의 지도 Interlude'이다.

2

Black Swan

RM과 슈가가 Persona와 Shadow 관점에서 각기 자신의 정체성에 대해 물었다면, 〈Black Swan〉은 예술가로서 방탄의 정체성에 대해 묻는다. 묻되 제목이 암시하듯 다른 예술 장르와의 상호텍스트성(Intertextuality)으로 서사, 이미지, 상징의 의미를 한층 두텁게 쌓아놓았다. 되풀이되는 얘기지만 BTS 음악의 가장 두드러지는 특징은 바로 이런 다양한 인문, 예술 분야와의 끊임없는 대화와 소통을 통해 자신들만의 음악 세계(관)를 확장해 나가는 데 있다.

《MAP OF THE SOUL : 7》 앨범이 출시되기 한 달 전, 빅히트사는 〈Black Swan〉 음원과 함께 슬로베니아 현대무용 팀, 엠엔 댄스 컴퍼니MN Dance Company와 협업해 만든 아트 필름을 선보였다. 이 필름은 이 댄스 컴퍼니 소속 단원 일곱 명이 〈Black Swan〉을 현대무용으로 재해석한 작품이다. 필름 서두엔 제사題詞(Epigraph) 형식의 문장 - "A dancer dies twice(무용수는 두 번 죽는다) - once when they stop dancing, and this first death is more painful - Martha Graham(첫 번째 죽음은 춤을 멈출 때 찾아온다. 그런데 그 첫 번째 죽음이 더 고통스럽다.-마사 그레이엄)" - 이 실려 있다. 마사 그레이엄은 미국의 유명한 현대무용가이자 안무가인데, 〈Black Swan〉은 이 말에 영감을 받아 만들어졌다고 한다. 이 소름 돋는 제사를 보자마자 나는 20세기 모더니즘의 가장 위대한 시로 평가되고 있는 T. S. 엘리엇T. S. Eliot 『황무지(*The Waste Land*)』의 제사가 떠올랐다.

> 한번은 쿠마에서 나도 그 무녀가 호리병 속에 매달려 있는 것을 직접 보았지요.
> 아이들이 "무녀야, 넌 뭘 원하니?" 물었을 때 그녀는 대답했지요. "죽고 싶어."

이 제사는 로마의 시인 페트로니우스가 쓴 풍자 이야기 『사티리콘 *Satyricon*』에서 인용한 것이다. 나폴리 근처 쿠마에라는 지방에 뛰어난 지혜를 가진 무녀가 있었다. 아폴론 신이 그녀를 몹시 사랑해 한 가지 소원을 들어주겠다고 하자, 그녀는 한 줌의 모래를 들고 와서 이 모래 숫자만큼 오래 살게 해달라고 소원을 말한다. 하지만 무녀는 모래 알갱이 수만큼 영생에 가까운 생명을 요구했지 젊음을 요구하는 걸 잊었다. 그 결과 무녀는 아무리 세월이 흘러도 죽지 않고 늙기만 해 육체는 벌레만 하게 쪼그라들고 말았다. 호리병 속에 갇혀 목소리밖에 남지 않은 무녀를 보고 지나가던 동네 아이들이 놀렸다. "무녀야, 넌 뭘 원하니?" "죽고 싶어."

봄은 왔지만 생명의 재생이 일어날 것 같지 않아 "사월은 가장 잔인한 달"이라는 인류 문학사에서 불멸의 시구를 남긴 『황무지(*The Waste*

Land)』. 엘리엇은 쿠마에 무녀의 충격적인 이미지와 상징적인 이야기를 제사로 사용해 살아 있지만 죽은 것이나 다름없는 20세기 현대문명의 생중사(Living death)의 삶을 『황무지』 전편에 걸쳐 다양한 장르(intertextuality)를 병치해 표현했다. 표현 방식도 유기적이고 총체적인 방식이 아니라, 현대판 황무지를 연상케 하는 이미지들을 어떤 친절한 설명 없이 파편처럼 조각조각 흩어놓았다. 쿠마에 무녀에 대한 제사는 시 전편에 걸쳐 일견 무질서하게 흩어져 있는 이미지 파편들을 콜라주나 몽타주처럼 이어 붙이는 역할을 한다. 나는 『황무지』 제사에서 느꼈던 충격을 〈Black Swan〉의 제사에서도 비슷하게 느꼈다.

마사 그레이엄의 제사는 〈Black Swan〉의 주제를 품으며 노래하고 춤추는 싱어와 댄서의 영혼 속을 강물처럼 흐른다. 댄서가 더 이상 춤출 수 없을 때, 예술가로서 삶은 끝난 것이나 다름없듯, 싱어인 방탄은 '노래가 더 이상 (자신의) 가슴을 울리지 못하고, 심장을 뛰게 하지 못할 때, 첫 번째 죽음이 찾아올 것'이란 걸 암시한다. 예술가에게 그 첫 번째 죽음이란 살아 있어도 죽은 것이나 다름없는 '영혼의 죽음'을 맞는 순간이다. 뮤지션 커리어 최정상의 위치에서 영혼의 죽음을 맞는 순간을 떠올리다니! 게다가 그걸 주제 삼아 최고 예술로 승화시키다니! 놀랍기만 하다.

그렇다면 어떨 때 노래가 가슴을 울리지 못하고 심장을 뛰지 못하게 할까? 그건 음악에 대한 열정과 창조력이 고갈되거나, 대중적 성공을 위해 자신이 하고 싶은 음악을 하지 못할 때일 것이다. 많은 경우 이 두 가지는 겹치며 일어난다. 방탄은 그 첫 번째 죽음의 순간을 "귓가엔 느린 심장소리/ 입 속으로 어떤 노래도 와닿지 못해/ 소리 없는 소릴 질러/ 모든 빛이 침묵하는 바다/ 홀린 듯 천천히 가라앉아/ 몸부림쳐 봐도/ 사방이 바다"라며 마치 악몽 속 가위눌림 상태처럼 표현하고 있다.

그런데 그 첫 번째 죽음이 찾아온 순간, 어디선가 소리가 들려온다. "Do your thang/ Do your thang with me now/ What's my thang/ What's my thang tell me now."* 이 소리는 마치 영혼의 두 자아(이기적 자아 shadow와 대중적 성공을 추구하는 사회적 자아 persona)가 나누는 대화처럼 들린다.

Shadow: "네가 하고 싶은 걸 해/ 자, 나하고 해보자."
Persona: "내가 하고 싶은 거라니?/ 자, 그게 뭔지 말해봐."

*   thang은 thing의 아프로아메리칸Afro-American 속어(slang)이다.

이 소리는 방탄 스스로가 정신(Psyche)의 바닥으로 내려가 발견한 ("Inside/ I saw myself, myself") 자신의 영혼으로부터 들려오는 소리이다. 내면의 소리 '네가 하고 싶은 것을 하라'를 통해 예술가로서 진정한 자기(self)를 발견한 듯, 천천히 눈을 뜬다. 그곳은 "나의 작업실 내 스튜디오"이다. 이윽고 느리게 뛰던 심장은 다시 "bump bump bump" 빠르게 뛰고, 가슴에 와닿지 못해 입 속으로만 삼켰던 "jump jump jump" 소리는 "나의 (예술, 창작) 숲으로 jump jump jump"하여, 마침내 소리 없는 소릴 질렀던 가위눌림에서 깨어나 진짜 소리를 힘껏 내지른다.

〈Black Swan〉이 정식으로 출시되기 전, 슬로베니아 현대무용 팀, 엠엔 댄스 컴퍼니의 현대무용으로 해석된 아트 필름을 미리 선보인 데서 드러나듯, 이 곡은 태생적으로 클래식과 상호텍스트성 속에서 탄생했다. 그리하여 제목에서부터 2010년 다렌 아로노프스키Darren Aronofsky 감독의 동명 영화 〈Black Swan〉이 연상되고, 차이콥스키 Tchaikovsky의 불멸의 발레 음악 〈백조의 호수(Swan Lake)〉가 떠오를 수밖에 없다.

엠엔 댄스 컴퍼니의 현대무용으로 해석된 〈Black Swan〉은 상의를 탈의한 리더 무용수와 여섯 명 검은 옷을 입은 무용수 사이의 갈등과 투쟁을 표현한다. 춤 동작으로 보아선 모두 백조(swan)를 표현하는 것 같다. 여섯 검은 무용수들은 빛기둥으로 된 새장에 리더 무용수를 가두려 하고 리더 무용수는 탈출하려 몸부림친다. 마침내 새장을 탈출한 리더 무용수는 홀로 독무를 춘다. 하지만 이내 여섯 무용수들에 의해 다시 붙잡힌다. 여섯 무용수들에게 다리를 잡힌 리더 무용수는 마치 하늘로 올라가려는 듯 두 손으로 날갯짓을 한다. 카메라는 리더 무용수의 시점으로 날갯짓하는 두 손을 따라 서서히 위로 올라가며 끝난다. 이들이 현대무용으로 〈Black Swan〉을 재해석해 표현하려 한 갈등과 투쟁은 무엇일까. 마사 그레이엄의 제사에서 암시되듯, 무용수에게 죽음과도 같은 춤을 추지 못하도록 강요하는 것들과의 투쟁을 표현하려는 게 아닐까. 훅송으로 반복되는 "Do your thang(네가 하고 싶은 걸 해)"에 맞춰 좌우로 흔들어 대는 리더 무용수의 두 손은 날아오르려는 흑조의 날갯짓이자, 춤추지 못하도록 발목을 잡고 있는 것들로부터 벗어나려는 흑조의 몸부림이다. 이는 첫 번째 죽음에서 벗어나려는 무용수의 발버둥이며 춤이다.

2010년 다렌 아로노프스키 감독의 동명 영화 〈Black Swan〉과의 연관성은 어떨까. 영화 〈Black Swan〉의 여주인공 니나는 영화 속 차이콥스키 'Swan Lake' 주연 발레리나로 순결한 'White Swan'뿐만 아니라 어둡고 관능적인 'Black Swan'까지 일인이역을 완벽하게 소화해내기 위해 몸과 영혼을 바친다. 사이코 스릴러물로 현실과 판타지의 경계가 모호한 가운데 니나는 천성적으로 결핍된 흑조를 완벽하게 연기하기 위해 자의 반 타의 반 흑조의 세계로 들어간다. 그녀는 정신적 육체적으로 잠재된 어두운 면을 깨워 흑조로 상징되는 강렬하고 육감적이며 매력적인 타락의 세계를 경험한다. 그러면서 자신이 점점 흑조로 변해가고 있음을 느낀다. 마침내 영화 속 'Swan lake' 공연에서 니나는 '백조'와 '흑조' 일인이역 발레를 완벽하게 해낸다. 이렇게 예술적 완벽을 달성한 순간, 그녀는 극단적인 광기와 환영에 사로잡혀 스스로 찌른 유리 조각에 비극적 결말을 맞는다. 영화는 막을 내리면서 관객에게 이런 물음 하나를 남겨놓는다. '예술가에게 예술적 성취란 정말 자신의 목숨을 걸 만한 가치가 있는 것일까?' 방탄 〈Black Swan〉은 이 물음을 마사 그레이엄의 말로 바꾸어 이를 화두 삼아 노래와 춤으로 표현한 것이다.

2021년 1월 방탄은 제임스 코든James Corden이 진행하는 미국의 심야 라이브 쇼 'The Late Late Show'에 출연해 〈Black Swan〉 특별 공연을 했다. 이 공연만을 위한 특별 무대가 방송국 현장에 설치됐는데, 한눈에 봐도 차이콥스키 〈Swan Lake〉 발레 공연 속 호수가 연상되도록 무대를 꾸몄음을 알 수 있다. 검푸른 호수 무대 속 검정 옷을 입은 7명 방탄 멤버들의 군무는, 차이콥스키 〈Swan Lake〉 발레 공연 속 백조 군무를 연상케 한다. 이 특별 무대를 위한 방탄의 〈Black Swan〉 안무는 기존의 방탄 그리고 여타 K-pop 힙합 아이돌 춤과는 또 다른 차원의 군무를 보여주었다. 힙합과 현대무용을 혼합해(crossover) 고전발레 테마를 재해석한 느낌이랄까. 대중예술(pop culture)을 한 차원 높게 격상한 품격이 느껴진 공연이었다.

다렌 아로노프스키 영화 〈Black Swan〉 속 여주인공 니나와 차이콥스키 〈Swan Lake〉 발레 공연 속 주연 발레리나 모두 순결한 백조(오데트)와 유혹적인 흑조(오딜)를 한 몸 안에서 표현해 내야 하는 예술가의 숙명을 연기했다. 방탄 〈Black Swan〉은 이런 상호텍스트를 환기하며 자신들이 언젠간 직면할 수밖에 없는 숙명에 대해 연기한 것은 아닐까. 그리하여 나는 햄릿으로 빙의해 퍼즐같이 흩어진 방탄 영혼의 지도 조각들을 이렇게 맞춰보았다.

내 노래가 더 이상 내 가슴을 뛰게 하지 못할 때
난 여전히 빛의 환호에 도취한 채 무대 위에 남아 있을까
아니면 내 가슴을 울리는 음악을 위해
덧씌워진 모든 가면을 벗어버리고 무대 밑 어둠 속으로 내려갈까
그것이 문제로다.

3

On

11번 트랙에 실린 〈ON〉은 이 앨범의 타이틀곡이다. 이 곡의 특징은 공식 뮤비와는 별도로 제작해 발표한 〈'ON' Kinetic Manifesto Film : Come Prima〉에 오롯이 들어 있다. 빅히트사는 이 낯선 필름 명칭을 "방탄과 제작 팀이 만든 용어로 특별히 퍼포먼스와 안무에 초점을 맞춘 새로운 형태의 뮤직비디오를 말한다"고 공식 발표했다. 이는 슬로베니아 현대무용 팀, 엠엔 댄스 컴퍼니와 협업해 만든 아트 필름을 공식 뮤비에 앞서 선보임으로써 〈Black Swan〉 음악의 색깔을 암시한 것과 비슷하다. 그렇다면 암호와도 같은 이 필름 명칭의 숨은 뜻을 찾아내는 게 이 곡을 이해하는 데 관건이 될 것이다.

'Kinetic Manifesto Film'을 사전적 의미로 풀어보면 '움직임 (공약) 선언 필름' 정도로 표현할 수 있다. 'Come prima'는 이태리어로 '처음처럼, 처음과 같은 방식으로'라는 음악 용어다. 이 필름엔 방탄의 기존 뮤비에서 흔히 볼 수 있는 서사를 품은 연기나 가사 내용과 관련된 다양한 상징이나 은유를 내포하는 배경은 없다. 오직 거대한 댐 앞의 빈 공간에서 30여 명의 마칭 밴드marching band와 함께 공연하는 장면이 전부다. 그러니까 'Kinetic(움직임)'이란 일차적으로 춤으로 대변되는 퍼포먼스를 의미하는 것으로 이해할 수 있다. 그렇다면 'Manifesto'는 무슨 의도로 썼을까?

흔히 'Manifesto'는 선거에서 후보자가 선언하는 '실천 공약'을 말한다. 이를 'Kinetic Manifesto'에 적용하면 방탄이 공약한 '춤과 퍼포먼스'에 대한 '실천 공약' 정도로 풀어볼 수 있다. 여기에 'Come Prima'를 붙이면, 공약으로 내세운 춤과 퍼포먼스를 실천하되 '처음처럼' 하라 (또는 했다) 정도가 된다. 그렇다면 '처음처럼'이란 어떤 방식일까? 이 물음의 답을 찾으려면 7년 전 방탄이 데뷔한 해인 2013년 9월에 출시한 《O!RUL8,2?》앨범의 타이틀곡 〈N.O〉로 돌아가야 한다.

"10대와 20대 청(소)년들이 겪고 있는 세상의 편견과 억압을 막아내는" 방탄이 되겠다는 서원과 "음악은 내면에 있는 자신들의 이야기가 되어야 한다"는 방탄의 결의. 7년 전 방탄의 서원과 결의의 첫 결과물이 학교 삼부작이었고, 〈N.O〉는 대표 타이틀곡이었다. '내가 누군가'를 묻기보다 '내가 누구여야 하는가'를 주입하는 감옥 같은 학교에서 형체도 없는 내일을 위해 구체적인 오늘을 희생하라 강요당하는 청소년들에게 "Everybody say No"라 외쳐댔던 방탄의 공약 'Manifesto'. 이는 학교 삼부작 방탄 메시지의 핵심이었다. 그러니까 〈ON〉은 그 격렬한 저항 에너지를 춤과 퍼포먼스로 뿜어댔던 처음 방식(Come Prima)으로 돌아가겠다는 Kinetic Manifesto인 것이다.

방탄이 7년 전 〈N.O〉에서 외친 "Everybody say No"는 청(소)년을 향한 것뿐만 아니라, 그들 자신을 향한 외침이기도 했다. '지금 여기'의 삶에 온몸을 던진 'On'이 바로 지난 7년 방탄의 삶이었다. 하지만 빛

이 있는 곳에는 자연히 그림자(shadow)가 드리워지게 마련. 그들이 온
몸을 던져 "제 발로 들어온" K-pop 아이돌의 삶은 "아름다운 감옥"이
었다. 하지만 그들이 선택한 길이기에 "누가 뭐라 하든" 'fighter'가 되
어 포기하지 않고 두(빛과 어둠) 세상 모든 쪽에 자신들을 다 던지겠다
고 선언한다. 그 과정 중에 필연적으로 따르는 모든 고통일랑 가져오라
고 "bring me pain oh ya" 매일 올라타겠다고(On) "Everyday oh na
na na" 외친다. 이를 융의 관점에서 본다면 인간 내면의 어두운 그림자
와 밝은 세계의 페르소나가 하나로 통합하는 과정에서 발생하는 고통
을 온전히 인정하고 품어서 전일적인 인간으로 성장해 가는 모습이다.

〈'ON' Kinetic Manifesto Film : Come Prima〉는 거대한 댐 배후
의 텅 빈 공간 한복판에서 오와 열을 맞춰 정지 상태에 있는 마칭 밴드
가 상징하는 정靜(static)에서 마칭 사운드와 역동적인 춤에서 터져 나
오는 동動(kinetic)이 극적 대비를 이루며 시작된다. 방탄 이전의 어느

음악과 뮤비에서도 연출되지 않았던 신선한 장면이다. 이어지는 퍼포먼스는 마칭 밴드에 맞춰 절도 있게 직선으로 움직이는 댄서들 사이로 홀로 또는 두셋 짝을 이뤄 그리고 멤버 전원이 모여 직선과 곡선이 역동적으로 가로지르는 춤이다. 격동적인 퍼포먼스는 마치 쿵쿵 북소리에 맞춰 뛴 심장에서 내뿜어져 가지처럼 뻗은 핏줄의 선과 움직임 같다.

중반부 정국의 성가풍 초고음 솔로 파트("나의 고통이 있는 곳에/ 내가 숨 쉬게 하소서 ~ I'm singin' ohhhhh")에서, 정국은 이 열 종대로 서서 스틱을 들고 하늘로 양팔을 뻗은 댄서들 사이로 걸어오며 노래를 한다. 이는 마치 십자가를 홀로 지고 골고다 언덕을 오르는 예수를 연상케 한다. 이어지는 후반부의 댄스 브레이크에서 작은북 마칭 밴드에 브라스 사운드까지 더해져 멤버들의 한바탕 격한 군무로 'Kinetic Manifesto Film'의 클라이맥스에 이른다. 이로써 어떤 고통에도 물러서지 않고 피 흘리면서 맞서 싸우겠다는 '전사(fighter)' 방탄의 '움직임 공약 선언 필름'이 완성된다. 7년 전 데뷔 때 가졌던 처음 마음과 자세 그대로 'Come Prima'.

4

Outro : Ego

'Map of The Soul' 시리즈 콘셉트 앨범의 마지막을 'Ego(자아)'로 끝낸 것은 의미심장하다. Persona로 시작해 무수히 많은 Shadow들과의 갈등을 거쳐 마침내 그 둘 사이의 역학적이고 역동적인 관계를 이해하고 포섭하여 전일적인 자기(Self)에 도달하는 과정을 그린 영혼의 지도들. 그런데 그 지도의 끝이 자아 탐색의 완성이자 종착지인 '자기'가 아니고, 그것의 시작점에 불과한 '자아'로 끝을 맺다니. 거기엔 숨은 의도가 있음에 틀림없다.

〈Outro : Ego〉는 j-hope 솔로 곡으로 아프리칸 리듬을 기반으로 한 팝이다. 가사 · 멜로디 · 사운드 모두 밝고 경쾌해 제이홉의 캐릭터와 꼭 맞다. 7년 전 연습생 시절, 잠시 빅히트를 나갔다가 다시 불려 온(recall) 사건을 돌아보며 '그때 안 돌아왔으면 지금 어떻게 됐을까', '이런 게 운명이란 것일까'를 수없이 되묻는다. 길은 길로만 이어지는 것. 그 후로 다시 불려 온 길을 운명인 양 여기며 그는 자신의 Ego만 믿고 걸어왔다고 한다. 그 길은 "믿는 대로/ 가는 대로/ 운명이 됐고/ 중심이 됐어/ 힘든 대로/ 또 슬픈 대로/ 위로가 됐고/ 날 알게 해줬"다고, 담담하게 고백한다.

'영혼의 지도' Intro인 RM의 〈Persona〉나 Interlude인 슈가의 〈Shadow〉와 비교해 보면, Outro인 제이홉의 〈Ego〉는 가사·사운드·리듬 모두 무겁지도 심각하지도 않고 밝고 가볍다. 데뷔 후 7년, 뮤지션 커리어 정점에서 인간과 예술의 영혼에 대해 과감하게 묻고 낱낱이 파헤쳐 세세한 지도를 그리겠다는 장대한 방탄 프로젝트가 'Map of The Soul' 시리즈이다. 그 대단원의 막을 내리는 곡이 〈Ego〉일 터이니, 당연히 영혼의 지도에 찍을 마지막 화룡점정 같은 곡일 것이라 기대하는 게 당연하다. 하지만 놀랍게도 싱겁다. 'Map of the Soul' 시리즈 앨범에 실린 총 26곡 중, 하필이면 왜 이 곡을 마지막에 놓았을까. 몇 날을 두고 생각하고 또 생각했다.

융은 자아와 자기의 차이를 이렇게 설명한다. 자아는 의식의 중심부에서 감각을 통해 들어오는 정보를 해석하고 행위하는 인식의 센터이다. 즉 나라고 의식하는 나이다. 반면에 자기는 자아가 의식하지 못하는 자신의 신성한 잠재성이며, 무의식 영역에서 발견되고 수용되며 실현되어야 할 인간 영혼의 중심이다. 자기는 자아가 태어나는 토대일 뿐 의식적으로 탐색할 때에만 발견된다. 그리하여 개성화(Individuation)나 전일성(Wholeness)으로 특징지어지는 자기 발견·자기실현(Self-Realization)은 평생을 거쳐 지속적으로 일어나는 과정이지, 어느 한순간 완성되어 멈추는 것이 아니라는 것이다.

그렇다. 'Map of the Soul' 두 시리즈 앨범은 예술가로서 한 인간의 영혼을 탐색한 것일 뿐, 완성된 자기(Self)의 표상은 아니었던 것이다. 이 두 앨범에 뮤지션으로서 최고 역량이 발휘된 건 분명하지만, 그건 자기 발견의 도정에서 올라선 한 봉우리일 뿐이다. 봉우리는 지나가는 고갯마루에 불과한 것이어서, 한층 성장한 자아(Ego)가 또 다른 봉우리를 향해 자기 발견(실현)을 위한 걸음을 내디딜 것이라는 선언-"so we're here/ 내 앞을 봐 the way is shinin'/ Keep goin' now"-이 바로 '영혼의 지도' 대단원의 막을 내리는 〈Outro : Ego〉이다. 다시 자신의 자아(Ego)를 믿고 더 깊고 높고 넓은, 더 큰 갈등과 고통이 기다리고 있을지 모르는 자기 탐색의 길로 뛰어들겠다는 선언이다. 그러하니 방탄 영혼의 지도(Map of the Soul)는 어느 시공간 한 지점에서 완결된 작품(work)이 아니라, 계속되는 삶 속에서 경험하고 발견되며 수정하고 확장해 가야 할 텍스트text란 사실을 다시 한번 확인시켜 준다. 영혼으로의 긴 탐색 여행을 마친 후 돌아와 다시 출발점에 선 "That's my ego."

BTS

Life goes on
Like an echo in the forest
Like an arrow in the blue sky
On my pillow, on my table
Life goes on like this again

10장

세계인을 위로하다

2023년 5월 5일 세계보건기구(WHO)는 국제보건규칙(IHR) 긴급위원회 결정에 따라 코로나19 국제공중보건위기상황(PHEIC) 선포를 해제한다고 발표했다. 2019년 12월 중국 우한에서 처음 코로나가 발병한 지 3년 4개월 만이다. WHO 공식 통계에 따르면 2023년 2월까지 코로나19로 인한 사망자가 약 690만 명이란다. 하지만 세계 곳곳에서 검사를 받지 않아 공식 통계에 포함되지 않은 사망자까지 포함하면 2,700만 명에 이를 거라 주장하는 통계도 여럿 있다. 이젠 감기나 계절 독감처럼 지역 풍토병(endemic)으로 전환돼 더 이상 공포에 떨지 않아도 된다지만, 코로나가 언제 또 다른 변이로 인류에게 찾아올지 모른다고 한다.

2차 세계대전 이후 인류 세대는 지난 3년 동안 처음으로 우리 삶에서 일상이 사라질 수 있음을 경험했다. 거리에선 마스크로 모두가 입을 가리고, 직장, 학교, 공연, 회의, 기타 모임은 모두 비대면으로 진행됐으며, 국경 폐쇄로 국가 간 여행이 금지되고, 어떤 도시는 모든 이동을 금지하는 락다운Lockdown 조치가 내려지기도 했다. 한마디로 세계가 멈췄다. 국가 간 물류가 막히니 지역 현지 마트는 생필품 사재기로, 병원은 몰려드는 코로나 환자로 그야말로 아비규환이었다. 선진국 후진국 가릴 것 없이 중앙정부의 컨트롤 타워가 잘 작동되지 않아 모두가 우왕좌왕했다.

다행히 우리나라는 정부와 질병본부의 헌신적이고 투명한 '선제적 진단·추적'과 '체계적 격리와 치료' 같은 방역 활동에다 국민 모두가 '철저한 마스크 착용과 사회적 거리 두기' 같은 행동 수칙을 잘 지킴으로써 국경 폐쇄나 도시 봉쇄 그리고 경제활동의 완전한 셧다운 Shutdown 없이 성공적으로 코로나 위기를 넘길 수 있었다. 경제협력개발기구(OECD)도 한국을 코로나19 대응에 가장 성공적인 국가 중 하나로 꼽았다. 그럼에도 불구하고 사회적 거리 두기로 인한 비대면 사회의 일상은 답답하고 우울했다.

이런 전 지구적 집단 우울 상태에 빠진 세계인에게 무엇보다 필요한 건 따뜻한 위로였다. 2020. 11. 20. 출시된 앨범 《BE》는 방탄소년단이 세계인에게 건네는 위로였다. 세계인에게 건넨다고? 그렇다. 이제 방탄은 누구도 부인할 수 없는 세계인의 대중 스타이다. 내 아내가 코로나19가 발발하기 바로 전해인 2018년 4월에 출발해 40여 일 동안 스페인 산티아고 순렛길을 혼자 걷고 돌아와 내게 들려준 이야기가 있다. 길에서 마주친 전 세계 젊은 순례자들에게 한국에서 왔다고 아내가 인사를 건네면 예외 없이 "오! 나는 BTS 팬입니다." "BTS 잘 알아요." "BTS 멤버 ○○가 내 최애예요." "BTS 노래 ○○, ○○ 좋아해요."라는 인사가 돌아왔다고 했다. BTS 나라에서 온 사람이라는 사실 하나만으로 아내는 온 세계 순례자들로부터 특별 대접을 받는 기분이 들었단다. 놀랍지 않은가? 불과 70년 전 전쟁으로 전 국토가 폐허로 변해 해외 원조를 받아야 겨우 살 수 있었던 나라에서, 이젠 세계인들로부터 매력적인 나라라고 찬사의 눈길을 받는 나라로 바뀌었다니. 이게 바로 개벽이다.

Be

첫 앨범부터 지금까지 방탄이 붙인 앨범 제목을 상기해 보면 방탄이 얼마나 제목에 진심인지 알 수 있다. 그렇다면 코로나19로 인한 팬데믹 블루 상태에 빠진 세계인들을 위로하는 앨범의 제목이 왜 'Be'일까, 궁금하지 않을 수 없다. 앨범에 수록된 7곡을 반복해서 들으며 묻고 또 물어본다. 400여 년 전 근대 철학의 아버지라 불리는 르네 데카르트는 "나는 생각한다. 고로 존재한다"라는 도저히 의심할 수 없는 명제를 철학의 근본 기초로 삼고 근대 세계관과 우주관을 세워나갔다. Be가 완전자동사로 쓰일 때 유일한 뜻이 바로 '존재한다'이다. 그렇다. 코로나 팬데믹으로 세상이 멈춰도 지구는 돌고, 인간이 존재하는 한 '삶은 계속돼야' 한다. 그래서 이 앨범의 타이틀곡이 〈Life Goes On〉이 된 것이다. 하지만 사회적 동물인 인간은 저 홀로 존재할 수 없다. 존재하려면 서로 간의 도움이 필요하다. 완전자동사로 '존재한다'라는 뜻을 제외하고선 be 동사는 모두 불완전자동사로 보어補語, 즉 도움이 있어야 존재할 수 있는 동사다. 그렇다면 《BE》 앨범에 수록된 7곡은 팬데믹 블루에서도 인간이 존재하려면(Be) 필요한 7가지 Be의 보어(도움)를 표현한 것은 아닐까.

'세계인을 향한 위로'라는 콘셉트에 알맞게 《BE》 앨범은 이전 앨범에서 보지 못한 두 가지 특징을 갖고 있다. 첫 번째 특징은 세 곡 '〈Life Goes On〉, 〈Blue & Grey〉, 〈Telepathy(잠시)〉'에 한해 공식 뮤비 외에 'unplugged presents'라는 특별 뮤비를 제작해 실었다는 점이다. 이 뮤비들에선 전자음을 최대한 배제하고, 어떤 서사를 암시하도록 편집된 장면도 없으며, 실내 작은 라이브 무대 같은 느낌이 들도록 연출됐다. 이는 코로나로 인한 비대면 시대에 눈앞에서 라이브로 노래를 듣는 것 같은 친밀감이 느껴지도록 의도된 것이 분명하다. 그러니까 《BE》 앨범의 공식 뮤비만으로도 족하겠지만 "unplugged presents" 뮤비는 팬데믹 블루 시대에 팬들에게 조금 더 가까이 가고 싶은 《BE》의 보어인 것이다. 생각만 해도 고맙고 장하고 뿌듯하다.

두 번째 특징은 방탄 음악 역사상 최초로 100% 영어 가사 노래 〈Dynamite〉를 실은 점이다. 1970년대풍의 디스코 팝에 펑크와 솔적인 요소가 가미된 신나고 밝은 곡이다. "Shining through the city with a little funk and soul(펑크와 솔로 도시를 빛나게 하고)", "let's rock and roll(로큰롤에 맞춰 몸을 흔들자)", "Disco overload, I'm into that(나는 과부하 된 디스코 리듬에 빠졌어)"이라는 가사들이 말해주듯, 그야말로 미국 팝 음악 역사에 대한 헌사처럼 들릴 정도로 미국적인 느낌이 물씬 풍기는 곡이다. 이런 이유로 〈Dynamite〉는 방탄의 그 어떤 곡보다 미국 시장에 빠르게 녹아 들어가 한국 가수 최초로 빌보드 핫 100 차트 1위 13회 및 최장기간 차트 32주를 달성했다. 이 곡을 시작으로 방탄은 2021년 5월과 2021년 7월에 각각 영어로만 된 디지털 싱글 〈Butter〉와 〈Permission to Dance〉를 내놓는다. 세 곡 모두 신나고 흥겨운 댄스곡으로 이전 곡들처럼 진중하고 무거운 주제를 담고 있지는 않다. 무엇보다 100% 영어 가사 때문인지 〈Butter〉에만 RM이 제작 과정에 참여했을 뿐, 세 곡 모두 외국 뮤지션들로만 구성된 제작진에 의해 만들어졌다. 이런 변화를 '방탄이 세계인에게 보다 편하고 폭넓게 다가가는 확장성'의 계기로 보는 긍정적인 시선과, '결국 BTS도 세계 음악의 주류 시장인 영미 팝에 종속될 위험'이 있다고 우려하는 부정적인 시각이 동시에 존재했다. 나로서는 무엇보다 우려되는 점은 방탄 멤버들이 제작에 참여하는 비중이 줄어들 수밖에 없을 것이라는 사실이다. 방탄 음악의 시작이라 할 수 있는 '힙합'은 무엇보다 가사를 가장 중요한 표현으로 삼는 음악 장르이다. 그런 까닭에 방탄 멤버가 작사에 참여할 수 없다면 '10대와 20대 청(소)년들이 겪고 있는 세상의 편견과 억압을 막아내'겠다는 방탄 서원을 지키기 힘들어질 것이고, 데뷔 이후 줄곧 해온 자신들의 성장 이야기 '방탄 세계관'을 지속적으로 발전시켜 나가기가 힘들어질 것이다. 이런 나의 우려를 누구보다 방탄 자신들이 잘 알고 있을 것이다. 그리하여 으레 그렇듯 방탄은 또 다른 '놀람'으로 이런 우려가 기우에 불과했음을 증명해 낼 것이라 나는 믿는다.

1. Life goes on

'봄은 왔는데 어느 날 세상이 멈춰버렸'다는 이 앨범의 타이틀곡 〈Life Goes On〉의 가사 첫 소절은 T. S. 엘리엇 『황무지』 첫 행 "사월은 가장 잔인한 달"을 떠올리게 한다. 코로나 팬데믹으로 멈춰버린 세상은 "죽은 땅에서 라일락을 키워내는" 살아 있지만 죽은 것이나 다름없는 황무지나 마찬가지다. "끝이 보이지 않아, 출구가 있기는 할까" 막막하기만 한 하루.

하지만 세상이 다 변해도 우리 사이는 변하지 않았으니, 세상이 멈췄다고 어둠에 숨으면 안 돼. 잠시 눈을 감고 내 손을 잡고 미래로 날아가 보자. 하루 더 날아가 보자. 그러면 언젠가 아무 일도 없단 듯이 하루가 돌아올 거야. 그래, 내 베개에서, 테이블에서 그렇게 삶은 다시 시작되는 거다. 이렇게 노래하는데 위로가 되지 않을 사람이 있을까. 참 따듯한 위로다.

2. 내 방을 여행하는 법

코로나 팬데믹으로 매일 방 안에 갇혀 답답해 미치겠다. 감옥 같은 여길 벗어나 어디로 떠날 방법이 없을까? 그래서 나온 노래가 〈내 방을 여행하는 법〉이다. "이 방이 내 전부" 그렇다면 "생각은 생각이 바꾸면 돼"는 법, "여길 내 세상으로/ 바꿔보지 뭐." 이렇게 생각을 바꾸니 갑자기 내 방 안이 이랬나 싶게 모든 것이 낯설어진다. "so surreal", 이 낯선 풍경 속 추억에 잠기니 "오래된 책상도 달라진 햇빛도" 모두 모두 특별해 보인다. 자, 그럼 "지금 나와 let me fly to my (room)." 해외여행 가듯 상상의 비행기를 타고 초현실적인 내 방을 날아볼까. "어쩜 기쁨도 슬픔도 어떤 감정도 여긴 그저 받아주"는 안전한 침대 위로 착지. 사람들 같은 내 방 toy들이 나를 반겨준다. TV 소리는 마치 북적이는 시내를 나온 듯한 느낌이 들게 하니, 출출한데 무얼 시켜 먹을까. "배달 음식은 stars." 배가 "낙관적"으로 불러온다. 오! 이제 "우울함에서 벗어나 기분이 완전히 새로워진다(Get me outta my blues and now I'm feelin' brand new)." 세계 아미들이 눈을 감고 이 노래를 듣는다면, 노래 속 내민 방탄의 손을 잡고 자신의 방 안을 자유롭게 여행하지 않을까.

3. Blue & Grey

〈Blue & Grey〉는 팝 발라드로 팬데믹 블루 시대의 두 감정(blue & grey)을 노래한다. 하루의 끝에서 거울에 비친 내 모습은 "서슬 푸른 블루Blue"이다. 그게 '불안인지 우울인지 후회인지 외로움인지' 정말 모르겠다. 거리를 혼자 걷는 나는 '쇳덩이처럼 무겁고', 확신이란 존재하지 않는 회색(Grey) 지대가 더 편하게만 느껴진다. 맑은 날엔 안개 속이, 맑은 날보다는 비 오는 날이, 도시 회색 먼지가 내 잿빛(Grey) 세상이다. 그렇다 해도 나는 Blue & Grey 감정 속에 "잠식되지 않길 바"란다. "나는 더 행복해지고 싶기에(I just wanna be happier)" 이 감정에서 벗어날 출구를 찾으려 한다. 하지만 혼자선 힘에 부친다. blue & grey 한

나는 너무 차가워서, 내게 온기를 불어넣어 줄 "네가 더욱 필요"하다며 너에게 도움의 손을 내민다.

4. 잠시 Telepathy

코로나 팬데믹으로 "매일 같은 하루들 중에" 뭐 행복한 게 없을까? 그렇지 "너를 만났을 때가 가장 난 행복해." "비록 지금은 멀어졌어도 (tele)/ 우리 마음만은 똑같잖아(pathy)." 눈을 감고 내 손을 잡아봐. 그리고 떠나는 거야. "우리가 함께 뛰어놀던 저 푸른 바다로/ 괜한 걱정들은 **잠시** (잠시)/ 내려놓은 채로 **잠시** (잠시)/ 우리끼리 즐겨보자 함께." "내 곁에 네가 없어도, 네 곁에 내가 없어도, 우린 함께인 걸 다 알잖아 (telepathy)."

BTS

Life goes on
Like an echo in the forest
Like an arrow in the blue sky
On my pillow, on my table
Life goes on like this again

―――――――― 11장 ――――――――

글을 마치며

2022년 6월 14일 방탄소년단은 언론에 잠정 팀 활동 중단을 선언한다. 글로벌 스타로 확실하게 발돋움해 인기가 절정인 순간인데 왜? 팬들에겐 날벼락 같은 소식이었다. 하지만 방탄은 팀 해체는 분명 아니라고 언론매체들의 가십성 호기심을 조기에 차단했다. 팀으로서 활동을 잠정적으로 중단한다는 것뿐이라는 걸 거듭 강조했다. 아미들에겐 충격적 소식이겠으나 나는 '그래, 내가 생각한 방탄이 맞아' 하며 오히려 안도의 숨을 내쉬었다. 개인적으로는《MAP OF THE SOUL : 7》앨범 발표 후 어떤 형태로든 휴식기를 갖기를 바랐다. 2013년《2 COOL 4 SKOOL》부터 2020년《MAP OF THE SOUL》'Persona'와 '7' 앨범까지는 중심을 관통하는 성장 서사가 있었다. 발표하는 매 앨범마다 성장 서사의 넓이와 깊이가 점점 더해졌고, 앨범 주제 콘셉트에 직간접 영향을 준 주변 학문의 범위도 더욱 다채롭고 풍요로웠다. 그리하여 앨범이 발표될 때마다 예상을 훨씬 뛰어넘는 '놀라움'의 연속이었다.

그런데 그 놀라움이《BE》앨범에서 멈췄다.《MAP OF THE SOUL》두 시리즈 앨범이 너무 강렬해서였을까? '이다음 앨범에선 어떤 주제 콘셉트로, 어떤 타 학문과 매체 사이의 상호 콘텍스트성으로《MAP OF

THE SOUL》의 음악과 서사를 넘어설 수 있을까?' 도저히 《MAP OF THE SOUL》의 놀라움을 뛰어넘을 그 이상의 '놀라움'을 상상하기 힘들었다. 그래서 나는 이쯤에서 극적인 쉼이 필요하다고 생각했었다. 글로벌 인기에 날개를 달아준 방탄 최초의 영어로만 된 가사 〈Dynamite〉이후 연속으로 나온 영어 가사 댄스곡 〈Butter〉와 〈Permission to Dance〉 싱글앨범이 출시될 때, '어! 이게 뭐지' 조금 의아했다. 이 곡들에서는 방탄 유니버스인 BU 세계관을 확장할 어떤 서사를 찾기 힘들었다. 리더 RM도 기자들에게 "다이너마이트Dynamite까지는 우리 팀이 내 손 위에 있었던 느낌인데, 그 뒤에 버터Butter랑 퍼미션 투 댄스 Permission to Dance부터는 우리가 어떤 팀인지 잘 모르겠더라. 어떤 이야기를 하고 어떤 메시지를 던지느냐가 되게 중요하고 살아가는 의미인데, 그런 게 없어졌다"며 그간의 속내를 털어놓았다. 곡 제작에 RM만큼이나 참여도가 높은 슈가도 "가사가, 할 말이 나오지 않았다. (언제부턴가) 억지로 쥐어짜 내고 있었다. 지금은 진짜 할 말이 없다. 무슨 말을 해야 할지 모르겠다"고 창작의 고통을 호소했다. 방탄이 팀으로서 방향성을 잃어가고 있다는 걸 인식했음이 분명하다.

하지만 '이건 우리가 그리고 내가 하려던 음악이 아니다'라는 걸 뼈저리게 인식했다고 해서, 인기가 절정일 때 잠정 활동 중단을 선언할 K-pop 아이돌 밴드가 얼마나 될까. 9년 전 방탄이 결성될 때 했던 "10대와 20대 청(소)년들이 겪고 있는 세상의 편견과 억압을 막아내자"는 서원과 "방탄 음악은 방탄 내면에 있는 자신들의 이야기가 되어야 한다"는 결의. 그 서원과 결의는 그들의 반쪽인 아미와의 약속이며, 방탄 음악의 정체성이다. 방탄은 아미와 그리고 자신을 배반할 수 없었던 것이다. 이것이 방탄이다.

북미 인디언의 한 부족은 대평원에서 말을 달리다가도 중간중간 멈춰 서곤 했다고 한다. 너무 빨리 달리면 영혼이 쫓아오지 못할까 봐. 데뷔 후 9년 동안 방탄은 그야말로 단 한 순간도 쉬지 않고 앞만 보고 달려왔다. 현실적으로 멤버들의 군 입대 문제도 있었지만 어쨌거나 이쯤에서 멈춰 선 건 천만다행이다. 이젠 너무 빨리 달려와 혹 쫓아오지 못한 자신의 영혼은 없는지 돌아보아야 할 때다. 영어에 여가라는 뜻의 'recreation'은 re(재) + creation(창조)이 합해서 만들어진 단어이다. 쉼 없이는 창조도 없다.

혹자는 "막내 정국까지 병역의무를 다 마치려면 적어도 향후 10년은 걸릴 텐데"라며 방탄 활동 재개에 대해 걱정하기도 한다. 또 누군가는 해체 가능성에 대해 섣부른 예상을 하기도 한다. 나는 일단 방탄의 말을 그대로 믿는 입장이다. 하지만 방탄이 언제 활동을 재개할지, 일곱 멤버 완전체로, 아니면 불완전체로 활동을 재개할지를 그렇게 중요한 문제로 간주하지 않는 편이다. 설사 방탄이 밴드를 해체하고 각자 솔로 활동을 선언한다고 해도 나는 크게 놀라지 않을 것이다.

내가 중요하게 생각하는 것은 방탄 음악의 정체성인 '성장'이다. 방탄이 완전체로 다시 모여 활동을 재개한다면 그땐 멤버 모두 30대 초반에서 중반의 나이에 이를 것이다. 자신들의 이야기를 하자는 결의에 변함이 없다면, 10대 20대 청(소)년들에서 이젠 30대들에게 가해진 세상의 편견과 억압에 대해 이야기해야 할 것이다. 이야기하되 춤과 노래로 그리고 뮤직비디오로 표현해야 하니 더욱 성숙한 창작의 고통을 감내해야 할 것이다. 모든 예술가가 필연적으로 직면해 맞서 이겨내야 하는 고통은 다름 아닌 끊임없이 탈피해야 하는 자신의 허물이다. 창작이란 세상에 하나밖에 없는 새로움에 대한 발견이다. 이전 자신의 작품을 스스로 카피하는 데서 벗어나지 못할 때, 예술가는 성장을 멈추고 매너리즘에 빠지게 된다. 방탄의 활동 재개 시점이나 멤버 구성 형태는 새로움에 대한 도전, 자기 허물을 벗을 각오 여부에 달려 있다(있어야 한다)고 생각한다.

K-pop 아이돌 밴드로서 방탄이 지난 9년간 이룬 업적은 우리나라 대중음악사뿐만 아니라 세계 대중음악사에 길이 남을 기념비적인 것이다. 그동안 한 팀으로서 방탄의 멤버십은 어떤 잡음도 그 흔한 스캔들도 하나 없는 그야말로 완벽에 가까웠다. 영국의 전설적인 밴드, '퀸'이나 '비틀스'를 떠올리면 금방 비교가 될 것이다. 사람마다 성격, 기질이 다르듯 뮤지션의 음악적 성향 또한 다르게 마련이다. 밴드 커리어 연륜이 쌓일수록, 음악이 깊어질수록 뮤지션 각자가 지향하는 음악 색깔의 차이는 조금씩 더 벌어지게 되어 있다. 비록 자기의 뜻과는 다르더라도 다수의 의견에 동조해 조화를 이루려는 화이부동和而不同의 자세는 일반적인 인간관계에서라면 따라야 하는 덕목일 것이다. 하지만 뮤지션에게 음악에 관한 화이부동은 멈춤이며 타협일 뿐이다. 예술가는 성장하기 위해 끊임없이 자신의 허물을 벗어야 하며, 매너리즘에 빠지지 않기 위해 시대의 모든 ~이즘ism으로부터 이단아가 되어야 한다. 이는 예술가의 천형이자 업業이며 동시에 환희다.

〈Black Swan〉이 탄생하는 데 영감을 주었던 마사 그레이엄의 말 "무용수는 두 번 죽는다. 첫 번째 죽음은 춤을 멈출 때 찾아온다. 그런데 그 첫 번째 죽음이 더 고통스럽다"를 나는 이렇게 방탄에게 되돌려 주고 싶다. "뮤지션은 두 번 죽는다. 첫 번째 죽음은 더 이상 내 음악을 하지 못할 때 찾아온다. 그런데 그 첫 번째 죽음이 더 고통스럽다." 잠정 활동 중단을 선언하며 리더 RM도 이와 비슷한 취지의 말을 했다. "방탄소년단을 오래 하고 싶다. 오래 하려면 내가 나로서 남아 있어야 한다. 우리가 옛날처럼 멋있게 춤을 추지는 못하더라도 방탄소년단으로, RM으로 남아 있고 싶다." 뮤지션에게 '나 자신으로 남는다는 건' 자신의 음악을 한다는 말일 것이다. 〈We On〉에서 RM이 매력적인 랩으로 뱉어낸 훅, "I am real for my music, here for my music." 어떤 장르의 음악을 하든 그 내용은 '여기 here'에 대한 이야기이고, 그건 내가, 우리 세대가 겪고 있는 '실상 real'에 대한 것이며, 그럴 때 나(방탄)는 비로소 'real 나'가 된다는 '정직' Honesty. 이것이 방탄 음악의 고갱이다.

마침내 나는

코로나19가 본격적으로 발발하기 전 어느 술좌석에서 삼인 홍승권 부대표님에게 BTS에 대해 열변을 토했었다. "박 선생님, 책으로 내봅시다. 혹시 원고는 써놓으셨나요?" "아니요, 제 머릿속에 다 있습니다." "그럼 언제쯤 마칠 수 있나요?" "네, 늦어도 2019년 10월 정도면 끝낼 수 있지 않을까 싶습니다."

그렇게 장담했건만 막상 책을 쓰려고 BTS BU 속으로 들어가 보니 밖에서 본 것과는 많이 달랐다. 무엇보다 방탄이 발표한 곡 수가 너무 많았다. 거기에 개별 곡들의 가사, 노래, 뮤비들에 대한 해석, 각 앨범의 주제 콘셉트와 앨범 트랙 속 개별 곡들과의 내밀한 상관성, 앨범들 사이의 연속성, 그것들이 합해져 성장해 가는 방탄 세계관(BU) 등 부분과 전체에 대한 유기적 이해와 분석은 한두 해로 해결될 문제가 아니었다. 어떤 곡은 분석하는 데만 꼬박 한 달이 걸렸다. 그래서 이 책을 마치는 데 꼬박 만 4년이 걸렸다.

처음 이 책을 쓰겠다고 할 때, 나는 만나는 지인들에게 떠벌리고 다녔다. 그래야 책임 있게 기한 내에 마칠 수 있을 것 같았다. 그러다가 수없이 듣게 된 "BTS 언제 마쳐요?" "쓰고는 있는 거예요?" 들을 때마다 무책임하고 마냥 게으른 룸펜이 된 것만 같아 부끄러워 고개를 들 수 없었다. 2년 정도 지나니 아예 묻지도 않는다. 아마도 '포기했나 보다'고 속으로 생각했는지도 모르겠다. 묵묵히 믿고 기다려 준 홍승권 부대표님께 미안하고 고마웠다.

이 책을 쓸 때, 이전에 BTS에 관해 국내에서 출간된 어떤 책도 참고하거나 보려 하지도 않았다. 오로지 인문학자로 살아온 내 학문의 골방에서 BTS와 내밀하게 만나고 싶었다. 그리하여 BTS 음악 예술에 대한 내 인문학적 해석과 분석이 어떤 부분에서는 상상력이 과해 과장됐을 수도 있다. 하지만 이런 시도가 가능할 수 있는 것도 BTS 음악 세계의 특징일 것이다. 처음에는 이 책의 주 독자층을 아미로 생각하고 썼는데, 쓸수록 기성세대인 아미 부모들이 보면 좋겠다는 생각을 하게 됐다. 세계적으로 'BTS 현상'이 벌어지고 있는데, 강 건너 불구경하는 듯한 우리 기성세대를 위한 책 말이다. 걱정되는 건 '위대한 작품은 디테일이 아름답다'는 어느 명문처럼, 이 책도 분석의 디테일에 초점을 두고 썼는데 주마간산처럼 읽지 않을까 염려된다. BTS 음악처럼 이 책도 꼼꼼히, 자세히, 다시 보아야 겹겹 무늬의 아름다움을 발견할 수 있으니, 부디 그렇게 읽어주기를 바라며 4년 글감옥에서 몸을 푼다. 마침내 나는 63세에 아미가 됐다.